PIETRO CONSAGRA

Roma, Galleria Nazionale d'Arte Moderna, 24 maggio-1 ottobre 1989

MINISTERO PER I BENI CULTURALI E AMBIENTALI
SOPRINTENDENZA SPECIALE ALLA GALLERIA NAZIONALE D'ARTE MODERNA E CONTEMPORANEA

PIETRO CONSAGRA

a cura di
Anna Imponente e Rosella Siligato

ARNOLDO MONDADORI EDITORE ARTE - DE LUCA EDIZIONI D'ARTE

PIETRO CONSAGRA

Roma, Galleria Nazionale d'Arte Moderna
24 maggio - 1 ottobre 1989

mostra e catalogo a cura di
Anna Imponente e Rosella Siligato

Uffici Amministrativi diretti da
Massimo Attiani

Segreteria della Mostra a cura di
Maria Luisa Pacchiano
con la collaborazione di
Diana Di Berardino

Allestimento
Progetto di Pietro Consagra
con la collaborazione di
Alberto Muneghina

Ufficio tecnico e Laboratori
diretti da
Mario Schiano Lomoriello

Ufficio Stampa
a cura di Massimo Mininni
con la collaborazione di
Angelo Cordaro e
Francesca Fabiani

Laboratori di restauro della Soprintendenza
diretti da Enzo Pagliani

Fotografie
Archivio fotografico del Museum of Modern
Art, New York
Archivio fotografico Museu de Arte Contem-
poranea, S. Paolo del Brasile
Gabinetto fotografico della Soprintendenza,
G. Paletta
Foto J. Blumb, Lawrence, Kansas, n. 19
Foto C. Boccardi, Roma, n. 1, 17, 18, 24
Foto Colasanti p. 26
Foto V. Giannetti, Roma, p.
Foto Menini e Gregolin, Venezia, n. 27
Foto A. Mulas, Milano, n. 46, 65, 67, 68, 75
Foto archivio U. Mulas, Milano, n. 22, 39, 62,
63
Foto G. Noris, Roma, p. 20
Foto V. Pirozzi, Roma, n. 4, 8, 28, 87, 88, 101,
102, 103, 104, 105, 106
Foto G. Schiavinotto, Roma, n. 3, 5, 6, 7, 9, 10,
11, 12, 13, 14, 16, 21, 26, 29, 32, 33, 34, 35, 37,
38, 40, 41, 42, 43, 44, 45, 47, 48, 49, 50, 51, 52,
53, 54, 56, 57, 58, 59, 60, 61, 64, 70, 71, 72, 73,
76, 77, 78, 79, 80, 81, 82, 83, 84, 85, 86, 89, 90,
91, 92, 93, 94, 95, 96, 97, 98, 99, 100
Foto ZAUHO Press, Tokyo, n. 25

Si ringraziano per il prestito delle opere:
H. Niewdorp, direttore del Musée de la Sculpture en plein air, Anversa; E. Weiss, direttore
del Ludwig Museum, Köln, e il dott. G. Kol-
berg; E. Stassi, direttore del Museo Civico
d'Arte Contemporanea, Gibellina; J. Wilson,
direttore dello Spencer Museum of Art University of Kansas, Lawrence; A. Shestack, direttore della Yale University Art Gallery, New
Haven; D. Waldman, direttore del Solomon
Guggenheim Museum, New York; R. Olden-
burg, direttore del Museum of Modern Art di
New York, e C. Rosevear; J. Ketner, direttore
della Washington Art Gallery, St. Louis, Missouri; D. Coelmo, direttore del Museu de Arte
Moderna da Universidade, San Paolo del Brasile e G. Motta; J. T. Demetrion, direttore del-
l'Hirshhorn Museum di Washington e V. Flet-
cher; P. Ryland, direttore della Collezione
Peggy Guggenheim, Venezia; U. Severi, Fondazione d'Arte Moderna e Contemporanea,
Carpi; M. Bottai, Galleria Spazia, Bologna; C.
Panicali, Panicali Fine Arts, New York; C. Ra-
va, Galleria L'Isola, Roma; M. Silva, Galleria
Banchi Nuovi, Roma; ed i collezionisti: P. Bucarelli; F. Carena; S. Chandler Consagra; B.
Copley; A. Guidani; L. Kolker; P. Stucchi Prinetti; N. Trussardi; M. Zanuso, ed i collezionisti tutti che hanno voluto mantenere l'anoni-
mato.

Si desidera ringraziare per la intelligente colla-
borazione: F. Fiorani; D. Lancioni; G. Pirrello
del Comune di Gibellina, F. Quadrani; J.
Serwer del National Museum of American
Art, Smithsonian, Washington; gli assistenti di
Pietro Consagra, P. Loche, A. Tortorici.
Un particolare ringraziamento si deve a: M. V.
Marini Clarelli, direttrice della Biblioteca e a
G. Rescigno direttrice dell'Archivio Storico, a
P. Di Marzio dell'Archivio Fotografico, a S.
Novarra della Segreteria della mostra e a L.
Antonelli dei Laboratori tecnici della GNAM.

Unità Cataloghi d'Arte De Luca

Direttore editoriale
Stefano De Luca

Responsabile editoriale
Giuliana d'Inzillo Carranza

Direttore tecnico
Giovanni Portieri

in copertina:
Tebe (cat. 107), foto G. Schiavinotto
sul retro di copertina: *foto G. Noris*

© 1989 by Arnoldo Mondadori Editore arte s.r.l., Milano
    Elemond Editori Associati
© 1989 by De Luca Edizioni d'Arte, S.p.A. Roma
    Tutti i diritti Riservati

ISBN 242-0004-0

SOMMARIO

È motivo di particolare soddisfazione vedere inaugurare presso la Galleria Nazionale d'Arte Moderna, la grande mostra antologica, dedicata al Maestro Pietro Consagra, scultore di origine siciliana, che riveste un ruolo di primo piano nella storia dell'arte italiana del dopoguerra, per l'impegno etico-sociale che alimenta il suo lavoro e per il carattere di novità delle sue formulazioni linguistiche.

Il suo contributo di uomo e di artista, sempre presente e in sintonia con le questioni più urgenti dell'attualità, si è espresso in un crescendo di interventi che hanno ampliato i suoi interessi dalla scultura-oggetto sino all'urbanistica . Le sue proposte stimolanti ed anche polemiche hanno suscitato un proficuo dibattito, che ci vede tutti partecipi, sulla vivibilità degli spazi urbani e sugli interventi operati nel delicato tessuto storico della città.

In questa occasione Pietro Consagra ha voluto compiere il generoso gesto di donare allo Stato un cospicuo numero di opere, tra quelle a lui più care, testimoniando una fiducia nei confronti delle istituzioni dello Stato che è di stimolo al nostro lavoro di tutela e conservazione dei Beni Culturali.

Vincenza Bono Parrino
Ministro per i Beni Culturali e Ambientali

7

L'importante rassegna, che abbiamo il piacere di presentare alla Galleria Nazionale d'Arte Moderna e Contemporanea testimonia, ancora una volta, la vivacità e la varietà di suggestioni e informazioni che il nostro Istituto offre al vasto pubblico, proponendo, accanto ad esposizioni dedicate a specifici movimenti e situazioni artistiche, mostre monografiche sui protagonisti dell'arte italiana del dopoguerra, mirate ad una puntuale ricostruzione critico-filologica del loro lavoro.

L'attenzione è ora rivolta a Pietro Consagra, maestro riconosciuto a livello internazionale, per la singolarità e la pregnanza delle sue sculture, presenti peraltro nei più importanti musei italiani e stranieri, quali la Collezione Peggy Guggenheim di Venezia, il Ludwig Museum di Colonia, il Musée de la Sculpture en plein air di Anversa, il Museum of Modern Art di New York, l'Hirshhorn di Washington e il Museo di Arte Contemporanea di San Paolo del Brasile.

La Galleria Nazionale d'Arte Moderna e Contemporanea, che già annovera nelle sue collezioni opere di Consagra di particolare valore storico, ma scalate in un arco cronologico limitato, si arricchisce, ora, con la donazione disposta dall'Autore, di trenta opere, che documentano in maniera puntuale ed esauriente l'intero e articolato percorso artistico dello scultore.

Un ringraziamento sincero vada, anzitutto, a Pietro Consagra, che ha consentito di assicurare alla Galleria, in questa delicata fase di ristrutturazione funzionale e potenziamento delle sue collezioni, una presenza significativa del suo lavoro e ai Direttori dei Musei per la loro proficua collaborazione, nonché al Soprintendente Augusta Monferini e alle curatrici della mostra Anna Imponente e Rosella Siligato, per l'encomiabile impegno anche in questa circostanza posto.

Francesco Sisinni
Direttore Generale per i Beni Ambientali
Architettonici Artistici e Storici

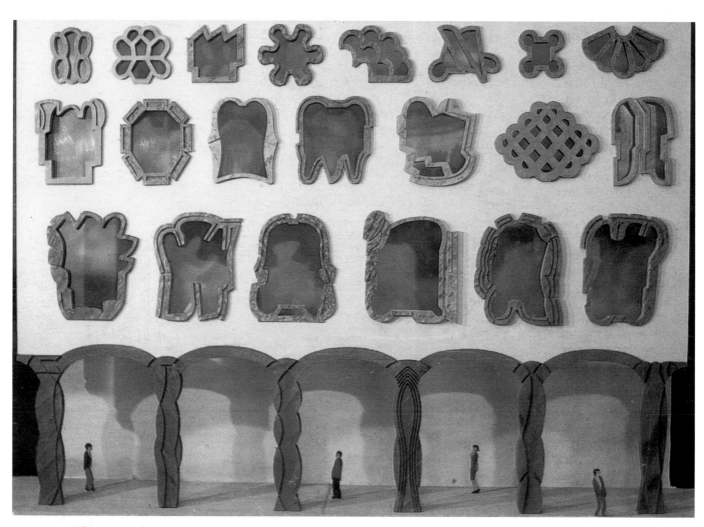

Il progetto di facciata per il Palazzo Comunale di Mazara del Vallo, 1984

Quasi senza eccezioni la critica ha messo l'accento sulla "frontalità" della scultura di Consagra, un dato che è riconosciuto e ribadito dallo stesso artista.

Scultura frontale perché non consiste in un volume a più facce corrispondenti ad altrettanti punti di vista o in un volume arrotondato gradualmente con lo sguardo girandogli intorno; ma consiste invece in un piano che si impone frontalmente allo spettatore.

La scultura frontale è sempre esistita, in fondo, ed è il bassorilievo. Ma nel bassorilievo la frontalità non è una scelta, è una condizione materiale dell'oggetto scultura, alla quale gli artisti del passato hanno reagito fingendo al suo interno effetti prospettici e schieramenti trasversali. Quella di Consagra è invece una scelta plastica. La scultura non fa corpo con una parete ma vive autonomamente nello spazio, scandisce lo spazio e nello spazio si ritaglia con i suoi contorni frastagliati che più che delimitarla la aprono.

Consagra tiene molto alla sua scelta di frontalità non soltanto perché è una sua invenzione originale che ha risolto l'*impasse* della scultura tradizionale sottraendola al dominio della statuaria e consentendo all'artista di inserirsi tra le personalità certamente più innovative e significative dell'arte contemporanea della seconda metà del XX secolo; ma anche perché questa frontalità ha un riscontro programmatico e psicologico. Consagra infatti si è pronunciato a favore della "inespressività" in arte, il che vuol dire che rifiuta quella magmatica ricerca espressiva che è fatta di sentimenti e contenuti dai contorni ambigui. Ciò che Consagra vuole comunicare è chiaro e frontale, corrisponde alla chiarezza e alla frontalità del discorso plastico e si esaurisce in esso, senza altre allusività e senza strascichi indefiniti.

C'è anche un aspetto tecnico dell'operare di Consagra che è collegato alla frontalità. "Io", ha scritto l'artista nel 1969, "ho sempre costruito una scultura, l'ho disegnata, ho preso del materiale - laminati metallici o assi di legno - li ho ritagliati, incollati, saldati, inchiodati e quindi già tecnicamente la mia scultura si distingue da tutta la scultura modellata in genere".

Consagra non modella, ma costruisce una scultura, anche se poi molte volte ha fuso nel bronzo i suoi materiali. Il "costruttivismo" di Gabo e Pevsner è per sua dichiarazione la principale fonte culturale insieme al futurismo di Boccioni, alla forma pura di Brancusi, a Picasso, Vantongerloo e Calder.

Non modellando ma costruendo, Consagra ha concepito la scultura-parete, la scultura-prospetto e infatti l'ha poi sviluppata, dopo il 1968, anche in una visione architettonica.

Dalla poetica della frontalità nasce anche quella del colore come una necessaria conseguenza (lo dice lo stesso artista): sempre più Consagra ha sentito il bisogno di suscitare nel dialogo faccia a faccia con le sue superfici una risposta di colore, dapprima attraverso l'accentuazione degli scuri

Omaggio a Boccioni, ottone, 1949

poi scegliendo materiali come le varietà di marmi, le cui colorazioni arrivano a vivere di una vita indipendente e astratta.

Infine il principio della frontalità ci riporta a quella "perdita del centro" che tante volte è stata chiamata in causa come condizione dell'uomo contemporaneo. Assumendo la frontalità, ha scritto Consagra, "mi sono tolto dal proposito di occupare uno spazio al centro del quale costruire qualcosa, un punto di attenzione convergente". "Ho sentito questo bisogno: togliere la scultura dal centro ideale. Nello stesso tempo mi accorgevo che questo spostamento dava un carattere di drammaticità alla scultura".

La drammaticità di cui egli parla non è però condizione lacerante, lamento tragico, non ha nessun risvolto psicologico: è solo una tensione di forze. La "perdita del centro" non è infatti per Consagra un dramma, un motivo di disorientamento; non è in realtà una perdita ma un'acquisizione; è un atto di realismo. Non esiste un centro ideale intorno al quale tutto ruota e converge; esiste invece un tragitto rettilineo dall'opera allo spettatore e viceversa. La perdita del centro vuol dire abbandono delle gerarchie, quindi al centro ovvero al vertice si sostituiscono più punti collegati tra di loro da un rapporto paritetico ovvero frontale.

Il "rapporto" diventa così l'ideologia di Consagra e corrisponde infatti al tema del "colloquio" che fa la sua comparsa nei titoli delle sculture già all'inizio degli anni Cinquanta e torna con grande insistenza in gran parte della produzione successiva. È un titolo che dichiara una poetica, come "Concetto spaziale" di Fontana. Ma concetto rimanda a una riflessione isolata dell'artista alle prese con il proprio mondo mentale e immaginativo. "Colloquio" è invece un titolo che mette subito in chiaro l'intenzione dell'artista di creare una relazione tra sé e gli altri.

Il colloquio è quello dell'artista con lo spettatore cui l'opera è destinata ma è anche qualcosa che è rappresentato all'interno della scultura come incontro di due figure che si fronteggiano e si coordinano nell'intersezione delle linee astratte cui la figura è stata ridotta. Ciò risulta evidente nelle sculture iniziali, che sono costituite da rette e segmenti incrociati tra loro disegnando una angolosa struttura verticale compensata da andamenti in orizzontale.

Presto Consagra identifica in questo incrocio di linee l'incontro di due "soggetti". "Desiderio di amore" del 1951 pur nell'estrema stilizzazione presenta un recupero figurativo (dopo le prove più decisamente astratte del 1947) che chiarisce il tema: due figure che si abbracciano.

In "Colloquio" del 1952 la coppia ha quasi del tutto perduto ogni riferimento alla struttura umana per trasformarsi in un gioco di piani che si incastrano tra di loro, creando due nuclei verticali che però si collegano attraverso alcuni segmenti-ponte. In altre sculture dello stesso anno e fino al 1957 i piani cessano di orientarsi in più direzioni spaziali per presentarsi frontalmente e sovrapporsi in un gioco di spessori frastagliati che riescono a suggerire un forte senso plastico di profondità, proiettandola tuttavia interamente nelle due dimensioni.

La sovrapposizione crea anche un chiaroscuro; i bordi delle lamine colpiti dalla luce disegnano un incastro plurimo di piani quasi come in un quadro cubista ma con una più ricca articolazione che si vale anche del coordinamento dei pieni con i vuoti nei punti in cui le lamine non si sta-

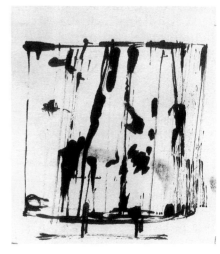

Colloquio con la moglie, china su carta, 1960

Ferro trasparente bianco, 1966

12

gliano contro altre lamine ma si profilano nell'aria.

Verso il 1957 i due nuclei della scultura-colloquio tendono a fondersi in un'unica piastra pur restando a volte distinguibili, altre volte meno. Al punto di sutura corrisponde una spaccatura soltanto più accentuata rispetto alle ombre scavate in ogni parte della piastra. Quell'effetto di spessa articolazione plastica che l'artista prima conseguiva sovrapponendo diverse lamine è ora raggiunto infatti anche forando o scavando il metallo o il legno.

Il tessuto dei chiari e degli scuri diventa più "drammatico" e robusto, più accidentato e ricco di imprevisti. Maggiore è la compattezza della piastra, che sembra offrire alla vista in un potente spaccato tutti i giochi di forze della sua geologia, attraverso anche un trattamento informale e materico delle superfici.

Nel 1968 Consagra comincia a usare sia pure episodicamente il marmo o la pietra associandoli a forme di bronzo sovrapposte, irregolari e guizzanti.

Nel 1961-62 compaiono l'acciaio e il ferro, nel 1965 l'alluminio. Nel 1966, la serie dei ferri colorati ispirati liberamente a forme vagamente arboree e ruotanti intorno a un perno. L'albero con i suoi intrichi organici e vari di rami e di foglie che crescono in una compatta unità, non poteva non suggestionare la fantasia di Consagra. Al motivo del colloquio si sostituisce quello di forme che respirano nell'aria aperta e si stagliano contro il cielo. Nel 1968 nasce la "città frontale", Consagra progetta edifici e agglomerati urbani.

Già prima la critica più attenta aveva intuito la potenzialità architettonica e addirittura urbanistica delle sculture di Consagra, per il suo accamparsi frontale nello spazio, delimitandolo e articolandolo. Ciò indica quanto questa originale evoluzione fosse conseguente e "necessaria". Un'architettura solo frontale è la naturale proiezione di una scultura solo frontale e soddisfa la vocazione sociale dell'arte di Consagra, sviluppando il bisogno di rapporto e di incontro dell'uomo con l'uomo in un messaggio che fà appello all'immagine stessa della città, a una ricerca di nuovi parametri di abitabilità, sottratti alla freddezza del razionalismo e fatti per sottolineare la funzione del momento estetico per il raggiungimento di una nuova qualità della vita.

Alcuni degli edifici progettati da Consagra vengono realizzati a Gibellina, nella nuova città nata nella sua Sicilia in sostituzione dell'antica, distrutta dal terremoto del 1968: il "Meeting", la grande "Stella", il "Teatro" (che è in costruzione e che sarà un centro polivalente).

Per la piazza di Mazara del Vallo, sua città natale, Consagra ha poi ideato una splendida facciata destinata a ricoprire il mediocre edificio del Palazzo Comunale da poco eretto. Gli amministratori di Mazara si dimostrerebbero ciechi se non profittassero di un'occasione così straordinaria. Qui le svariate tipologie delle aperture del prospetto in corrispondenza delle finestre formano un insieme che evoca nel suo movimento qualcosa dello spirito del barocco che è tipico di certa architettura meridionale e che dialogherebbe con squisita naturalezza con le architetture settecentesche della piazza.

Le sculture-architetture diventano grandi segnali, nascono alla fine degli anni Sessanta le forme a stelle, nascono gli "edifici trasparenti"; un più

Particolare de La Trama, 1972

Ferro trasparente, 1972, Alcamo, Villa Corrao

13

controllato benché libero senso della geometria interviene a riordinare le superfici e ad esaltarne la luminosità, in una trama di segni divenuti anche più nitidi, sottili, mobili.

In tutto il successivo cammino di Consagra l'estremo e anche elegante rigore del disegno, nella sua sempre rinnovata e inventata libertà di fantasia, si accoppia a una ricerca di materie individuate, come le varie specie di marmi, anche nella loro classica e seducente bellezza. Questo non è edonismo, contenuto come è sempre nella severità e nella misura di una forma progettata e disegnata ma vitalmente varia e affrancata da schemi: è un sentimento che attinge alla pienezza della vita segnalando il risultato cui tutti gli sforzi anche "sociali" della scultura di Consagra hanno sempre teso, e cioé il raggiungimento della bellezza come arricchimento della qualità umana.

Augusta Monferini

Meeting, 1983, Gibellina

14

Ricordo di un grato visitatore

È stato una dozzina di anni fa, ma mi rimane in mente con molta vivacità. Volendo scappare per una giornata dal rumore fisico e intellettuale
della città,ci indirizzavamo alla Via Cassia, dove la metropoli si tranquil-
lizza verso la Campagna. Rivedevamo Pietro Consagra nell'unico posto
dove egli si rivela veramente come se stesso, nel suo studio. E lì, circonda-
ti da tanta compagnia metallica, ci trovavamo subito inseriti in certe stradette strette, simili a quelle delle vecchie cittadine italiane. La strettezza di
queste stradette costruite dal magico scultore ci costringeva, sì, ma il con-
centramento spaziale era animato allo stesso tempo dall'eloquenza delle
superfici che facevano da facciate.

Invece delle file di finestre vedevamo una esuberante ricchezza di *tex-
tures*, come noi le chiamiamo in inglese, cioé la copertura espressiva degli
oggetti. Sembrava che l'intero vocabolario della natura, organica e inorga-
nica, si esibisse su quei muri come se fossero le pagine di un libro gigantesco - libro in cui gli occhi dei visitatori ricevevano l'inventario di tutto
quel che vive, senza però concedere accesso alla natura stessa.

Questo rapporto paradossale fra la concezione artistica e la presenza
fisica della natura mi sembra che rappresenti la speciale formula che Consagra ha trovato per l'arte astratta - quest'arte che egli adottava originariamente come protesta contro una società che gli dispiaceva, ma che poi divenne il suo linguaggio per creare "i disegni del disegno universale".

L'astrattezza nel senso in cui Consagra l'intende non si riferisce soltanto all'astinenza dalle forme riconocibili della natura - le figure umane,
gli animali, le piante o le case - ma alla stessa tridimenisonalità degli oggetti. Sebbene, essendo scultore, egli abbia venduto l'anima alla materia fisica
e sebbene egli si sia innamorato per sempre dei metalli, dei legni, dei sassi,
che gli parlano con tante voci, egli riduce nientedimeno il volume materiale il più possibile alla sottigliezza spirituale della bidimensionalità.

Mi viene in mente uno dei miei possedimenti più apprezzati, un piccolo gioiello che permetto sia toccato soltanto dai visitatori della cui delica-
tezza digitale mi fido davvero, cioé uno dei quindici esemplari del libretto
Mezzo Millimetro consistente di otto fogli di acciaio sottilissimo, sui quali
Consagra ha tagliato un catalogo astratto di forme naturali. È come un testo scritto in una lingua arcana e riservato a quei pochi lettori che leggono
il messaggio della natura direttamente attraverso le sue forme biologiche
e minerali.

A mezzo del tenue foglio metallico lo scultore simboleggia la spiritualità della materia. Esso riduce la presenza visiva alla sola superficie. Le case inventate da Consagra non si abitano. La loro presenza materiale è limitata all'indicazione del posto in cui si trovano, la loro "ubicazione".
Bloccano soltanto lo spazio visivo, non quello fisico. Il che mi fa venire in
mente il curioso cambiamento di significato subìto dal concetto della
frontalità.

Tradizionalmente, la pianezza della superficie era considerata il contrario della scultura, la quale aspirava al volume tridimensionale. Fu ere-

15

sia perciò la domanda dello scultore Adolf von Hildebrand contenuta nel suo famoso libro *Il problema della forma nell'arte figurativa* del 1891. Per essere chiaramente visibile, Hildebrand sosteneva, la scultura deve adattarsi alla superficie frontale. La scultura è rilievo. Era una domanda che derivava dal riconoscimento delle condizioni alle quali lo spettatore è sottomesso. La retina dell'occhio riceve l'immagine del mondo esterno attraverso le proiezioni piatte. Era un gesto classicista quello di far pace con le limitazioni della gente che guarda.

Direi che questo riguardo per il conforto dello spettatore non è del tutto estraneo alla mentalità di Pietro Consagra. Le sue sculture si impongono all'occhio con una immediatezza creata dalla visione diretta, sincronica. Allo stesso tempo però gli è cara la frontalità come ostacolo. Come la mano alzata del poliziotto che arresta il traffico stradale l'opera di Consagra arresta il traffico delle nostre preoccupazioni diurne. Qui non si passa, dice la voce metallica, a meno che tu non ti metta a contemplare il messaggio silenzioso delle superfici eloquenti!

Rudolph Arnheim

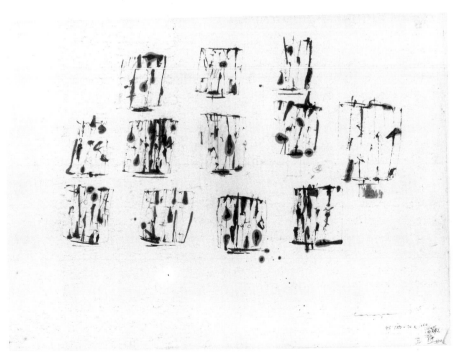

Disegno per i Colloqui, china su carta, 1960

16

Negli anni successivi alla Liberazione, Roma era divenuta il polo di attrazione e di convergenza di un gruppo di giovani artisti che, sopravvissuti agli orrori della guerra, si ritrovano insieme, affiancati da un passato di sdegnata opposizione al fascismo, da un'irripetuta necessità di solidarizzare, e da un'identità comune di miseria. Tra questi, Pietro Consagra vi era giunto poco più che ventenne dalla Sicilia, nel 1944. Se luogo geografico di questa nuova coraggiosa battaglia per l'arte moderna fu Roma, il cerchio si chiude attorno a piazza del Popolo, tra lo studio dello scultore a via Margutta, ospite di Guttuso, le mostre annuali dell'Art Club, dal 1949 al 1952, alla Galleria Nazionale d'Arte Moderna, gli incontri tra intellettuali nelle trattorie limitrofe, attraverso le quali, anche, è passato un pezzo di storia[1]. Fronte comune per Consagra e gli altri sette artisti, Carla Accardi, Ugo Attardi, Piero Dorazio, Mino Guerrini, Achille Perilli, Antonio Sanfilippo e Giulio Turcato, firmatari, nel 1947 del manifesto "Forma 1", era la critica politica di Novecento, per i suoi compromessi con il regime; la riflessione su quali modelli formali salvare nel proprio passato recente, e la scelta cadde sul Futurismo, per le sue istanze di modernità di linguaggio e carica sociale propulsiva, che Consagra individuava particolarmente in Boccioni; l'urgenza infine, di un aggiornamento sulla situazione contemporanea fuori d'Italia e lo studio delle avanguardie storiche. Erano partiti insieme per Parigi, nel 1946, iniziando un'avventura di vita e di arte, Consagra con Turcato, Carla Accardi, Sanfilippo e Concetto Maugeri[2]. Lo scultore, che aveva superato un'usuale formazione accademica a Palermo, ed un successivo approccio con la Scuola romana, poté venire a contatto diretto con le opere di Picasso e Léger, incontrare Arp, Laurens, Anton Pevsner e Brancusi. Dell'artista rumeno colse l'insostituibile sforzo di liberare la scultura dalla sua identificazione con la statuaria, attraverso una interpretazione istintuale della razionalità dei solidi geometrici puri. Le forme armoniche ad ovale allungato, abbinate ad una variante di derivazione cubica, sono i moduli preferiti da Consagra nelle opere del 1947-48, *Forma 1*, *Le Geometrie* e *La scaletta*. Se nella prima una leggera torsione, facendo ruotare la superficie, la immerge nell'atmosfera naturale, quest'esposizione sotto la luce spiovente può considerarsi un'eccezione, come pure, l'esistenza del gesso corrispondente, modellato a mano. Consagra tenderà infatti sempre più ad una definizione delle forme in piena frontalità, intendendole come sagome ritagliate in controluce, in dialogo col piano di fondo, come si osserva in *Le geometrie*, precocemente addossate alla parete. Il progetto delle sculture si configurerà più agevolmente nel disegno e gli attrezzi del mestiere saranno la fiamma ossidrica per saldare e tagliare lamiere: come un operaio, ma con la consapevolezza di non "essere costretto a realizzare l'oggetto" ma di "realizzare l'oggetto libero". A Parigi Consagra, attraverso Pevsner, emigratovi dalla Russia, aveva potuto guardare anche al costruttivismo, non ai successivi tradimenti e ricatti subiti dall'avanguardia che, dopo aver operato per la rivoluzione comunista

Fronte popolare, bronzo, 1948

fu fatta soccombere da un potere, consolidatosi sotto lo stesso nome, all'inizio degli anni trenta, come oscurantista e totalitario. Come un'onda d'urto, questo fenomeno si registrò anche in Italia, quando il realismo socialista, in aggiornate vesti picassiane, ebbe i suoi noti protagonisti e la polemica contro l'astrattismo e gli artisti del gruppo Forma, scoppiata nel 1948, divenne aperta condanna da parte del vertice del Partito Comunista. Questa segnò anche clamorose rotture di amicizie, ma pure la fine di equivoci e il rafforzarsi del rifiuto di sottostare ai conformismi imposti da una estetica di partito. La determinazione di prefigurare l'arte come impegno civile e responsabilità morale nella costruzione di una società più giusta, l'attitudine di finalizzare il prodotto artistico come "oggetto utilitario", l'uso di materiali industriali leggeri come lamiere e ferri, derivano in Consagra da una forma costruttivista. *Totem della liberazione* e *Monumento al partigiano* del 1947, affidano interamente la forza espressiva alla efficacia della loro comunicazione visiva, raggiunta attraverso forme segnaletiche a spigoli tesi, puntuti e rossi, simbolo dell'ideologia cui fanno riferimento. Se l'artista risente anche, in qualche modo, dell'eredità formale di Balla, questi patterns aguzzi e come incorruttibili nella loro estrema determinatezza plastica, rappresentano il nesso più stretto tra la poetica dell'astrattismo e la psicologia dell'arte[3]. Infatti oltre alle qualità umorali dei colori, già descritte da Goethe, esistono anche relazioni strette, nella percezione sensoriale tra, la dinamica dei processi psichici e la loro rappresentazione, per empatia, in forme pure, secondo principi di essenzialità ed economia visiva. Seguendo queste associazioni, nei "profili" di Consagra, *Totem della Liberazione* e *Monumento al Partigiano*, le diagonali esprimono irrequietezza e disagio, le forme a cuspide, spinta verso l'esterno, mentre le linee a parabola ascendente di *Manifesto per l'avvenire*, ottimismo.

L'accoglienza della critica all'uscita di queste opere fu piuttosto tiepida: la Galleria Sandri di Venezia divenne il piccolo *Salon des refusés* di Consagra, escluso dalla coeva Biennale del 1948. Con un gustoso episodio di vita, narrato dall'artista stesso nella sua autobiografia, le trasportò con sé in treno fino a Venezia, dove era stato invitato ad esporre da Giuseppe Marchori, nello scompartimento, tra gli altri viaggiatori.

Il critico aveva trovato come elemento di confronto di questi "profili", la serie dei disegni di Picasso del 1928, *Progetti per un monumento*, negando però a Consagra, dotato dell'"intransigenza dei candidi" la stessa scaltra "magia"; mentre Corrado Maltese li definì poi "aridi plastici", una arte che "volta le spalle a tutti i contenuti"[4].

L'uso del bronzo in *Eroe Greco* e *Sindacalista Siciliano*, del 1949, è l'unica concessione alla scultura tradizionale. Le forme cominciano ora ad aprirsi a ventaglio, le superfici articolate a porsi come paraventi tra il primo piano e l'orizzonte. La storia contemporanea, legata alle notizie della resistenza greca nella prima, e ad un leader delle lotte popolari in Sicilia, nella seconda, è il moto ispiratore. Ma le sculture non sono concepite secondo i canoni della statuaria, protagoniste assolute e privilegiate al centro dello spazio, incombenti dal piedistallo sullo spettatore come *exemplum*, ma vicine, nella loro duplice apparenza di solidità della materia e fragilità del suo spessore.

L'intuizione della necessità di inserire la scultura nel circuito produtti-

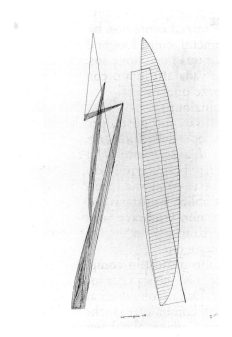

La scaletta, china su carta, 1948

Lo studio di Consagra a Via Margutta, nel 1949

18

vo di una società nuova è pensiero assai precoce e dominante in Consagra. Se inizialmente non ha visto le piazze, ma gli interni delle case, gli appartamenti, come luoghi d'ambiente delle sue opere, comprende subito come per una mutazione sostanziale e profonda dell'estetica della città, il dialogo vada affrontato con gli architetti[5], facendo convergere gli apporti e le forze operative di entrambi. Il suo appello non troverà facile ascolto e le soluzioni alternative estreme, una città interamente progettata da un'artista, saranno poste, per la prima volta in pieno clima sessantottesco, con l'utopia della *Città frontale*.

L'autoritratto del 1952, inerpicantesi con una successione di piani in funambolico equilibrio, fu acquistato, all'epoca, dalla Galleria Nazionale d'Arte Moderna, che era stata la roccaforte dell'arte astratta, mentre il pubblico continuava ad essere turbato da un'arte che, come in questo caso, non sembrava adeguare il proprio linguaggio espressivo ai contenuti verbalmente dichiarati. L'impegno teorico[6] serviva a spiegare e giustificare queste tendenze, in un momento storico in cui solo un gruppo di iniziati erano disposti a comprenderle; ed anche Consagra affiancò la sua prosa secca ed incisiva per intervenire "in difesa dell'astrattismo".

Figure, pennarello su carta, 1954

Dalla svolta degli anni Cinquanta, sintomatici di una più aperta volontà di comunicare, anche attraverso gli impianti formali, le proprie idee, sono i *Colloqui* al cui tema Consagra ha lavorato per oltre un decennio. L'incontro con l'altro viene sancito da una spinta e da una tensione che collega due o più blocchi distinti, le "figure" vincolate dalla solidarietà o dal sesso. Varianti modulari di una grande opera unica e corale, suggeriscono, nella loro irrevocabile e programmatica resa frontale, una chiarezza d'intenti che non è mai didascalica: il grande sforzo di un'umanità laica che porta impressi i marchi di cicatrici indelebili, ma che con la stessa forza e determinazione riprende il passo coi tempi, ricostruisce rapporti spezzati, senza cedere a sentimentalismi e compianti.

L'idea continua ad essere quella di un principio costruttivo della forma, articolata come una o più facciate architettoniche, con finestre, squarci, sporgenze e cavità, con effetti pittorici espliciti, ad esempio, nel progetto a colori per un *Colloquio* del 1954. Nelle sagome dai contorni flessuosi si depositano la materia annerita del bronzo, le bruciature del legno o i pezzi di metallo che tengono insieme le travi sconnesse, e se da intendersi sono come facciate, lo sono appunto, ma con volto umano.

All'ostracismo della Biennale veneziana del 1948, seguono le partecipazioni costanti, negli anni successivi, con sale personali nel 1956 e nel 1960, che segnano, con le prime mostre all'estero, l'affermazione di Consagra in un collezionismo internazionale. Nel 1960, alla stessa Biennale, viene presentata, tra le altre, la Mostra storica del futurismo, un'esposizione postuma dedicata a Brancusi e una sola scultura di Pevsner. Le opere degli antichi maestri riconosciuti, affiancano il successo di Consagra che, presentato da Argan, vince il Gran Premio della scultura. Oramai l'artista è talmente sicuro del suo mestiere e della capacità dimostrativa dei suoi mezzi espressivi che, in *Colloquio con il demonio* del 1962, rifiuta il peso della massa fisica e staglia in alto, come inquietanti apparizioni, i cinque pezzi che lo compongono, forse per stabilire anche, a cinquant'anni, il patto faustiano di una giovinezza e freschezza creativa rinnovantesi intatte fino ad oggi.

Anna Imponente

Progetto per scultura, pastello su carta, 1954

Note

[1] P. Consagra, in *Vita mia*, Milano, 1980, pp. 73-79
[2] A. Monferini, *La vicenda di Turcato fino agli anni di Forma I e al "Gruppo degli Otto"*, pp. 12-19, in cat. *Giulio Turcato*, Roma, Galleria Nazionale d'Arte Moderna, 25 febbraio - 27 aprile 1986
[3] Cfr. per un discorso metodologico generale, R. Arnheim, *Verso una psicologia dell'arte*, Torino, 1966
[4] C. Maltese, *Consagra Turcato e Corpora alla Galleria del Secolo*, in *L'Unità*, Roma, 16 febbraio 1949
[5] Com'è tracciato in uno scritto di P. Consagra del 1951, *Sulla collaborazione tra artisti ed architetti*, in catalogo della mostra *Arte astratta e concreta in Italia 1951*, Roma, Galleria Nazionale d'Arte Moderna, 3-28 febbraio 1951
[6] Il saggio di G.C. Argan su L'*arte astratta* è pubblicato in *Ulisse*, Roma, anno II, fasc. VI, nel 1948

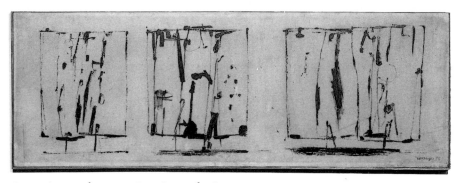

Progetti per sculture, tecnica mista su faesite, 1958

L'anno 1964 segna un drastico rinnovamento nel lavoro di Consagra, le ragioni ce le indica lui stesso in un colloquio con Ugo Mulas: "Intanto il mio lavoro era entrato in piena crisi perché nel mondo dell'arte si era abbattuto il temporale della Pop Art americana che mi investiva in pieno e mi sentivo come un naufrago... Io ti parlo del '63, '64, '65. Mi sentivo un naufrago e incominciai a considerarmi nel diritto di sentirmi un naufrago".

Quando divampa il fenomeno della Pop Art gli artisti italiani sono impegnati a individuare vie d'uscita "oltre l'Informale", aggregabili intorno a più poli di ricerca che si possono schematicamente ricondurre alla "nuova figurazione", all'indagine sulle strutture della visione e all'interesse per la bidimenisonalità della superficie, sia intesa come condizione "zero" del monocromo, sia organizzata in strutture segniche che si pongono in continuità con la tradizione non figurativa dell'arte moderna.

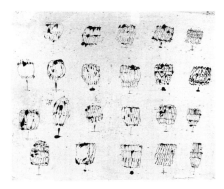

Idee per i Ferri trasparenti, 1966

Il momento unificante per molti artisti si configura nella reazione alla dilagante massificazione culturale e nella ricerca di nuovi termini di rapporto con una società tecnologica che ha mutato bisogni ed esigenze.

Questo nodo generatore di angoscie tocca Consagra da vicino, travalicando l'istanza di superamento della poetica Informale, estranea com'è ai suoi procedimenti mentali e operativi lucidamente controllati.

Sin dall'inizio degli anni Cinquanta, con il colpo di genio della scultura frontale, spossessata della sua centralità, orizzontale, democratica, lavora con coerenza e autonomia proprio sulla bidimensionalità della superficie plastica, rigorosamente e severamente conchiusa e costruita, organizzata all'interno della sua compressa dimensione spaziale per piani sovrapposti che ingaggiano un rapporto dialettico, un dare e un avere, un contatto fisico tra le forme e tra le idee; profili ritagliati, spigoli duri e solchi incisi percorrono la superficie, gorghi drammatici affondano nella materia che vive nel rapporto calibrato del trasmutar delle grane, del gioco dei riflessi e delle patine.

In questo clima di tensione e di attesa, l'arte pop avanza con prepotenza e gaiezza una proposta nuova nel rapporto tra artista e società dei consumi, di cui usa in maniera disinibita e paradossale gli strumenti di comunicazione, le iconografie e i colori, anziché subirli o deviare il problema sulle piste dell'astensione e della fantasia di sparizione.

Ci sono momenti di particolare fragilità nella storia di un artista e sono quelli in cui, sollecitato da spinte interne ed esterne, si separa da brani della sua vita per varcare una soglia che si apre verso vicende dagli esiti imprevedibili.

La separazione di Consagra sboccia in una nuova scioltezza e freschezza immaginativa, in una gioia e leggerezza dei mezzi espressivi, che conservano inalterato il loro valore di comunicazione delle idee e delle emozioni. L'artista stesso scrive: "Anche per sciogliere la densità formale e espressiva, ho inserito il colore come alleggerimento della tensione della

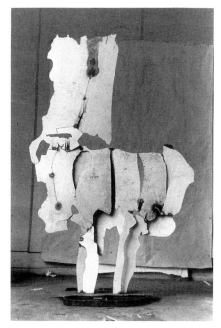

Ferro Trasparente bianco n. 1, 1966, fase di realizzazione

mia scultura e del senso polemico della frontalità". La formulazione serrata dei colloqui si dipana, le lamine, come liberate da una compressione, si separano nei piani dei *legni colorati* del '64, degli *allumini appesi*, dei *ferri trasparenti* e dei *giardini* del '66.

Ognuno di questi quattro gruppi di opere compone un coro, dove ogni voce individuale gioca la sua parte e mantiene, al livello delicatissimo della composizione, le tensioni interne del tutto. In ognuno l'analisi si concentra su un tema e su un pattern formale, sviluppando tante idee di quella forma che riunite danno l'idea della forma.

Il coro è varietà nell'insieme, contraddice per definizione il concetto di moltiplicazione seriale caratteristica della società tecnologica.

Ferri trasparenti, 1966

La voce-scultura esiste in sé, separata e autonoma dalle altre, ma é anche il momento di una serie che, ben lungi dall'essere ripetitiva, si articola in un differente modularsi e qualificarsi dei bordi, dei colori e dei segni, in quel gioco di rimandi e di complementarietà che una volta era drammaticamente contenuto all'interno dei *colloqui*.

Anche gli intagli che si aprono nei *legni colorati* e nei *giardini* o i bulloni che congiungono le lamine degli *allumini appesi* e dei *ferri trasparenti*, evidenziano il procedimento artigianale dell'opera, la mano dell'uomo, riufutando la perfezione anonima del prodotto industriale.

Forma e superficie si identificano. Il gaio colore monocromatico, pensato con cura di opera in opera, con le sue note accordate o discordanti, è tutt'uno con esse, le delimita e le evidenzia. Usato per creare un'immagine, é un colore al di fuori di ogni fenomeno pittorico, di ogni intervento estraneo ai valori di superficie.

Il colore percorre con valenze diverse tutta la scultura di Consagra: dalla funzione pratica del color minio e dal severo grigio e blu che, nelle totemiche, hanno la funzione di far scattare con più vitalità l'immagine-segno, si potenzia come elemento dinamico nel colore-materia dei colloqui, ed ora si sostituisce ed equivale, come elemento calamitante, anche al chiaro-scuro delle lamine aggettanti e dei sottosquadri, usato semmai per non conferire inflessioni espressive ai segni costruttivi della forma. I segni intagliati, dati per scarti minimi di sovrapposizione dei bordi, netti, puliti, grafici, vengono riassorbiti nell'impatto percettivo della forma-colore, che spazia saldando i bianchi e i rossi della tradizione pittorica italiana con le varietà cromatiche dell'universo tecnologico.

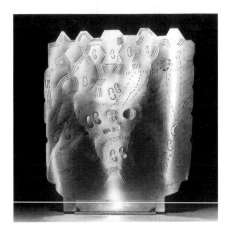

Sottilissima, 1968

Una concezione totalmente diversa dal monocromo, teorizzato in quegli anni come liberazione della forma, come spazio e tempo assoluti che continuano all'infinito oltre i limiti fisici della tela. Ogni superficie di Consagra finisce nell'opera. Il colore ritaglia il tempo entro la superficie e lo scandisce in un ritmo accordato di forma in forma. È il ritmo delle battute musicali, ma è anche il ritmo del tempo reale, quotidiano, quello del succedersi dei giorini e delle notti. Reale, concreto e finito, come le sue opere, che possono ora affrontare e sostenere le paure irrazionali del mondo moderno.

Consagra conferma, ancora una volta, la sua profonda, viscerale aderenza alla realtà e quel senso plastico, risolto nella determinazione formale dell'immagine, definita e presente, che lo inserisce di diritto nella linea storica che attraversa per secoli l'arte italiana. Viene anche a diminuire l'attenzione al punto di vista unico e quindi l'impatto frontale con la

Sottilissima impossibile, 1968

Città frontale: edifici embrionali, 1968

scultura che è sostituito da una molteplicità di stimolazioni visive. Gli *allumini* aderiscono alle pareti escludendo lo spazio virtuale al di là dell'opera, mentre *i giardini* si disseminano e si aprono al loro interno lasciando percepire la presenza di uno spazio ulteriore; non puoi girare intorno ai legni colorati, sospesi al soffitto con un esile filo, li puoi solo guardare dal sotto in su, i *ferri girevoli*, si schierano, galleggiando aerei su un esile gambo. Un colpo d'aria può far ondeggiare *legni* e *ferri*, può filtrare attraverso le fessure che si aprono nello spessore dell'opera, creando un rapporto dinamico con lo spettatore, con lo spazio al di qua e al di là del piano.

Le sculture non si focalizzano nell'ambiente, ma lo invadono e lo annullano, creando uno spazio che non si può percorrere, ma sul quale scorrono lo sguardo e il pensiero, sollecitati e provocati a rimbalzare dall'una all'altra forma, dall'uno all'altro colore.

È una soluzione diversa per opporsi alla ideologia della scultura centrale, con tutto quello che comporta nella poetica di Consagra. Assimilate spesso ad elementi naturali, sono sculture smaccatamente metalliche, lamine generatrici di spazio e movimento, negazione di ogni riferimento naturalistico, dove la perdita del naturale ad opera dell'artificiale non è più dramma, come scrive l'artista: "Dell'unità della natura, della naturalezza, non si può più far parte. Abbiamo rinunciato ad esserlo. Si rinuncia tutti ad esserlo".

In ultima analisi la sua nuova soluzione plastica è una serialità artigianale, una natura artificiale, una molteplicità di centri di attrazione che è ancora una volta negazione del centro ideale.

Le sue ricerche risalgono a questo punto alla radice dei problemi. L'analisi della forma-colore giunge, con gli *Inventari 1 e 2*, ad indagare le forme elementari del quadrato, del triangolo, del rettangolo, della spirale per riandare poi ad un repertorio più complesso.

L'analisi della forma-spessore lo porta ad indagarne le possibilità nel registro minimo delle *Sottolissime*, sino all'estrema conseguenza della *Sottilissima impossibile*. In assenza del colore il dinamismo della forma viene recuperato nella disseminazione del segno. Un segno, ancora una volta di qualità grafica, che incide e trafora, memore delle squisite eleganze e delle magiche suggestioni della scrittura araba.

Città frontale: disegni per edificio trasparente, 1968

23

Con una escursione di 360 gradi, dalla *Sottilissima impossibile* passa al suo opposto, gli *spessori*, sino a formulare l'immagine del massimo spessore che è l'edificio della *Città frontale*.

La scultura entra nello spazio urbano per sostituire l'"ingombro" architettonico dell'edificio con l'oggetto artistico. L'architettura è concepita come scultura a scala gigante.

La *Città frontale* ha il suo ascendente nel progetto filosofico, utopico e totalizzante, del moderno, nell'età di una ragione forte che determina il mondo oggettivo ed affida all'artista il compito di lavorare sulla forma come sistema di comunicazioni per cambiare il modo di vivere della società.

Se si pensa lo spazio come dimensione della vita sociale, l'architetto è il regista delle trasformazioni sociali, fattore condizionante dell'educazione democratica della società.

Negli assunti etico-sociali di Consagra questo principio fondamentale dell'architettura moderna, prima delle sue mediazioni col potere, si coniuga con il clima del disagio creato dalla città come sistema di solitudini, che la degradazione dell'architettura modena ha finito per provocare.

Svanito il progetto utopico di doversi inserire nel potere per rinnovarlo, "oggi l'artista ignora il potere", scrive Consagra, "se ne disinteressa". E quando l'arte diventa alternativa al potere, l'architetto deve diventare artista, deve avere la libertà del creatore di forme, o meglio l'artista deve progettare la città.

La città con cui Consagra polemizza è New York, metropoli "sado-masochistica", dove si subisce la violenza raffinata del potere, "che si realizza nel grattacielo, la struttura del grande cubo, il contenitore del grande buio".

Il suo linguagigo è caparbiamente teso a riformulare il sistema urbano: *Centralità* e *Dimensione* sono i due temi su cui interviene.

Rifiuta l'idea dell'urbanistica come insieme di pregevoli esemplari architettonici, di monumenti, ognuno dei quali determina il valore dello spazio circostante, lo ingloba e lo possiede, esibendosi isolato, in una prospettiva tridimensionale.

Un oggetto isolato costituisce un centro, "possiamo porre altri oggetti e questi costituiscono altri centri e il centro reale... non ha più senso, perde il suo valore".

La sua città avrà un'estensione orizzontale, sarà "una città unitaria per edifici unici".

Il tema della dimensione dell'edificio entra in merito alla qualità del volume, che non è la tridimensonalità, ma lo spessore, individuato come nuovo elemento plastico e cóme schermo trasparente che, oltreppassando le sue funzioni pratiche, si qualifica come tramite di comunicazione tra spazio interno e spazio esterno, per divenire tramite del rapporto con la realtà.

Il suo edificio è una libera invenzione formale che, amoreggiando con l'architettura futurista, si snoda per linee oblique ed ellittiche cariche di una potenza emotiva, assente nella griglia di perpendicolari e orizzontali dell'architetura moderna. È un oggetto di fantasia che lascia spazio e tempo alla fantasia, restituisce il piacere di guardare e di godere la città.

Con la ricerca sullo spessore che implica la bifrontalità della scultura, l'immaginazione viene sollecitata verso nuove esperienze plastiche, inte-

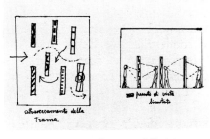

Progetto per l'installazione della Trama, Biennale di Venezia, 1972

ressate alle imprevedibili, infinite possibilità che la forma acquista se liberata dal vincolo del "tutto tondo" e dalle necessità della funzione e dell'economia. Dal '66 sino ad oggi su questo tema si articola la serie delle *Mira*, delle *Piane* e delle *Solide*, delle *Bifrontali*, delle *Sbilenche* e delle *Interferenze*, che, partendo dalle immagini dei colloqui, attraversano i *Feri trasparenti* e giungono spesso all'installazione-evento.

La forma di volta in volta si sviluppa e si riflette su se stessa, si chiude e si apre, si fa spessa e sottile, raggiunge il registro minimo e il massimo, è percorsa da un segno scritturale e costruita per piani spaziati, è di legno e di bronzo, briosa e severa, perplessa e tracotante.

In una vicenda senza posa, al piacere di realizzare, alla certezza e alla gratificazione dell'opera appena realizzata, succede l'incertezza e una nuova avventura nel mondo delle forme possibili o probabili: "Ma l'opera d'arte vanifica la crisi come momento negativo".

I suoi oggetti sono sempre più tesi a comunicare messaggi sciocanti, con un desiderio manifestato senza remore, dimentico di quando velava con i giochi d'acqua la novità della forma, per rendere accettabile l'inserimento urbano di una *Fontana per Mazara del Vallo*. Anche se poi provando e riprovando si rende conto che l'acqua, come il bronzo, può costituirsi come forma plastica e per giunta di un esaltante dinamismo, defilandosi da ogni rapporto decorativo.

Il creatore di forme si inserisce ora nella realtà per sconvolgerne le abitudini nel modo di vedere, di stare e di camminare, per costringere a guardare con occhi diversi, a percorrere gli stessi itinerari con una diversa emozione.

Alla Biennale di Venezia del '72, installa a distanza ravvicinata le sette sculture giganti della *Trama*, provenienti dalla serie delle *Mira* e delle *Solida*, per costringere lo spettatore a muoversi in uno spazio limitato, con un cono ottico inadeguato, che impone un faccia a faccia uomo-scultura. Il percorso labirintico si vive come una prova da cui si esce dopo aver sostenuto una esperienza fisica con la scultura. Il fruitore diventa partner dell'artista.

A Matera il tema non è tanto la scultura quanto la città in pericolo. Il progetto di risanamento e ristrutturazione dei *Sassi* per adeguarli alla vita moderna è per Consagra un intervento improponibile, che si sovrappone in modo "forsennato" alla equilibrata misura di un'architettura essenziale, intessuta sui bianchi delle rocce e sulle orbite nere dei vuoti.

La sensibilità dell'artista risponde a quel paesaggio operando un intervento critico di estrema intelligenza. Dissemina, nei rioni della città antica, undici sculture nere che si aprono come finestre puntate sui Sassi, costringendo l'occhio a mettere a fuoco la rude e arcaica bellezza di quelle rocce, non disponibili ad un intervento prevaricatore, estraneo alla loro intensa suggestione. Solo un artista può inserirsi in un tessuto storico che esige un calibrato rapporto dell'arte con l'arte: "L'architetto costruisce e non ha rimorsi". Nessuno ha più esperienza dell'artista nell'usare con cautela le materie lo spazio i piani le forme esistenti che dovranno essere protetti nella loro integrità e spirito. L'artista non verrebbe a Matera per proporre il suo lavoro ma per portare la propria dedizione nel toccare una particolare opera d'arte".

È una presenza provocatoria quella di Consagra, che afferma la prio-

Fontana per Mazara del Vallo, 1964

Fontana con acqua calda, 1968, S. Pauls, Minnesota

rità dei valori della fantasia nel mondo dell'architetura e dell'urbanistica. La serrata polemica con gli architetti si acuisce quando le sue sculture, realizzate a scala urbana, fanno soffiare la vitalità dell'arte sulle macerie del Belice distrutto dal terremoto. Dopo il *Meeting* e i cancelli del cimitero di Gibellina, ognuno diverso dall'altro come unico e irripetibile è ogni essere umano, realizza anche la *Stella del Belice*, segnale d'ingresso alla città, segno tracciato nel cielo con vibrante energia.

Nella presentazione alle *Interferenze*, nuovi elementi per la *Città frontale*, scrive nell' '86: "Le ultime *Interferenze* al precedente contesto sono nate dalla voglia di provocare uno sfasamento, una condizione di disagio riferito all'immaginario disagio che la mia presenza di artista nella città attuale provocherebbe". Le sue forme si fanno più ambigue, spiazzanti, spericolate, sempre in bilico, insinuando il dubbio, mettendo in crisi certezze millenarie, non ultima quella della stabilità della scultura.

Tecnicamente, nelle *Sbilenche* e nelle *Interferenze*, ottiene questo effetto sbilanciando la scultura rispetto al suo centro di gravità.

Dal '72 il tema della bifrontalità corre parallelamente nella vicenda dei *marmi*, mutando il senso più antico di questa materia che è il simbolo stesso della statuaria a "tutto tondo" e dei bassorilievi classici.

Le qualità della materia sono le varianti su cui lavora. La grana preziosa, la venatura ribelle, la ricchezza naturale del colore sono cercate, accarezzate, amate, rifiutate, scelte; la volontà formale dell'artista ogni volta si misura con questi dati preesistenti. Inizialmente l'interesse è concentrato sul colore della venatura, come ad esempio nell'opera *Libeccio orizzontale*, poi il colore entra in competizione con la forma, infine la sua valenza emotiva trova un rapporto alla pari con la presenza formale. Una scultura di marmo bianco non è soltanto una scultura di marmo, ma anche una scultura bianca.

Inseriti in una mostra dalla magistrale regia, nel giardino del Museo di Castelvecchio, accanto alla statua di Cangrande, in riva all'acqua, i marmi potenziano la loro carica emotiva con quella dell'antico luogo che li accoglie.

La qualità dello spazio è, per altro, l'emozione da cui nasce l'opera, che cresce nell'immaginazione dell'artista in un rapporto sempre dialettico e critico con il luogo. Una delle qualità magiche della scultura all'aperto è la sua dimensione, che deve sostenere il confronto con la natura e con l'ambiente urbano.

Tra le montagne verdi e il greto sassoso della Fiumara di Tusa, la sua scultura è una presenza isolata, che s'impone come un'immagine fantastica, un gigantesco segno nero su bianco. Tutto il terribile, massacrante lavoro della costruzione in cemento armato svanisce: *La materia poteva non esserci*.

Sulla gradinata d'accesso della Galleria Nazionale abbiamo installato *Tebe*, è il segnale di questa mostra, un itinerario nuovo da percorrere, una nuova esperienza visiva che cambia segno ad una facciata, parte integrante del panorama urbano di Valle Giulia, a cui siamo abituati da sempre.

Rosella Siligato

26

Ferro di Matera n. 5, 1978

La materia poteva non esserci: Addossata, 1986, Fiumara di Tusa

CATALOGO

Le schede delle opere sono state redatte da Francesca Fiorani

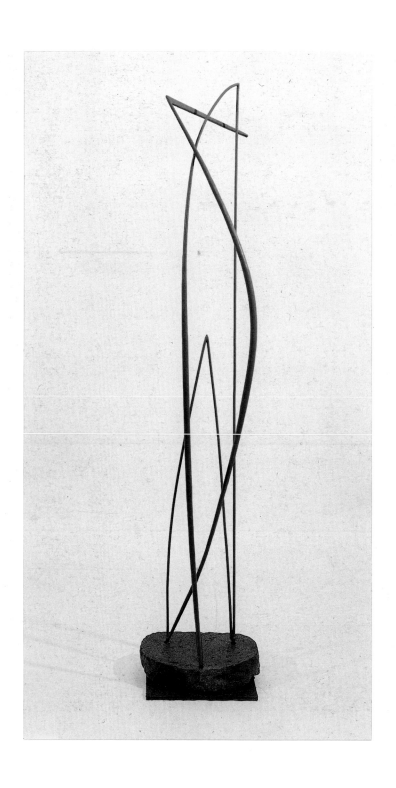

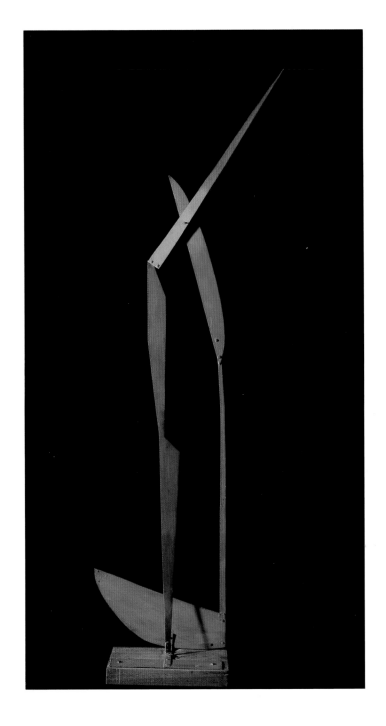 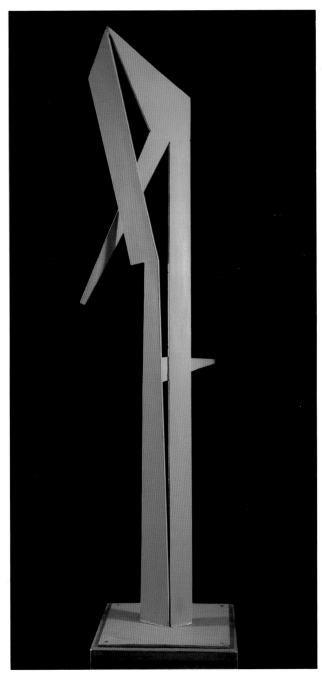

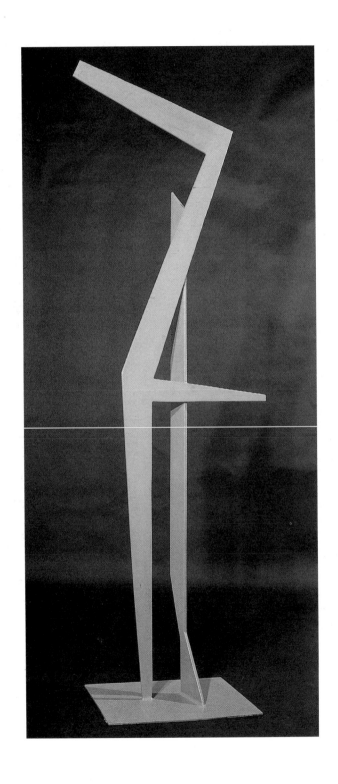

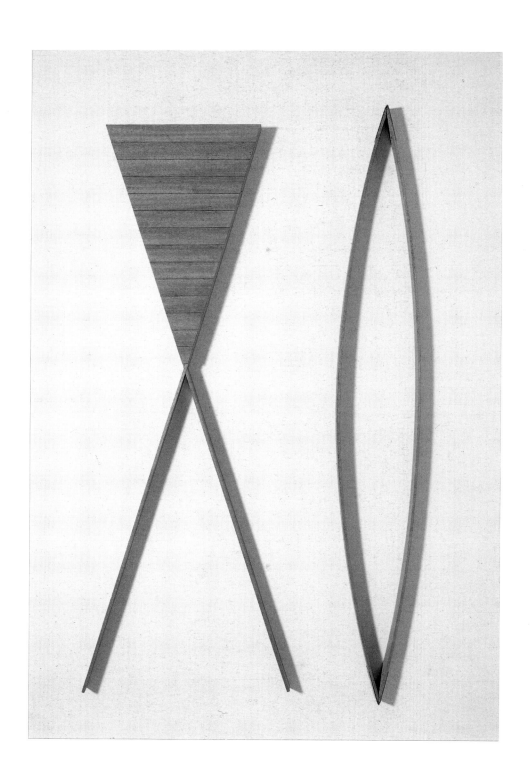

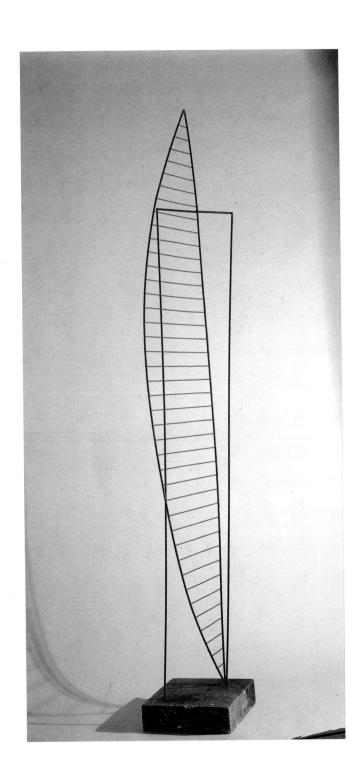

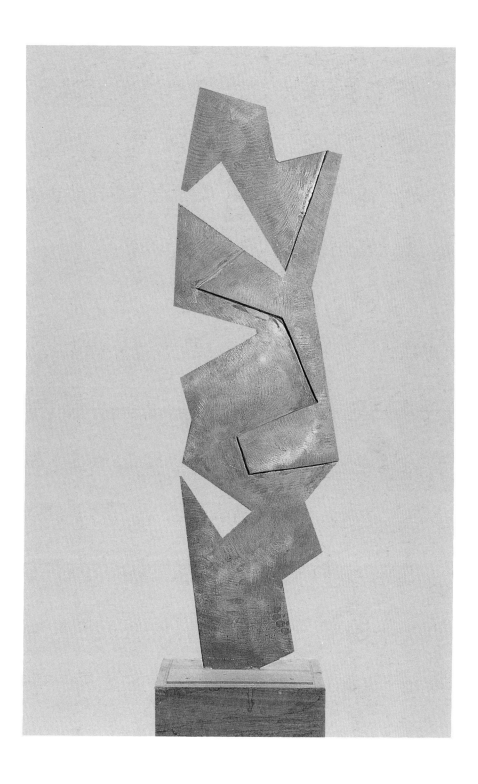

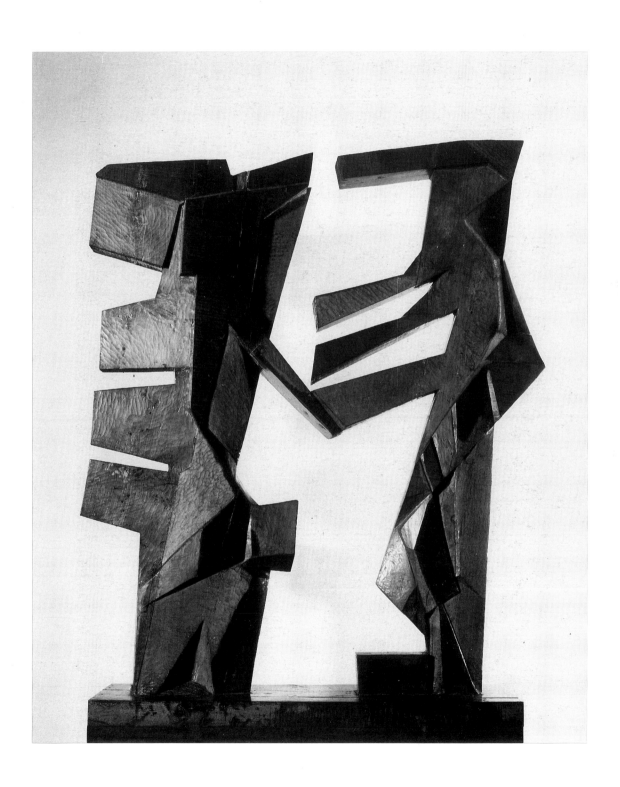

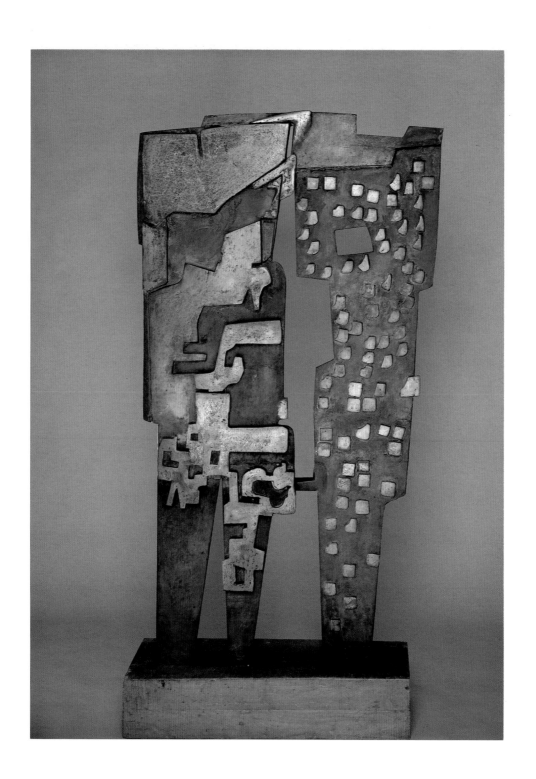

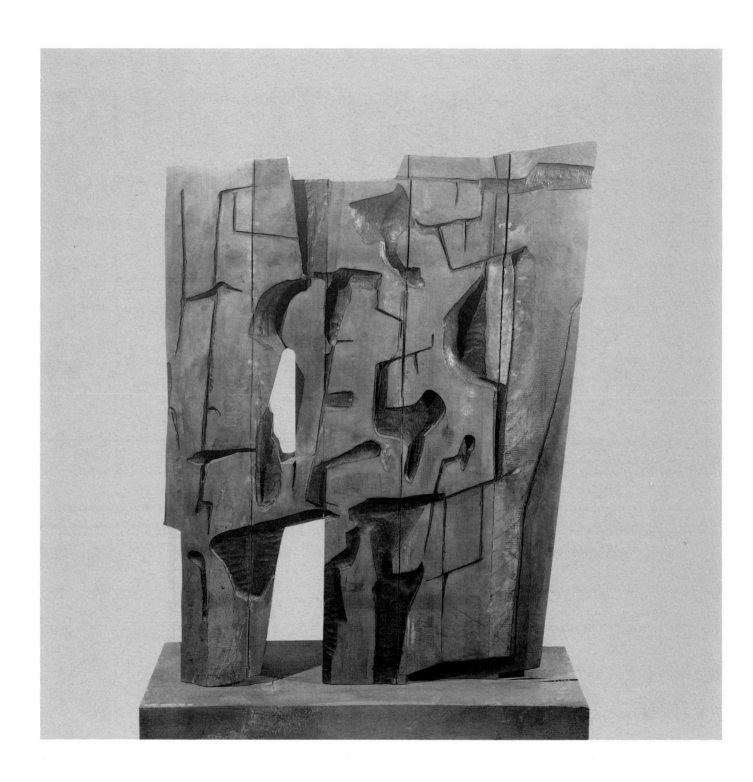

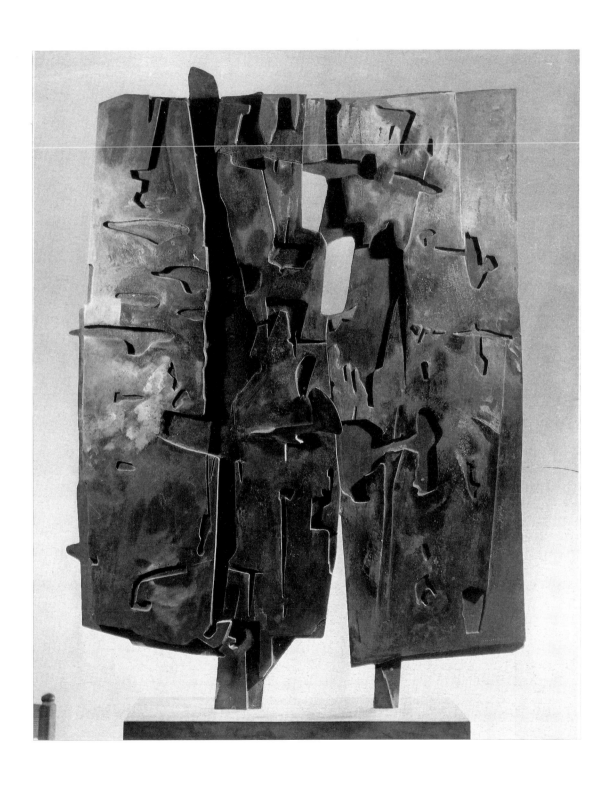

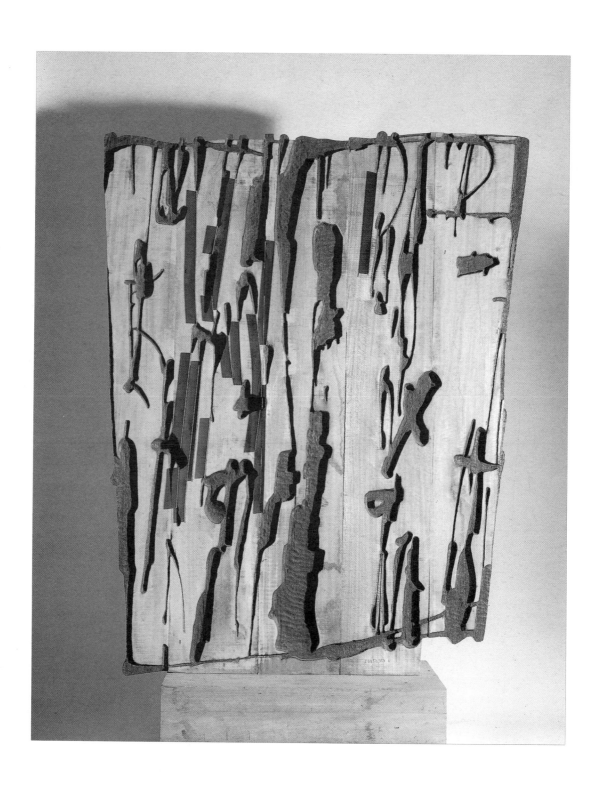

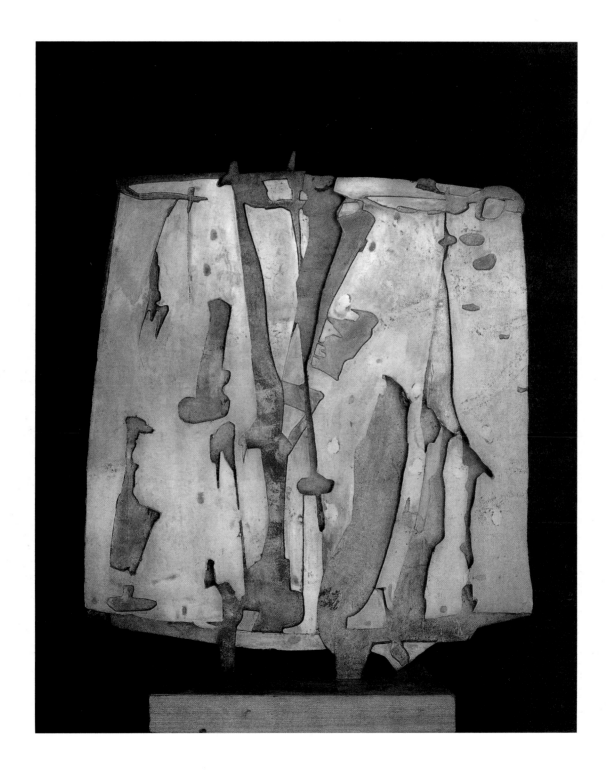

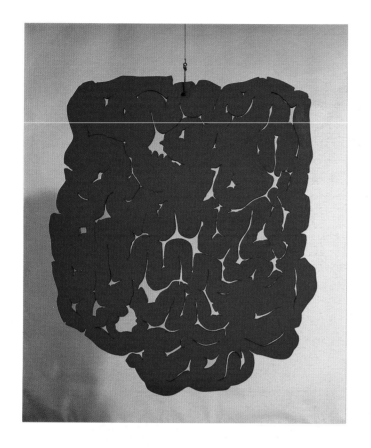

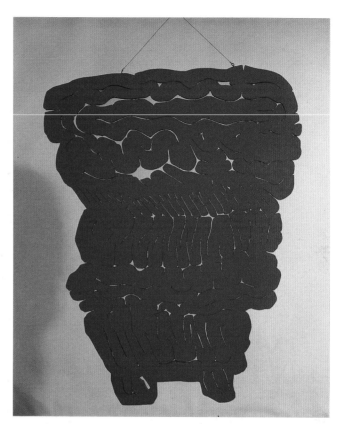

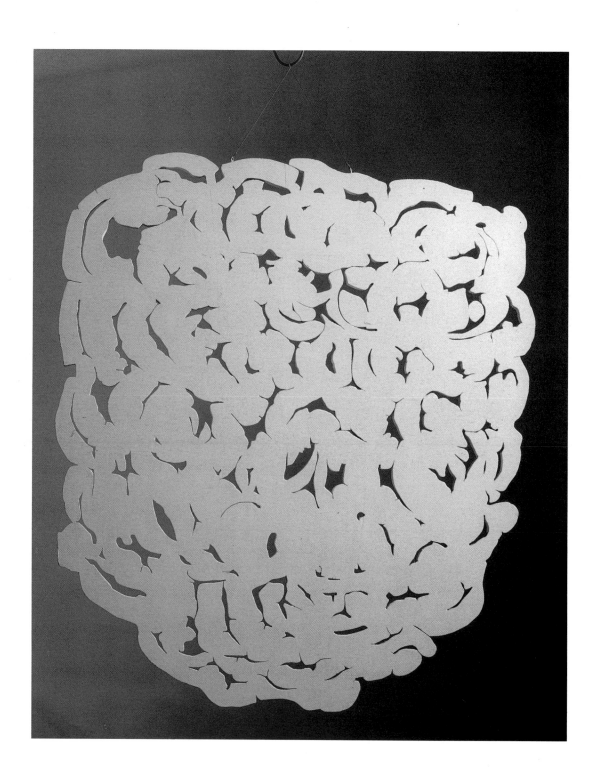

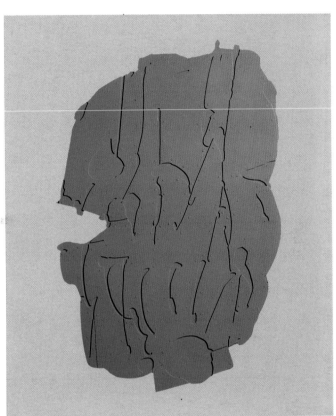

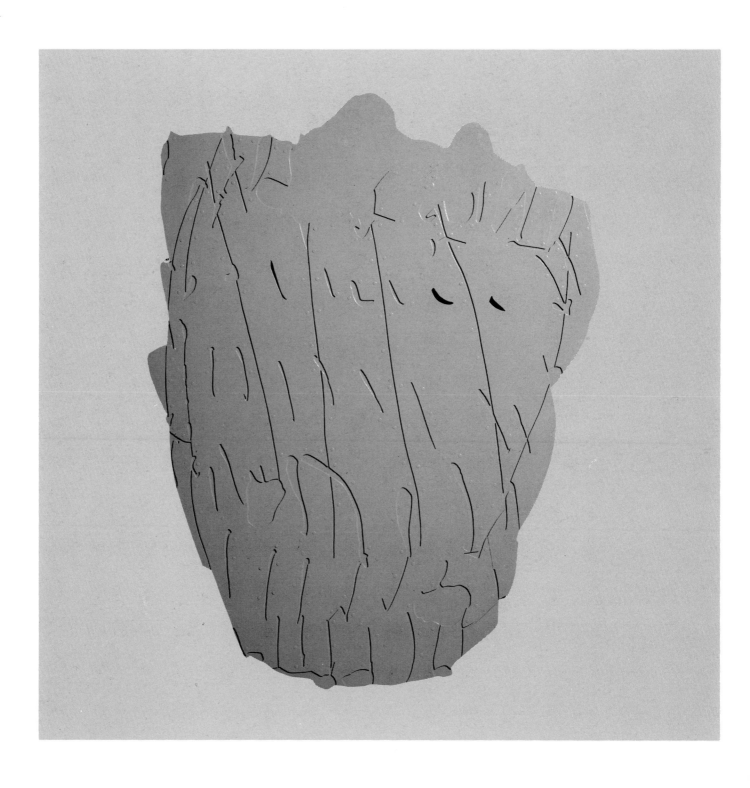

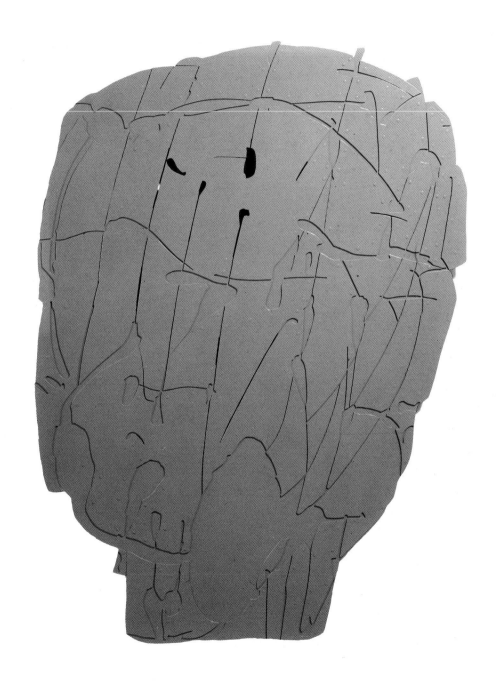

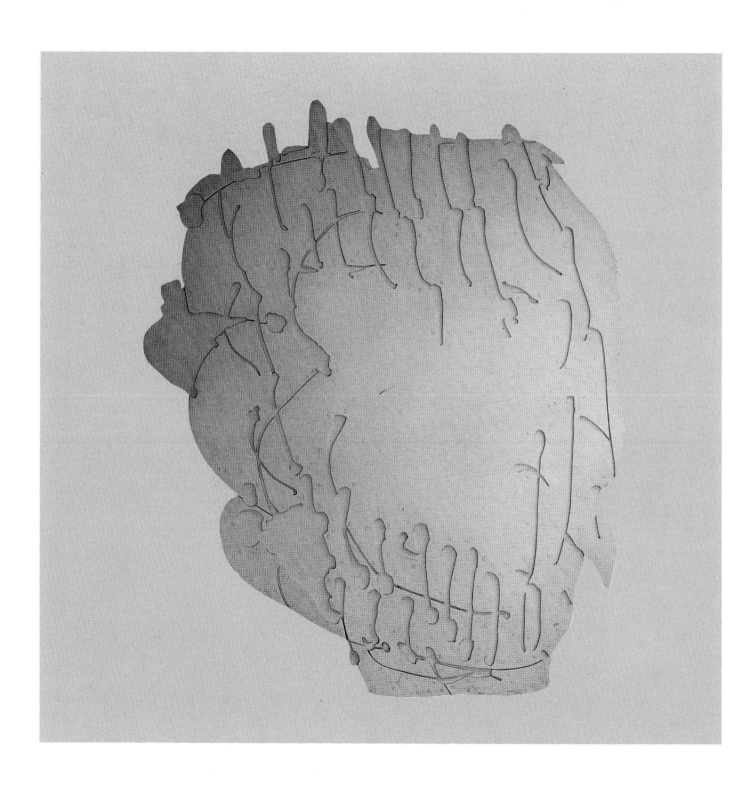

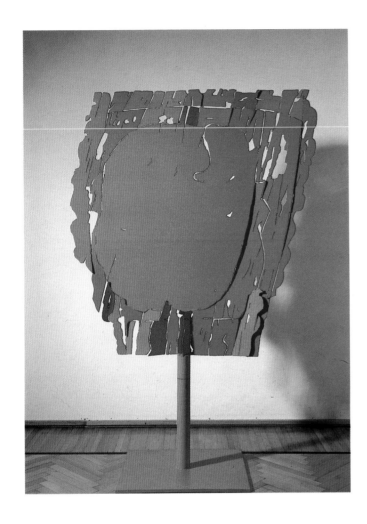

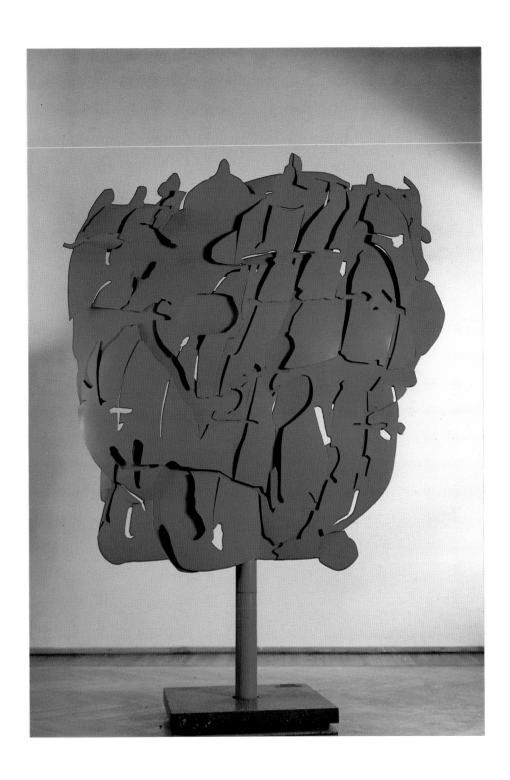

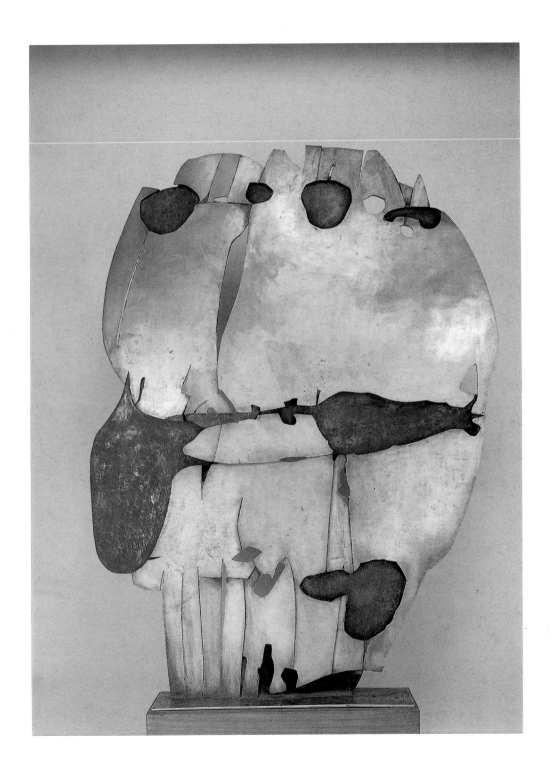

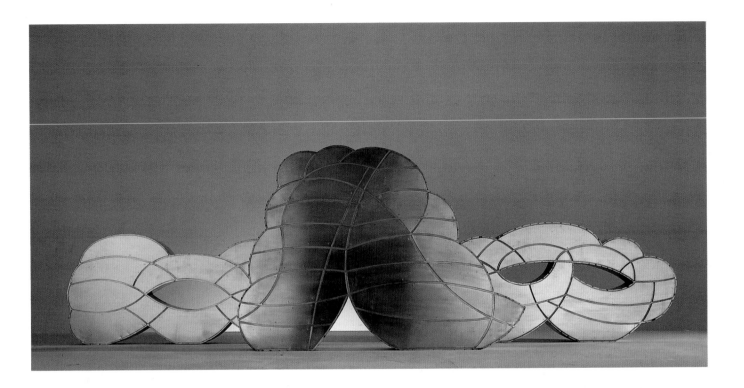

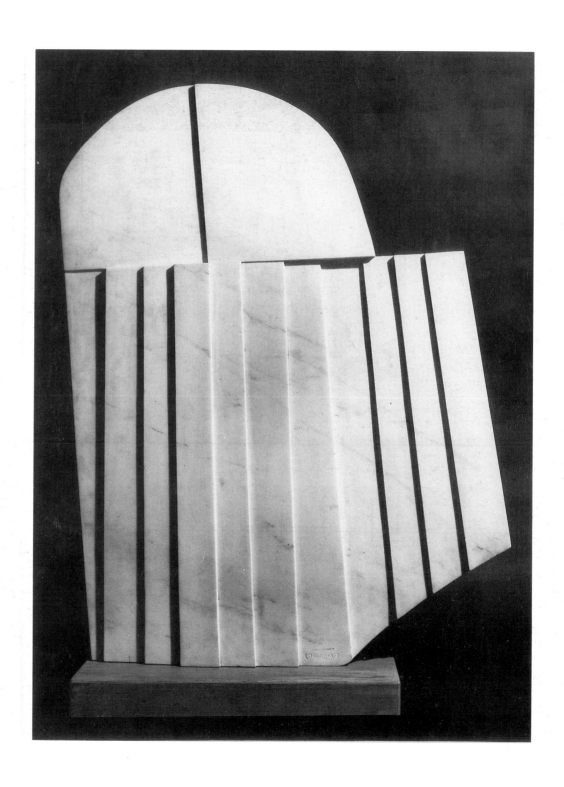

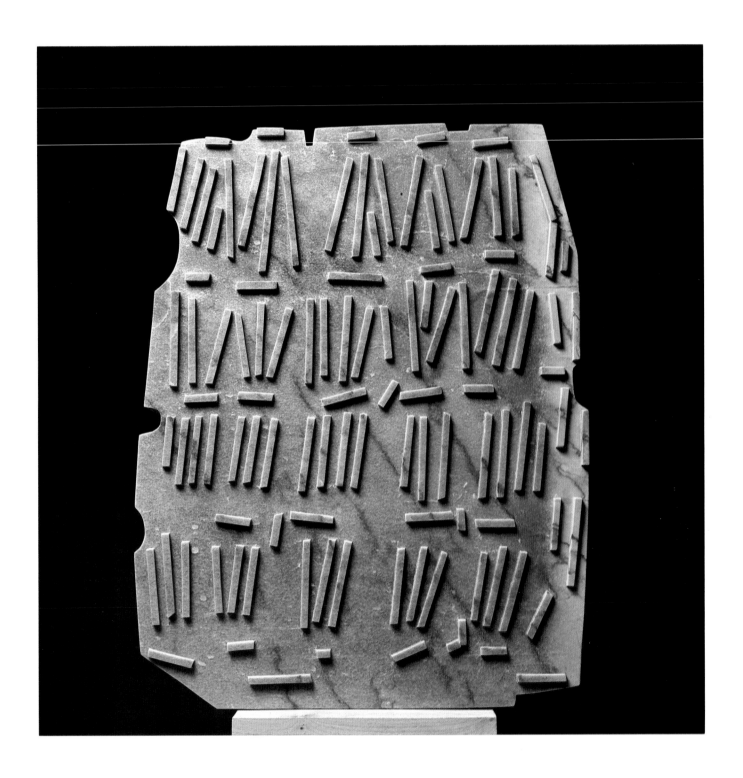

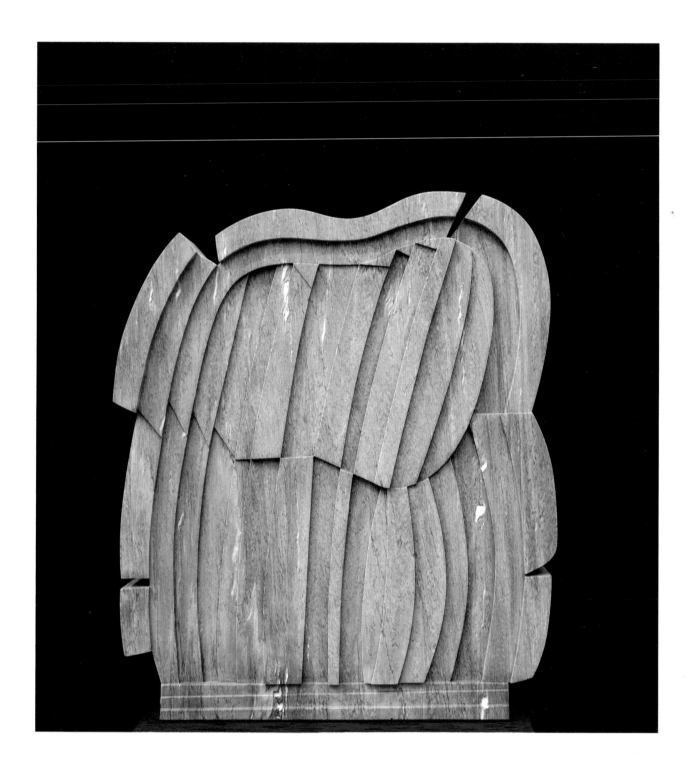

72 / VERDE ALGA N. 2 / 1976

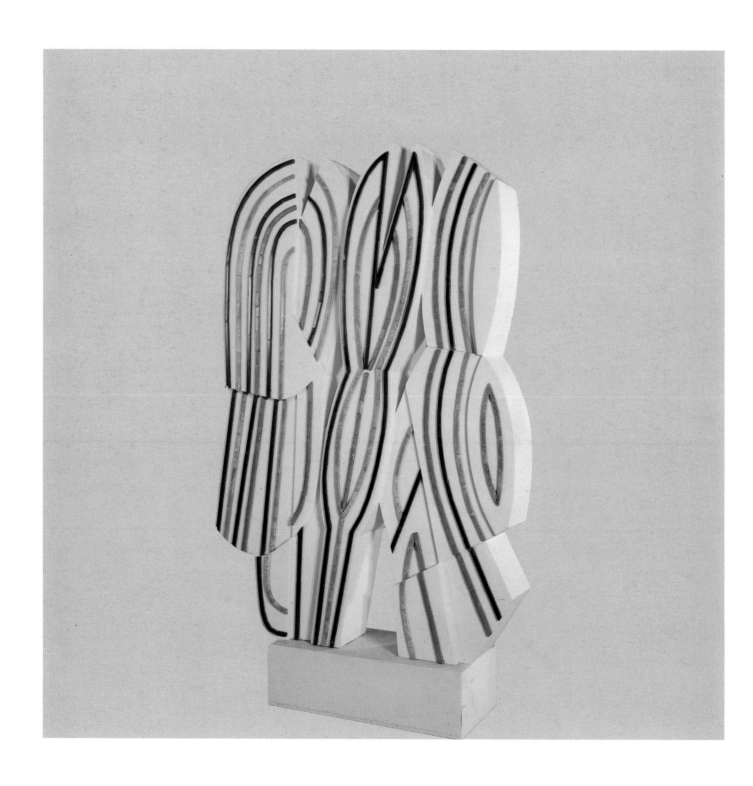

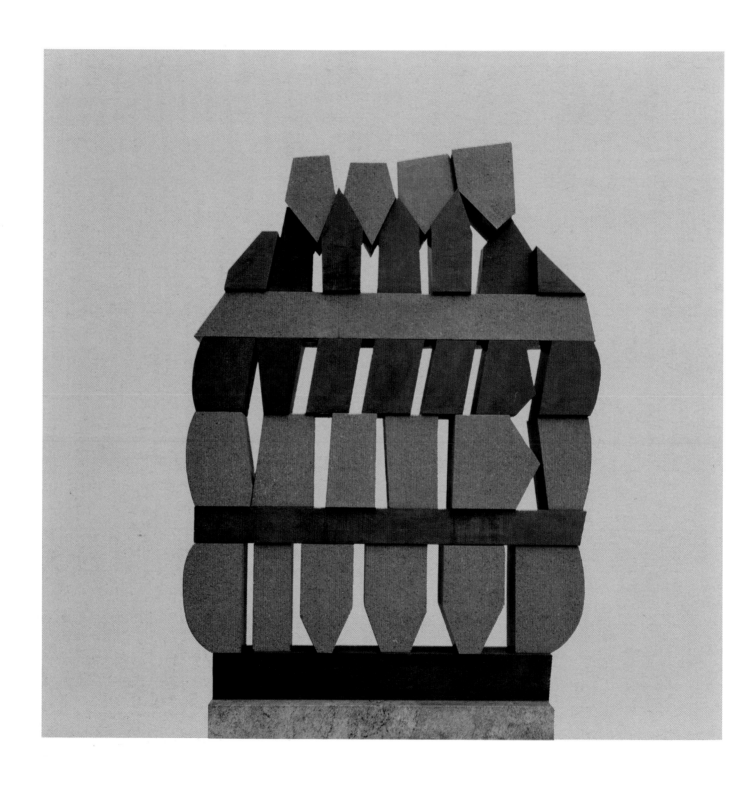

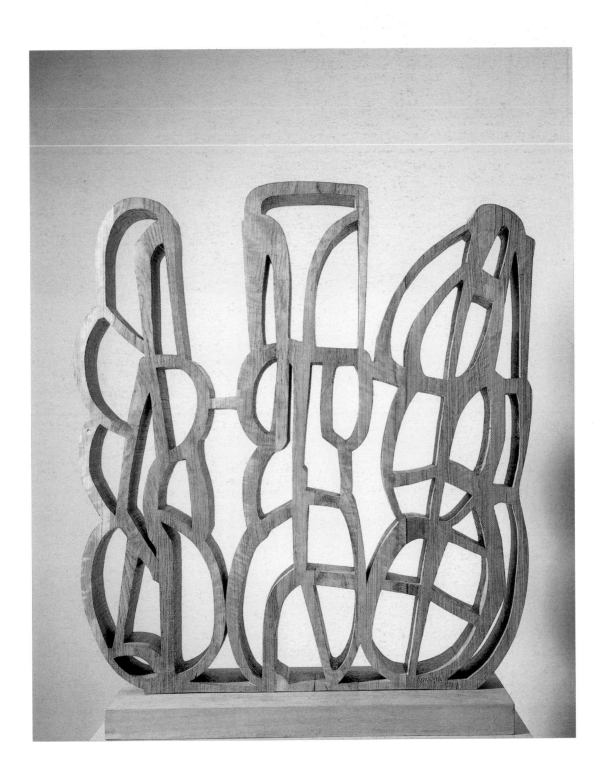

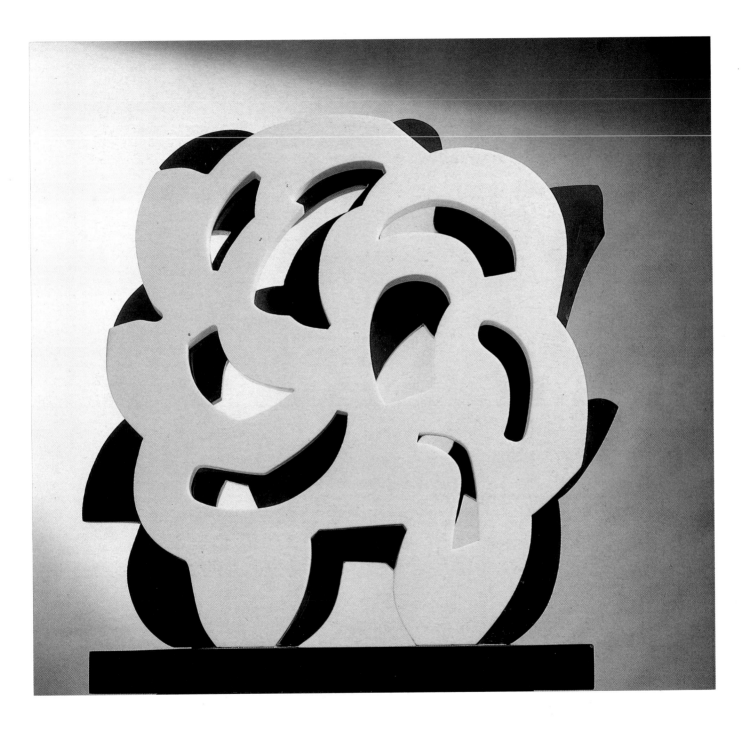

95 / PIANETA N. 1 / 1987
96 / PIANETA N. 2 / 1987

97 / PIANETA N. 3 / 1987
98/ PIANETA N. 4 / 1987

99 / PIANETA N. 6 / 1987
100 / PIANETA N. 8 / 1987

95

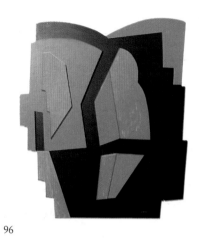

96

97

98

99

100

101 / PIANETA N. 9 / 1987
102 / PIANETA N. 10 / 1987

103 / PIANETA N. 12 / 1987
104 / PIANETA N. 15 / 1987

105 / PIANETA N. 16 / 1987
106 / PIANETA N. 19 / 1987

101

102

103

104

105

106

Totemiche, 1947-1952

Nel 1947, con l'adesione al gruppo "Forma", Consagra si dichiara per una ricerca formalista contro il Realismo. Abbandona le forme ispirate al repertorio figurativo di matrice picassiano-surrealista. Procede invece alla realizzazione di sculture astratte caratterizzate da un accentuato verticalismo, da elementi sottili ridotti a "profili" (Marchiori, 1948) *di una massa inesistente. Le linee esili e appuntite, unite le une alle altre mediante angoli fortemente acuti (quasi delle linee-forza), aprono tridimensionalmente la scultura in diverse direzioni dello spazio. Fatta eccezione per* Forma 1 *-che Consagra modella ancora in gesso-, le altre sculture "totemiche" sono realizzate in ferro con laminati sagomati e sottili (*Totem della liberazione, n. cat. 3, Monumento al partigiano, n. cat. 4*) o con tondini filiformi (*La Scaletta, n. cat. 6, Manifesto per l'avvenire, n. cat. 2*) tagliati e saldati insieme, lasciando spesso a vista la qualità del materiale. Solo talvolta queste sculture sono verniciate, sempre però a fingere o il colore del ferro (grigio-azzurro) o la naturale alterazione di esso (minio). Le strutture aperte delle "totemiche" molto devono all'istanza costruttiva delle avanguardie storiche: in particolare a Brancusi (sia nel modellato di* Forma 1, n. cat. 1, *che nella sovrapposizione dei parallelepipedi deformati di* Plastico in lamiera, n. cat. 9*), ma anche a Pevsner, a Gabo, a Tatlin. Pur nella loro esilità, le "totemiche" si impongono al centro dello spazio e, di fondo, non alterano il concetto di "monumento".*
*Nell'*Omaggio a Christian Zervos *(n. cat. 8) e poi, ancor più, nell'*Eroe greco *(n. cat. 11) e nel* Monumento al sindacalista siciliano *(n. cat. 12) i "vuoti" sagomati dalle linee esili delle prime "totemiche" si colmano con lastre sottili di bronzo; la forma si appiattisce su un piano segmentato secondo il metodo costruttivista e le sculture sono liberamente collocate nello spazio.*
*Con l'*Autoritratto *(n. cat. 13) del '52 Consagra tenta di chiudere su se stessi gli elementi lineari e planari variamente aperti nelle precedenti opere; la struttura rimane, comunque, interamente tridimensionale.*

1 / FORMA 1 / 1947

legno, cm 176 x 36
Roma, collezione privata

Esposizioni: Roma, *II Esp. annuale Art Club*, 1947 (gesso, *Figura*); *V Rass. naz. arti fig.*, Roma, 1947, p. 40, n. 134, (gesso, *Figura verticale*); Roma, 1965, p. 23, (*Plastico in legno*); Palermo, 1973, n. 1 (bronzo); Todi, 1976, n. 12 (bronzo); Gibellina, 1986, p. 50 (bronzo); Bourg-en-Bresse, 1987, p. 51 (bronzo); Darmstadt, 1988, p. 43, n. 7, (bronzo).

Bibliografia: II Esp. annuale Art Club, Roma, 1947 (gesso, *Figura*); *V Rass. naz. arti fig.*, Roma, 1947, p. 40, n. 134, ripr. b.n., tav. XXXIV (gesso, *Figura verticale*); Maltese, 1948, p. 119, ripr. b.n. (gesso); *Forma 1*, Roma, 1965, p. 23, ripr. b.n., (*Plastico in legno*); Carandente, cat. Palermo, 1973, p. 16, ripr. b.n. (gesso), p. 77, n.1, ripr. b.n. (bronzo); *Forma 1*, Todi, 1976, n. 12 (bronzo); Di Genova, 1981, p. 19, ripr. b.n., n. 10, (*Senza titolo*); *Forma 1*, Gibellina, 1986, p. 50, ripr. b.n. (bronzo); *Forma 1*, Bourg-en-Bresse, 1987, p. 51, ripr. b.n. (bronzo); *Forma 1*, Darmstadt, 1988, p. 43, n. 7, ripr. a. col. (bronzo).

L'opera, modellata in gesso (cm 176 x 36, Roma, Studio Consagra) nel 1947 ed esposta per la prima volta nello stesso anno alla *II Esposizione annuale dell'Art Club*, valse a Consagra l'apprezzamento di Enrico Prampolini sul Bollettino dell'Art Club di dicembre quale unico scultore *"che abbia raggiunto un'autonomia di espressione interamente astratta"*. La versione in legno è stata modellata dall'artista nello stesso anno. Del 1973 è la fusione di tre esemplari in bronzo (cm 184 x 36), de quali uno donato nel 1986 alla Galleria nazionale d'arte moderna.

2 / MANIFESTO PER L'AVVENIRE / 1947

ferro, cm 120 x35
New York, collezione privata

Esposizioni: Consagra..., Roma, Art Club, 1947, (*Scultura*); Venezia, 1948; *XXVIII Esp. intern. d'arte*, Venezia, 1956, p. 67, n. 1; Roma, Galleria Marlborough, 1976, n. 1a (maquette); Milano, Galleria Stendhal, 1976, n. 1a (maquette).

Bibliografia: Marchiori, cat. Venezia, 1948, ripr. b.n.; Apollonio, 1956, ripr. b.n., tav. 1; *XXVIII Esp. intern. d'arte*, Venezia, 1956, p. 67, n. 1; Argan, 1962, n. 4, ripr. b.n.; Cat. Galleria Marlborough, 1976, n. 1a, ripr. b.n. (maquette); Cat. Galleria Stendhal, Milano, 1976, n. 1a, ripr. b.n., (maquette); Scheiwiller, 1976, p. 74, ripr. b.n..

La maquette originale del 1947 (cm 41 x 9, Roma, Studio Consagra) è stata realizzata nella versione media qui in mostra nel 1948. In seguito la scultura è stata data dall'artista a E-

milio Jesi che, dopo averla trattenuta alcuni mesi, l'ha ceduta alla Galleria Odyssia di New York in cambio di un quadro di Morlotti (episodio narrato da Consagra in *Vita mia*, p. 51).

3 / TOTEM DELLA LIBERAZIONE / 1947/1986

ferro verniciato, arancio, cm 198 x 68
sulla base: *Consagra 47*
Roma, Studio Consagra

Esposizioni: Venezia, 1948 (maquette); Torino, 1964, (super); Roma, 1965, p. 23 (maquette); Milano, Galleria dell'Ariete, 1971, Totemiche, n. 1 (bronzo); Palermo, 1973, n. 4 (super); Todi, 1976, n. 9, (maquette).

Bibliografia: Marchiori, cat. Venezia, 1948, ripr. b.n.; Apollonio, 1956, (maquette); Argan, 1962, n. 3, ripr. b.n., (maquette); *Sculture in metallo*, Torino, 1964, (super); *Forma 1*, Roma, 1965, p. 23, ripr. b.n. (maquette); Milano, Galleria dell'Ariete, 1971, totemiche, n. 1 (bronzo); Carandente, cat. Palermo, 1973 p. 77, n. 4 (super), ripr. b.n. (maquette); Forma 1, Todi, 1976, n. 9, ripr. b.n., (maquette); Bramanti, 1981;

La maquette originale in ferro verniciato grigio-verde del 1947 (cm 45 x 10), già nella collezione Nella Rossi di Roma e attualmente di proprietà della Galleria Editalia "Qui Arte contemporanea" di Roma, è stata realizzata in una versione "super" (cm 440 x 300) in ferro nel 1964 in occasione della mostra *Sculture in metallo* tenutasi a Torino lo stesso anno; l'esemplare super si trova attualmente alla Galleria comunale di Bologna. Del 1971 è la fusione di un esemplare grande in bronzo (cm 218 h), esposto alla personale dell'artista alla Galleria dell'Ariete nello stesso anno e distrutto dallo stesso Consagra subito dopo, che riteneva non funzionasse la realizzazione in bronzo di una scultura pensata, formalmente, in lamine di ferro. Del 1986 è invece la realizzazione della versione grande in ferro qui in mostra.

4 / MONUMENTO AL PARTIGIANO / 1947/1986

ferro verniciato, rosso, cm 192 x 65
sulla base, a destra: *Consagra 47*
Roma, Galleria Nazionale d'Arte Moderna (donazione)

Esposizioni: Venezia, 1948, (maquette); Torino, 1964, (super); Milano, Galleria dell'Ariete, 1971 (bronzo); Palermo, 1973, (super); Roma, Galleria Marlborough, 1976, n. 1c, (maquette); Milano, Galleria Stendhal, 1976, n. 1c, (maquette); Gibellina, 1986; Bourg-en-Bresse, 1987; Darmstadt, 1988.

Bibliografia: Marchiori, cat. Venezia, 1948, ripr. b.n. (maquette); Apollonio, 1956, n. 4, ripr. b.n., (maquette, *Plastico in ferro*); Argan,

1962, n. 5, ripr. b.n., (maquette); *Sculture in metallo*, Torino, 1964, ripr. b.n., (super); Cat. Galleria dell'Ariete, Milano, 1971, totemiche, n. 2 (bronzo); Carandente, cat. Palermo, 1973, p. 25, ripr. b.n., (maquette), n. 3, ripr. b.n. (maquette), scheda p. 77 (super); Cat. Galleria Marlborough, Roma, 1976, n. 1c, ripr. b.n. (maquette); Cat. Galleria Stendhal, Milano, 1976, n. 1c, ripr. b.n., (maquette); Carandente, 1977, n. 3; *Forma 1*, Gibellina, 1986, p. 52, ripr. a col.; *Forma 1*, Bourg-en-Bresse, 1987, p. 51, ripr. a col.; *Forma 1*, Darmstadt, 1988, p. 44, n. 8, ripr. a col.

La maquette originale (cm 42,5 x 15,5) in ferro battuto del 1947, già in collezione Leonardi a Roma e attualmente di proprietà della galleria di Tamoyuki Fujisawa a Tokio, è stata realizzata in una versione "super" (cm 380 h) sempre in ferro nel 1964 in occasione della mostra *Sculture in metallo* tenutasi a Torino nello stesso anno; l'esemplare super è attualmente nel Museo Pelota di Parma. Come è accaduto per *Totem della liberazione*, anche di questa scultura Consagra ha realizzato una fusione in bronzo di un esemplare grande (cm 191 h) che, esposta alla personale dell'artista alla Galleria dell'Ariete nello stesso anno, è stata distrutta subito dopo. Del 1986 è la versione in ferro esposta in questa mostra.

5 / LE GEOMETRIE / 1947

legno, cm 145, cm 176
sul retro, in alto: *Consagra 48*
Roma, Galleria Nazionale d'Arte Moderna (donazione)

Esposizioni: Palermo, 1973, n. 2, 2a; Milano, Galleria dell'Ariete, 1971; Gibellina, 1986.

Bibliografia: Carandente, cat. Palermo, 1973,p. 77, n. 2, 2a, ripr. b.n.; Milano, Galleria dell'Ariete, 1971; *Forma 1*, Gibellina, 1986.

Delle *Geometrie*, realizzate in listelli di legno nel 1947, sono state eseguite due versioni, delle quali una è attualmente a Milano (Studio Consagra) e l'altra è esposta qui in mostra.

6/ PLASTICO IN FERRO (LA SCALETTA) / 1948

ferro, cm 293 x 64
Roma, collezione Fiammetta Carena

Esposizioni: Milano, Galleria dell'Ariete, 1971; Palermo, 1973, n. 5; Rimini, 1981, n. 1 (*Totem*).

Bibliografia: Milano, Galleria dell'Ariete, 1971, n. cat. totemiche n. 7; Carandente, cat. Palermo, 1973, p. 77, n. 5, ripr. b.n.; Consagra-Mulas, 1973, p. 105, ripr. b.n.; Ballo, cat. Rimini, 1981, n. 1, ripr. b.n. (*Totem*).

Proviente dalla coll. Carafa Caracciolo di Roma, l'opera esiste in questo unico esemplare. Della scultura sono stati pubblicati alcuni disegni preparatori (Carandente, cat. Palermo, 1973, p. 157; Appella, 1977, n. 3) tra i quali uno già datato al 1947 (Consagra, *Vita mia*, 1980, p. 51).

7 / PLASTICO IN FERRO / 1948

ferro verniciato, minio, cm 230 x 60
sulla base, a destra: *Consagra*
Roma, collezione privata

Esposizioni: Venezia, 1948; Palermo, 1973, n. 6.

Bibliografia: Marchiori, cat. Venezia, 1948, ripr. b.n.; Consagra, 1949, ripr. b.n.; Carandente, cat. Palermo, 1973, n. 6, ripr. b.n..

8 / OMAGGIO A CHRISTIAN ZERVOS / 1948

bronzo, cm 140 x 41
in basso a sinistra: *Consagra 48 / 1/2*
Roma, Galleria Nazionale d'Arte Moderna (donazione)

Esposizioni: Milano, Galleria dell'Ariete, 1971; Palermo, 1973, n. 7; Rimini, 1981, n. 3; Gibellina, 1986, p. 41; Bourg-en-Bresse, 1987, p. 53; Darmstadt, 1988, p. 45, n. 9.

Bibliografia: Consagra, 1970, p. 44, ripr. b.n.; Cat. Galleria dell'Ariete, Milano, 1971; Carandente, cat. Palermo, 1973, p. 77, n. 7, ripr. b.n.; Consagra-Mulas, 1973, p. 102, ripr. b.n.; Ballo, cat. Rimini, 1981, n. 3, ripr. b.n.; *Forma 1*, Gibellina, 1986, p. 51 ripr. b.n.; *Forma 1*, Bourg-en-Bresse, 1987, p. 53, ripr. b.n.; *Forma 1*, Darmstadt, 1988, p. 45, n. 9, ripr. a col.

La maquette originale del 1948 (ex collezione Zervos) è stata fusa in un esemplare unico in bronzo nel 1949 insieme a quelle di *Eroe greco* e di *Monumento al sindacalista siciliano*. Per la fusione in bronzo di queste tre sculture Consagra si è rivolto a una fonderia industriale che praticava la fusione mediante stampo del modello in legno (opportunamente diviso in alcune parti) su una sabbia speciale. Le diverse parti in bronzo sono state poi assemblate da Consagra a studio. La scelta della fusione a sabbia, motivata dall'eccessivo costo di quella a tasselli o a cera persa praticata dalle fonderie artistiche, ha però influito anche sulla particolare forma di queste tre sculture: piatte, schematicamente divisibli in blocchi, sottili. Sulla base di appoggio di *Omaggio a Christian Zervos* Consagra indica l'esistenza di un secondo esemplare, che di fatto non fu mai realizzato.

9 / PLASTICO IN LAMIERA / 1949

ferro verniciato, blu e grigio, cm 125 x 20
sulla base: *Consagra 49*
Roma, collezione Palma Bucarelli

Esposizioni: Roma, Galleria del Secolo, 1949; *III Mostra Art Club*, Roma 1949; Palermo, 1973, n. 10; Todi, 1976, n. 10.

Bibliografia: Cat. Galleria del Secolo, Roma 1949, ripr. b.n.; Cat. *III Mostra Art Club*, Roma 1949; Carandente, cat. Palermo, 1973, p. 77, n. 10, ripr. b.n.; *Forma 1*, Todi, 1976, n. 10.

Consagra ha titolato l'opera *Come un'automobile* in occasione della sua esposizione alla *III Mostra annuale dell'Art Club*, poiché era stata dipinta con vernice blu e grigia usata per le automobili.

10 / PLASTICO IN MARMO / 1949

marmo travertino, cm 100 x 58
Roma, Studio Consagra

Esposizioni: Roma, 1951; Milano, Galleria dell'Ariete, 1971, n. cat. totemiche 6; Roma, Galleria Marlborough, 1976, n. 5, (maquette); Milano, Galleria Stendhal, 1976, n. 5, (maquette).

Bibliografia: *Mostra dell'arte astratta e concreta*, Roma, 1951; Venturoli, 1951, ripr. b.n.; Consagra, 1970, p. 42, ripr. a col.; Consagra-Mulas, 1973, ripr. b.n.; Carandente, 1975, n. 14, ripr. b.n.; Cat. Galleria Marlborough, Roma, 1976, n. 5, ripr. b.n., (maquette); Cat. Galleria Stendhal, Milano, 1976, n. 5, ripr. b.n., (maquette).

11 / EROE GRECO / 1949

bronzo, cm 125 x 70
Wilmington (Delaware), collezione Sophie Chandler Consagra

Esposizioni: XXVI *Esp. intern. d'arte*, Venezia, 1952, p. 128; Zurigo, 1953, p. 22, n. 94; Roma, 1955, n. cat. 23; Como, 1957, p. 10, n. 48, (maquette); Messina, 1957, p. 29, n. 47; Palermo, 1973, n. 9, (maquette); Roma, Galleria Marlborough, 1976,n. 4, (maquette); Milano, Galleria Stendhal, n. 4, (maquette).

Bibliografia: XXVI *Esp. intern. d'arte*, Venezia, 1952, p. 128, n. 28; Consagra, *In difesa dell'astrattismo*, 1952, ripr. b.n.; *Junge italienische Kunst*, Zurigo, 1953, p. 22, n. 94; Sinisgalli, 1954, p. 24, ripr. b.n.; *Le arti plastiche e la civiltà meccanica*, Roma, 1955, n. cat. 23; Apollonio, 1956, n. 8, ripr. b.n.; Marchiori, 1957, p. 123; *I Mostra naz. di artisti siciliani*, Como, 1957, p. 10, n. 48, (maquette); *Mostra all'aperto della scultura it.*, Messina, 1957, p. 29, n. 47, ripr. b.n.; Carandente, cat. Palermo, 1973, p. 77, n. 9, ripr. b.n. (maquette); Cat. Galleria Marlborough, Roma, 1976, n. 4, ripr.

b.n. (maquette); Cat. Galleria Stendhal, Milano, 1976, n. 4, ripr. b.n., (maquette); De Micheli, 1981, p. 205, n. 1, ripr. b.n..

La maquette originale in bronzo del 1949 (cm 42 x 22, Trezzano sul Naviglio, collezione Invernizzi) è stata fusa nell'esemplare medio esposto nello stesso anno. Dei primi anni Cinquanta è la versione grande in bronzo appositamente realizzata per il Teatro Mediterraneo di Napoli.

12 / MONUMENTO AL SINDACALISTA SICILIANO (SICANIA) / 1949

bronzo, cm 127 x 80
in basso a destra: *Consagra 49 / 1/2*
Milano, Studio Consagra

Esposizioni: Milano, Galleria dell'Ariete, 1971, totemiche n. 4; Palermo, 1973, n. 12; Rimini, 1981, n. 4.

Bibliografia: Apollonio, 1956, n. 7, ripr. b.n., (*Plastico in bronzo*, maquette); Marchiori, 1957, p. 123 (*Plastico in bronzo*, maquette); Argan, 1962, n. 7, ripr. b.n., (*Monumento al sindacalista siciliano*, maquette); Milano, Galleria dell'Ariete, 1971, totemiche n. 4 (*Sicania*); Consagra-Mulas, 1973, p. 107, ripr. b.n.; Carandente, cat. Palermo, 1973, p. 77, n. 12, ripr. b.n., (*Sicania-Monumento al sindacalista siciliano*, grande); Consagra-Mulas, 1973, p. 107, ripr. b.n. (*Omaggio al sindacalista siciliano*); Carandente, 1975, n. 13, ripr. b.n.; Volpi, 1977, s.p., (*Sicania*); Bramanti, 1981,(*Monumento per il sindacalista siciliano*); Grasso, 1981, (*Monumento per il sindacalista siciliano*).

La maquette originale in bronzo del 1949, attualmente in collezione privata americana, è stata realizzata in un esemplare medio in bronzo nello stesso anno. Del 1972 è la fusione di un esemplare in formato grande (cm 225 x 162, Roma, Studio Consagra). Erronea è la datazione di Marchiori (1957) al 1950, mentre accertata è quella al 1949. La scultura è dedicata al sindacalista siciliano Miraglia ucciso dalla mafia a Palermo nel 1949.

13 / AUTORITRATTO / 1952

bronzo, cm 143 x 42
Roma, Galleria Nazionale d'Arte Moderna

Esposizioni: XXVI Esp. intern. d'arte, Venezia, 1952, p. 128, n. 29.

Bibliografia: XXVI Esp. intern. d'arte, Venezia, 1952, p. 128, n. 29; "Candido", 1952, p. 21, ripr. b.n.; Borghese, 1952, p. 8, ripr. b.n.; Kubler, 1952, ripr. b.n.

L'opera, in questo unico esemplare, fu acquistata dalla Galleria Nazionale d'Arte Moderna alla *XXVI Esposizione internazionale d'arte* di

Venezia del 1952. È datata al 1952 per dichiarazione stessa dell'artista, nonostante nel catalogo della *Biennale* del '52 sia datata al 1951.

Colloqui / 1954-1962

Il tema dei Colloqui *procede per un decennio, dal '52 al '62, con una ricerca formale e plastica di estrema coerenza.*

I Colloqui *nascono dall'esigenza di "togliere la scultura dal centro ideale" in cui erano ancora collocate le "totemiche" e dalla volontà di reinserimento della dimensione "umana" nella scultura. Il colloquio, al quale alludono i titoli delle sculture, avviene a vari livelli: tra osservatore e oggetto, sul piano percettivo; tra due elementi contrapposti all'interno dell'oggetto, a livello formale; tra profondità e superficie (Argan, 1956), a livello plastico-spaziale. In ogni caso, il colloquio può aver luogo solo nella bidimensionalità, nella frontalità, che Consagra pone come limite all'interno della quale operare. Il* Colloquio *trova i suoi limiti nella forma quadrata -a volte rettangolare nel senso della larghezza- tale comunque da essere colta interamente e in un solo colpo d'occhio dall'osservatore. La frontalità, in effetti, vuole risolvere sulla superficie dell'opera l'incontro e la pressione di più spazi, di più elementi, mediante segni che si identificano con la materia. E ciò non a suggerire graficamente spazialità che vanno oltre la superficie visibile (in senso prospettico rinascimentale), ma a rendere esauriente e completa l'analisi spaziale sulla superfice. Il processo ideativo dei* Colloqui *è sempre quello razionale costruttivista: il progetto, analizzato e concluso nel disegno, si traspone in strutture plastiche realizzate precisamente, senza che ci si lasci coinvolgere, in corso d'opera, dalle suggestioni della materia o del caso. Ciò nonostante, Consagra ha un profondo senso per la materia usata (bronzo, ottone, legno, pietra), su cui interviene ricercandone tutti gli intrinseci valori cromatici, mediante trattamenti diversificati: bruciature, corrosioni, levigature, intagli, sottosquadri, senza mai cadere nel decorativismo della materia, conservando sempre ad essa il suo valore strutturale necessario. Queste sculture hanno tutte basi d'appoggio pesanti che per Consagra "rendono più astratta l'opera, provvisoria, discreta" (cit. in Verna, 1985), e quin-*

di ne accentuano il carattere mentale. Esse vanno viste frontalmente, addossate alle pareti, ma non appese, per rendere ben chiaro che lo scarto polemico è nei confronti della scultura tridimensionale e non della pittura.

Nei primi Colloqui *degli anni '52-'54 i due elementi compositivi della scultura, dalle forme vagamente umane, sono contrapposti in tensione e solo raramente in contatto reciproco; in particolare le* Figure *del '54 (n. cat. 14), già progettate per essere viste frontalmente, conservano l'apertura tridimensionale. Le forme plastiche che si sviluppano sulla superfice in modo più chiaro nel 1955: il* Colloquio *(n. cat. 15) moltiplica i punti di contatto e procede nel risolvere la superfice per sottili piani sovrapposti; mentre l'Omaggio a Paisiello (n. cat. 16) presenta un schema diviso in tre elementi ma più rigidamente frontali e caratterizzati da tagli bruschi. Nel 1956 i* Colloqui *sono tutti composti di due elementi, più o meno a contatto secondo i casi; la superfice si articola con segni, tagli, aperture (Incontro, n. cat. 18, Piccolo comizio, n. cat. 21) -in alcuni casi con aggiunte plastiche di forte drammaticità (Colloquio alto, n. cat. 19)- e soprattutto comincia a modularsi con leggere inclinazioni che diventeranno negli anni seguenti impercettibili ondulazioni più sensibili alla luce. Il minimo spessore della superficie frontale comincia veramente ad essere segno "impronta" di tutte le spazialità che su di essa si comprimono. Dal '56 Consagra porta avanti la ricerca parallelamente con il bronzo e con il legno bruciato (Colloquio, n. cat. 17): i segni "vuoti" e le zone d'ombra rese a sottosquadro nei bronzi diventano, nei legni, bruciature con la fiamma ossidrica, che hanno anche valore di lacune. Nel '57-'60 le sculture diventano un assemblaggio di elementi verticali che si sovrappongono e si separano con andamento irregolare; lasciano a vista vuoti sempre più ridotti, presentano superfici frastagliate e angoli smussati. Inoltre l'utilizzo di materiali eterogenei (bronzo e legno) in una stessa scultura è un altro passo verso la totale identificazione di segno e materia (Argan, 1962) (Colloquio con la moglie, n. cat. 29, e Colloquio senza la moglie, n. cat. 30). In* Racconto di un marinaio, *n. cat. 31, Colloquio buffo, n. cat. 32, Specchio alienato, n. cat. 34, Sogno di Eremita, n. cat. 38, tutte opere del 1961, i singoli elementi compositivi si sono "fusi" in superfici continue dalle forme quasi perfettamente quadrate; i segni si identificano interamente con la materia: sono solo i tagli, le lacune, e le quasi impercettibili modulazioni delle lamiere.*

14 / FIGURE / 1954

legno dipinto, cm 165 x 140
Yale, University Art Gallery

Esposizioni: XXVII Esp. intern. d'arte, Venezia, 1954, p. 100, n. 36; Roma, Galleria Odyssia, 1961.

Bibliografia: XXVII Esp. intern. d'arte, Venezia, 1954, p. 100, n. 36; Apollonio, 1956, n. 19, ripr. b.n.; Cat. Galleria Odyssia, Roma, 1961, ripr. b.n.; Argan, 1962, n. 16, ripr. b.n.; Ballo, cat. Rimini, 1981, p. 18, ripr. b.n..

15 / COLLOQUIO / 1955

bronzo, cm 110
San Paolo, Museu de Arte contemporanea de Universidade

Esposizioni: XXVII Esp. inter. d'arte, Venezia, 1954, n. 34 (*Figure*); San Paolo, 1955, p. 192, n. 1; Palermo, 1973, n. 18, (maquette); Roma, Galleria Marlborough, 1976, n. 6, (maquette); Milano, Galleria Stendhal, n. 4, (maquette);

Bibliografia: XXVII Esp. intern. d'arte, Venezia, 1954, p. 100, n. 34 (*Figure*); *III Bienal*, San, Paolo, p. 192, n. 1; Carandente, cat. Palermo, 1973, n. 18, (maquette); Cat. Roma, Galleria Marlborough, 1976, n. 4, ripr. b.n., (maquette); Cat. Galleria Stendhal, Milano, 1976, n. 4, ripr. b.n., (maquette);

Acquistata alla *III Bienal* di San Paolo nel 1955 dal Museo di arte moderna di San Paolo, è passata nel 1963 al Museu de Arte contemporanea de Universidade di San Paolo dove attualmente si trova.

16 / OMAGGIO A PAISIELLO / 1955/1968

ottone, cm 195 x 220
in basso, a destra: *Consagra 56*
Gibellina, Museo comunale

Esposizioni: XXVIII Esp. intern. d'arte, Venezia, 1956, p. 67, n. 8, (media); New York, World House Galleries, *Italy*, 1957, n. 88, (maquette); Marchiori, 1957, ripr. b.n.; Bruxelles, Palais des Beaux-Arts, 1958, n. 2, (media); *XXXIV Esp. intern. d'arte*, Venezia, 1968, p. 54, n. 24; Hakone, 1969, n. 10; Palermo, 1973, n. 17; Roma, Galleria Marlborough, 1976, n. 9 (maquette); Milano, Galleria Stendhal, 1976, n. 9, (maquette); Gibellina, 1986, p. 54; Darmstadt, 1988, p. 100, n. 46 (maquette).

Bibliografia: XXVIII Esp. intern. d'arte, Venezia, 1956, p. 67, n. 8, (media); Apollonio, 1956, n. 25, ripr. b.n. (media); *Italy: The new vision*, New York, 1957, n. 88, (maquette); Argan, cat. Bruxelles, 1958, n. 2, ripr. b.n. (media); Argan, 1962, n. 21, ripr. b.n., (media); *XXXIV Esp. intern. d'arte*, Venezia, 1968, p. 54, n. 24; Consagra, 1969, p. 12, n. 5, ripr. b.n.

17 / COLLOQUIO / 1956

legno bruciato, cm 239 x 120
sulla base, a destra: *Consagra 56*
Washington, Hirshhorn Museum and Sculpture Garden, Smithsonian Istitution

Esposizioni: XXVIII Esp. intern. d'arte, Venezia, 1956, p. 67, n. 3; New York, World House Galleries, *Italy*, 1957, n. 87; New York, 1959, n. 12, (*Colloquio pubblico*); Roma, Galleria O-

(maquette); *The First intern. exhib. of Mod. Sculpture*, Hakone, 1969, n. cat. 10, ripr. b.n.; Consagra, 1970, p. 40, ripr. a col.; Consagra-Mulas, 1973, p. 17, ripr. b.n.; Carandente, cat. Palermo, 1973, p. 77, n. 17 (grande), ripr. b.n. (media); Cat. Galleria Marlborough, 1976, n. 9, ripr. b.n, (maquette); Milano, Galleria Stendhal, n. 9, ripr. b.n., (maquette); Consagra, 1976, n. 9; *Forma 1*, Gibellina, 1986, p. 54, ripr. b.n.; *Forma 1*, Darmstadt, 1988, p. 100, n. 46, ripr. a col. (maquette).

L'opera è stata progettata in occasione del concorso bandito dalla città di Taranto per un monumento al musicista Paisiello da collocare in Piazza Castello. Il progetto presentato da Consagra era in effetti composto di due parti distanziate su una stessa base: una scultura astratta e un ritratto figurativo in piedi del musicista. In quell'occasione così Consagra giustificava questo accostamento imprevisto: "Sono uno scultore non figurativo ma non ho nulla contro i ritratti della brava gente sistemati sui piedistalli delle nostre piazze. Anzi mi fanno simpatia e mi dispongono all'ottimismo. Il ritratto io l'ho voluto fare proprio perchè il tema del musicista lo consigliava: uomo e ritmo astratto, insieme. Una figura sola o un elemento astratto solo non avrebbe creato lo stesso interesse. La curiosità nasceva per la possibilità di accoppiare i due motivi. Io astrattista non devo modellare la figura? Per quale preconcetto purista? Sono convinto che l'astrattismo sia la tendenza più espressiva di oggi. Ma non rifiuto il ritratto: fare un ritratto è fare arte applicata, come fare una maniglia" (cit. in "Architettura", agosto 1956, p. 261). La commissione del concorso, composta da Brandi, Carrieri, Fazzini, Gardella, Guzzi, Valsecchi, Zevi, oltre al sindaco di Taranto e due rappresentanti degli enti locali, assegnò il primo premio a Franchina, seguito da Leoncillo e Fabbri, e concesse il rimboroso spese a Tot, Salimbeni, Calò e Consagra. Il concorso venne però invalidato per una presunta irregolarità nella consegna dei bozzetti.
Il bozzetto originale in versione media (cm 69 x 74) in bronzo del 1955, e non del 1956 come è erroneamente riportato nel catalogo della *XXVIII Esposizione internazionale d'arte* di Venezia del 1956, è stato realizzato nella versione grande in ottone nel 1967. Del 1976 è l'esecuzione della maquette (cm 26 x 28), di cui un esemplare è di proprietà della Galleria dei Banchi Nuovi di Roma.

dyssia, 1961, n. 5; New York, Solomon, R. Guggenheim Museum, 1962, p. 210, n. 59, (*Colloquio pubblico*).

Bibliografia: XXVIII Esp. inter. d'arte, Venezia, 1956, p. 67, n. 3 (*Colloquio pubblico*); Apollonio, 1956, n. 28, ripr. b.n.; Argan, 1956, p. 144, ripr. b.n.; Marchiori,1957, p. 123; *Italy: The new vision*, New York, 1957, n. 87; *1959 Sculpture Annual*, New York, 1959, n. 12, ripr. b.n.; Roma, Galleria Odyssia, 1961, n. 5, ripr. b.n.; Argan, 1962, n. 27, ripr. b.n.; *Modern Sculpture from the Joseph H. Hirshhorn collection*, New York, 1962, p. 210, n. 59 (*Colloquio pubblico*).

L'opera è stata donata al museo dove attualmente si trova da Joseph H. Hirshhorn nel 1966.

18 / INCONTRO / 1956

bronzo, cm 135 x 118
Museum Ludwig Köln

Esposizioni: XXVIII Esp. intern. d'arte, Venezia, 1956, p. 67 n. 11 (media, *Comizio*); New York, World House Galleries, *Italy*, 1957, n. 89; Bruxelles, Musée des Beaux-Arts, 1958, n. 1; Roma, Galleria Marlborough, 1976, n. 13 (maquette); Milano, Galleria Stendhal, 1976, n. 13, (maquette); Rimini, 1981, n. 9, (maquette).

Bibliografia: XXVIII Esp. intern. d'arte, Venezia, 1956, p. 67 n. 11 (*Comizio*); Argan, 1956, p. 141, ripr. b.n.; *Italy: The new vision*, New York, 1957, n. 89; Argan, cat. Bruxelles, 1958, n. 1, ripr. b.n.; Argan, 1962, n. 24, ripr. b.n.; Di Genova, 1962; *Bildwerk seit 1800*, 1965, p. 24, ripr. b.n.; Cat. Galleria Marlborough, 1976, n. 13, ripr. b.n. (maquette); Milano, Galleria Stendhal, n. 13, ripr. b.n., (maquette); *Handbuch Museum Ludwig*, 1979, p. 144, ripr. b.n.; Ballo, cat. Rimini, 1981, n. 9, ripr.b.n., (maquette); Consagra, 1984, p. 51, ripr. b.n., (media).

L'opera, realizzata nel 1956 nella versione media qui esposta, è stata donata al Museum Ludwig di Colonia nel 1963 dal Dr. Werner Rusche. Dell'opera esistono un'altra versione media differenziata e delle versioni piccole (cm 32,5 x 28,5). Un disegno della scultura è pubblicato in Apollonio (1956, p. 27) in Consagra, *L'agguato c'è* e in Consagra, *Vita mia* (p. 81).

19 / COLLOQUIO ALTO / 1956

bronzo, cm 170,5 x 99
in basso, a destra: *Consagra 56*
The Spencer Museum of Art, The University of Kansas, Lawrence

Esposizioni: XXVIII Esp. intern. d'arte, Venezia, 1956, p. 67, n. 5; New York, 1958.

Bibliografia: XXVIII Esp. inter. d'arte, Venezia, 1956, p. 67, n. 5, ripr. b.n. 31; Descargues, 1952, ripr. b.n.; Apollonio, 1956, n. 27, ripr. b.n.; Descargues, 1956, p. 4, ripr. b.n.; Argan, 1956, p. 143, ripr. b.n.; Apollonio, 1957, ripr. b.n.; Argan, 1962, n. 25, ripr. b.n.; Di Genova, 1962; *The Spencer Museum*, 1981, p. 123-124, ripr. b.n..

Esposta alla *XXVIII Esposizione internazionale d'arte* di Venezia e quindi alla personale dell'artista a New York nel 1958, l'opera di proprietà della World House Galleries è stata acquistata da Charles E. Curry (Kansas City, Missouri) e donata nel 1958-59 allo Spencer Museum in cui oggi si trova. Di essa non esistono maquette né versioni medie.

20 / MURO DEL SUONO / 1956/1971

bronzo, cm 198 x 137
sulla base, a destra: *Consagra 56/71*
Roma, Galleria Nazionale d'Arte Moderna (donazione)

Esposizioni: Darmstadt, 1957, n. 11, (maquette); Bruxelles, Palais des Beaux-Arts, 1958, n. 3 (media); Berlino, 1958, n. 16 (maquette); Milano, 1965, n. 1, (maquette); San Quirico d'Orcia, 1972; Roma, Galleria Marlborough, 1972, n.n.; Palermo, 1973, n. 19; Rimini, 1973; Roma, Galleria Marlborough, 1976, n. 12, (maquette); Milano, Galleria Stendhal, 1976, n. 12, (maquette); Rimini, 1981, n. 6; Erice, 1984, n. 2; Gibellina, 1986, p. 53; Bourg-en-Bresse, 1987, p. 54; Darmstadt, 1988, p. 110-111, n. 47.

Bibliografia: Argan, 1956, p. 142, ripr. b.n.; *Neue Darmstädter Sezession*, Darmstadt, 1957, n. 11, ripr. b.n., (maquette); Argan, cat. Bruxelles, 1958, n. 3, ripr. b.n. (media); *Junge italienische Plastik*, Berlino, 1958, n. 16, ripr. b.n., (maquette); Argan, 1962, n. 26, ripr. b.n (media); Milano, 1965, n. cat. 1 (maquette); *Forme nel verde*, San Quirico d'Orcia, 1972, ripr. b.n.; Roma, Galleria Marlborough, 1972; Carandente, cat. Palermo, 1973, p. 78, n. 19, ripr. b.n.; *Città Spazio Cultura*, Rimini, 1973, ripr. b.n.; Cat. Galleria Marlborough, 1976, n. 12, ripr. b.n. (maquette); Cat. Galleria Stendhal, Milano, 1976, n. 12, ripr. b.n., (maquette); Ballo, cat. Rimini, 1981, n. 6, ripr. b.n.; Bucarelli, cat. Erice, 1984, n. 2, ripr. b.n.; *Forma 1*, Gibellina, 1986, p. 53, rip. a col.; *Forma 1*, Bourg-en-Bresse, 1987, p. 54, ripr. a col.; *Forma 1*, Darmstadt, 1988, p. 110-111, n. 47, ripr. a col..

L'opera è stata realizzata nel 1956 in bronzo in formato piccolo (cm 32 x 22,5) e in formato medio (cm 71 x 49). Del 1971 è la versione grande qui esposta. Un disegno della scultura, datato 1955, è pubblicato in Consagra, *L'agguato c'è* e in Consagra *Vita mia*, p. 74.

21 / PICCOLO COMIZIO / 1956

bronzo, cm 132 x 102
Roma, Studio Consagra

Esposizioni: XXVIII Esp. intern. d'arte, Venezia, 1956, p. 67, n. 10; New York, The Solomon R. Museum, 1962, p. 210, n. 58 (*Piccolo colloquio*); Pittsburg, 1967, p. 23; Roma, Galleria Marlborough, 1976, n. 11, (maquette); Milano, Galleria Stendhal, 1976, n. 11, (maquette); Rimini, 1981, n. 7.

Bibliografia: XXVIII Esp. inter. d'arte, Venezia, 1956, p. 67, n. 10; *Arti Plastiche*, 1956, ripr. b.n.; Argan, 1962, n. 23, ripr. b.n.; *Modern Sculpture from the J. H. Hirshhorn Collection*, New York, 1962, p. 210, n. 58 (*Piccolo colloquio*); *Pittsburg inter. exhib.*, 1967, p. 23, ripr. b.n.; Cat. Galleria Marlborough, 1976, n. 13, ripr. b.n. (maquette); Cat. Galleria Stendhal, Milano, 1976, n. 11, ripr. b.n., (maquette); Ballo, cat. Rimini, 1981, n. 7, ripr. b.n..

Dell'opera esistono due versioni medie e alcune versioni piccole (cm 27,5 x 21).

22 / COLLOQUIO MAGGIORE / 1957

bronzo, cm 142 x 125
in basso, a destra: *Consagra 57*
Bruxelles, collezione privata

Esposizioni: Bruxelles, Palais des Beaux-Arts, 1958; New York, World House Galleries, 1957, *Annual*; Roma, Galleria Marlborough, 1976, n. 19 (maquette); Milano, Galleria Stendhal, 1976, n. 19, (maquette); Rimini, 1981, n. 14, (maquette).

Bibliografia: 1957-1958 World House Annual, New York, 1957, ripr. b.n.; *Encyclop. de l'art internat. contemp.*, 1958, p. 198, ripr. b.n.; Argan, cat. Bruxelles, 1958, ripr. b.n.; *Consagra in Belgio*, 1958; Venturi, 1959, ripr. b.n.; Argan, 1962, n. 36, ripr. b.n.; Cat. Galleria Marlborough, 1976, n. 19, ripr. b.n., (maquette); Cat. Galleria Stendhal, Milano, 1976, n. 19, ripr. b.n., (maquette); Ballo, cat. Rimini, 1981, n. 14, ripr. b.n., (maquette).

L'opera, già appartenente alla collezione Van Geluw (dove era giunta attraverso la medizione della Galerie de France di Parigi), è passata al momento della dispersione della collezione Van Geluw nella collezione dove attualmente si trova. Di essa esistono due versioni medie e versioni piccole (cm 32,5 x 30,5). Si conoscono due disegni della scultura: uno datato 1958, e pubblicato in Consagra, *Vita mia*, p. 84, e un altro pubblicato in Consagra *L'agguato c'è*.

23 / INCONTRO AL SOLE / 1957

legno bruciato, cm 139 x 112
Wilmington (Delaware), collezione Sohie Chandler Consagra

Esposizioni: Bruxelles, Palais des Beaux-Arts, 1958, n. 12; Oberlin, 1958, ripr. b.n.; Roma, Galleria La Tartaruga, 1958; Roma, Rome-New York Art Foundation, 1958; Dallas, 1960, n. 2; Roma, Galleria Odyssia, 1961, n. 12;

Bibliografia: Argan, cat. Bruxelles, 1958, n. 12, ripr. b.n.; "Nieuwe Gids", 18 gennaio 1958, p. 11, ripr. b.n.; *Sculpture 1950-1958*, Oberlin, 1958, ripr. b.n.; Hamilton, 1958, ripr. b.n.; Cat. Roma, 1958, ripr. b.n.; *Nuove tendenze dell'arte it.*, Roma, 1958, ripr. b.n; *Italian Sculptors of today*, Dallas, 1960, n. 2, ripr. b.n.; Pedrosa, 1960, p. 5, ripr. b.n.; Roma, Galleria Odyssia, 1961, n. 12, ripr. b.n.; Argan, 1962, n. 38, ripr. b.n.; Ballo, cat. Rimini, 1981, p. 22, n. L, ripr. b.n.; De Micheli, 1981, p. 206; Di Genova, 1981, p. 78, ripr. b.n..

Un disegno di questa scultura è pubblicato in Consagra *L'agguato c'è*.

24 / COLLOQUIO DAVANTI LO SPECCHIO / 1957

bronzo, cm 143 x 104
New York, Museum of Modern Art

Esposizioni: Bruxelles, Palais des Beaux-Arts, 1958, n. 11; Bruxelles, *Expo '58*, 1958, p. 210; Zurigo, 1961, n. 9 (media); Palermo, 1973, n. 23; Roma, Galleria Marlborough, 1976, n. 22, (maquette); Milano, Galleria Stendhal, 1976, n. 22, (maquette).

Bibliografia: Argan, cat. Bruxelles, 1958, n. 11, ripr. b.n.; *Expo '58, 50 Ans d'art modern*, 1958, p. 210, n. 62, ripr. b.n.; Kuenzi, cat. Zurigo, 1961, n. 9, ripr. b.n., (media); Argan, 1962, n. 35, ripr. b.n.; Argan, 1964, p. 12, ripr. b.n.; Carandente, cat. Palermo, 1973, p. 78, n. 23, ripr. b.n.; Cat. Galleria Marlborough, 1976, n. 22, ripr. b.n., (maquette); Cat. Galleria Stendhal, Milano, 1976, n. 22, ripr. b.n., (maquette).

L'opera è stata donata al museo dove attualmente si trova da G. David Thompson nel 1960. Di essa esistono due versioni medie (cm 83 x 62) e alcune versioni in formato piccolo (cm 31 x 23).

25 / COLLOQUIO POMERIDIANO / 1958

bronzo, cm 136 x 130
in basso, al centro: *Consagra 58*
Anversa-Middelheim, Musée de la Sculpture en plein air

Esposizioni: Parigi, Galerie de France, 1959; Blois, 1959, n. 18, (maquette); Parigi, Galerie de France, 1960; Anversa, 1961, p. 41, n. 218; Palermo, 1973, n. 26; Roma, Galleria Marlborough, 1976, n. 28, (maquette); Milano, Galleria Stendhal, 1976, n. 28, (maquette); Rimini, 1981, n. 16, (maquette).

Bibliografia: Cat. Galerie de France, Parigi, 1959, ripr. b.n.; Venturi, 1959; *Peintres et sculpeurs italiennes*, Blois, 1959, n. 108, ripr. b.n., (maquettte); Ponente, cat. Parigi, 1960, ripr. b.n.; 6 *Biennale de la Sculpture*, Anversa, 1961, p. 41, n. 218; Argan, 1962, n. 39, ripr. b.n.; Carandente, cat. Palermo, 1973, p. 78, n. 26, ripr. b.n.; Cat. Galleria Marlborough, 1976, n. 28, ripr. b.n., (maquette); Cat. Galleria Stendhal, Milano, 1976, n. 28, ripr. b.n.; (maquette); Ballo, cat. Rimini, 1981, n. 16, ripr. b.n., (maquette).

Dell'opera esistono due versioni medie e alcune versioni piccole (cm 37 x 34,5).

26 / *CORO IMPETUOSO* / 1958

bronzo, cm 135 x 140
Monti Badia Coltibuono, Gaiole nel Chianti (Siena), Collezione Piero Stucchi Prinetti

Esposizioni: Parigi, Galerie de France, 1959; Kassel, 1959, p. 63; San Paolo, 1959, n. 55, (media); Essen, 1965, n. 12; Milano, Galleria Blu, 1961, n. 10 (media); Rimini, 1961; *XXXII Esp. intern. d'arte*, Venezia, 1964, p. 59, n. 7; Milano, 1965, n. 3; Palermo, n. 28; Roma, Galleria Marlborough, 1976, n. 27, (maquette); Milano, Galleria Stendhal, 1976, n. 27, (maquette); Rimini, 1981, n. 18.

Bibliografia: Cat. Galerie de France, Parigi, 1959, ripr. b.n.; *II Documenta*, Kassel, 1959, p. 63, n. 1, ripr. b.n.; *V Bienal*, San Paolo, 1959, n. 55, (media); Ponente, cat. Parigi, 1960, p. 100, ripr. b.n.; Ballo, cat. Milano, Galleria Blu, 1961, n. 10, (media); *Premio Morgans' Paint*, Rimini, 1961, ripr. b.n., (media); Argan, 1962, n. 44, ripr. b.n.; *XXXII Esp. intern. d'arte*, Venezia, 1964, p. 59, n. 7, tav. IX, ripr. b.n.; *12 italienischer Bildhauer*, Essen, 1965, n. 12; Dorfles, cat. Milano, 1965, n. 3; Consagra, 1970, p. 40, ripr. b.n.; Consagra-Mulas, 1973, p. 75, ripr. b.n.; Carandente, cat. Palermo, 1973, p. 78, n. 28, ripr. b.n.; Carandente, 1975, n. 15, ripr. b.n.; Cat. Galleria Marlborough, 1976, n. 27, ripr. b.n. (maquette); Cat. Galleria Stendhal, Milano, 1976, n. 27, ripr. b.n., (maquette); Ballo, cat. Rimini, 1981, n. 18, ripr. b.n..

La scultura, originariamente realizzata in una versione in legno titolata *Coro*, conservata presso l'Institute of Arts di Minneapolis, è stata realizzata in bronzo nello stesso anno. Dell'opera esistono due versioni media (cm 75 x 75) e alcune versioni piccole (34,5 x 35).

27 / *COLLOQUIO UMANO* / 1958

legno bruciato, cm 132 x 115
New York, R. Solomon Guggenheim Museum (in deposito a Venezia, Peggy Guggenheim Collection)

Esposizioni: Parigi, Galerie de France, 1959; Kassel, 1959, p. 65; Roma, Galleria Odyssia, 1961, n. 9.

Bibliografia: Cat. Galerie de France, Parigi, 1959, ripr. b.n.; *II Documenta*, Kassel, 1959, p. 65, n. 3, ripr. b.n.; Carandente, 1960, ripr. b.n.; Roma, Galleria Odyssia, 1961, n. 9, ripr. b.n.; Trier, 1961, p. 15, tav. 27, ripr. b.n.; Argan, 1962, n. 45, ripr. b.n.; Arnason, tav. 1024, ripr. b.n..

La scultura, esposta alla Galerie de France di Parigi nel 1959 e da questa inviata a Kassel nello stesso anno, è in seguito passata alla Solomon Guggenheim di New York. Un disegno è pubblicato in Consagra *L'agguato c'è*.

28 / *LEGNO BRUCIATO* / 1958/1981

legno bruciato, cm 185 x 152
Roma, Galleria Nazionale d'arte Moderna (donazione)

Esposizioni: Rimini, 1981, n. 90; Darmstadt, 1988, p. 112-113.

Bibliografia: Ballo, cat. Rimini, 1981, n. 90, ripr. b.n.; *Forma 1*, Darmstadt, 1988, p. 112-113, n. 50, ripr. a col.

La scultura, progettata nel 1958, è stata realizzata nel 1981, in occasione della mostra di Rimini.

29 / *LEGNO BRUCIATO* / 1960/1981

legno bruciato, cm 195 x 155
Roma, Studio Consagra

Esposizioni: Rimini, 1981, n. 91.

Bibliografia: Ballo, cat. Rimini, 1981, n. 91, ripr. b.n.

30 / *COLLOQUIO CON LA MOGLIE* / 1960

legno e bronzo, cm 157 x 148
Wilmington (Delaware), collezione Sophie Chandler Consagra

Esposizioni: Parigi, Galerie de France, 1960; *XXX Esp. intern. d'arte*, Venezia, 1960, p. 110, n. 5; Milano, 1961, n. 5; Stoccolma, 1961, ripr. b.n.; Zurigo, 1961, n. 1; Roma, Galleria Odyssia, 1961, n. 6.

Bibliografia: Ponente, cat. Parigi, 1960, ripr. b.n.; *XXX Esp. intern. d'arte*, Venezia, 1960, p. 110, n. 5; Poma Basile, 1960, ripr. b.n.; Ballo, cat. Galleria Blu, Milano, 1961, n. 5, ripr. b.n.; *Italiensk Kultur I Dag*, Stoccolma, 1961, ripr. b.n.; Kuenzi, cat. Zurigo, 1961, n. 1, ripr. b.n.; Roma, Galleria Odyssia, 1961, n. 6, ripr.

b.n.; Argan, 1962, n. 53, ripr. b.n.; Giardina, 1962, p. 19, ripr. b.n.; Read, 1964, p. 262, tav. 325, ripr. b.n..

Un disegno di questo legno bruciato è pubblicato in Consagra, *L'agguato c'è*.

31 / *COLLOQUIO SENZA LA MOGLIE* / 1960

legno bruciato e bronzo, cm 174 x 144
Wilmington (Delaware), collezione Sophie Chandler Consagra

Esposizioni: Parigi, Galerie de France, 1960; *XXX Esp. inter. d'arte*, Venezia, 1960, p. 110, n. 10; Milano, 1961, n. 4; Zurigo, 1961, n. 2; Roma, Galleria Odyssia, 1961, n. 8.

Bibliografia: Ponente, cat. Parigi, 1960, ripr. b.n.; *XXX Esp. inter. d'arte*, Venezia, 1960, p. 110, n. 10; "Specchio", 3 luglio 1960, ripr. b.n.; Ballo, cat. Galleria Blu, Milano, 1961, n. 4, ripr. b.n.; Kuenzi, cat. Zurigo, 1961, n. 2, ripr. b.n.; Argan, 1962, n. 56, ripr. b.n.; Giardina, 1962, p. 20, ripr. b.n..

Un disegno di questa scultura è pubblicato in Consagra, *L'agguato c'è*.

32 / *RACCONTO DI MARINAIO* / 1961

bronzo, cm 130 x 124
Saint Louis (Missouri), The Washington University Gallery of Art

Esposizioni: New York, Staempfli's Gallery, 1962; Buenos Aires, 1962, n. 9, (maquette); Palermo, 1973, n. 34; Roma, Galleria Marlborough, 1976, n. 50, (maquette); Milano, Galleria Stendhal, 1976, n. 50, (maquette).

Bibliografia: Argan, 1962, n. 64, ripr. b.n.; Cat. New York, Staempfli's Gallery, 1962; Brest, cat. Buenos Aires, 1962, n. 9; Callewaert, 1963, p. 11, ripr. b.n.; Carandente, cat. Palermo, 1973, p. 78, n. 34, ripr. b.n.; Cat. Galleria Marlborough, 1976, n. 50, (maquette); Cat. Galleria Stendhal, Milano, 1976, n. 50, ripr. b.n., (maquette).

Dell'opera esistono due versioni medie (cm 75 x 70) e alcune versioni piccole (cm 40 x 39).

33 / *COLLOQUIO BUFFO* / 1961

bronzo, cm 138 x 116
Roma, Galleria Nazionale d'Arte Moderna (donazione)

Esposizioni: New York, Staempfli's Gallery, 1962; Kassel, 1964, p. 223; Milano, 1965, n. 8; Roma, GNAM, 1966, n. 29; Dortmund, 1966; Palermo, 1973, n. 36; Roma, Galleria Marlborough, n. 48, (maquette); Milano, Galleria

Stendhal, 1976, n. 41, (maquette); Spoleto, 1979, n. 4 (maquette); Rimini, 1981, n. 22; Darmstadt, 1988, p. 116, n. 55.

Bibliografia: Cat. Staempfli's Gallery, New York, 1962; Argan, 1962, n. 74, ripr. b.n.; *III Documenta*, Kassel, 1964, p. 223, ripr. b.n.; Dorfles, cat. Milano, 1965, n. 8; *Aspetti dell'arte it. contemp.*, Roma, 1966, n. 29; *Moderne Kunst aus Italien*, Dortmund, 1966, n. 28; Carandente, cat. Palermo, 1973, p. 78, ripr. b.n.; Cat. Galleria Marlborough, 1976, n. 48, ripr. b.n., (maquette); Cat. Galleria Stendhal, Milano, 1976, n. 41, (maquette); Consagra, 1976, n. 48; Spoleto, 1979, n. 4, (maquette); Ballo, cat. Rimini, 1981, n. 22, ripr. b.n.; *Forma 1*, Darmstadt, 1988, p. 116, n. 55, ripr. b.n.

Dell'opera esistono alcune versioni piccole (cm 35 x 28).

34 / IMPRONTA SOLARE / 1961

bronzo, cm 132 x 118
Roma, Studio Consagra

Esposizioni: New York, Staempfli's Gallery, 1962; Le Havre, 1962, n. 38, (media); Londra, 1964, n. 222; Tokyo, 1969, p. 30; Takashimaya, 1971, ripr. b.n., (media); Palermo, 1973, n. 37; Roma, Galleria Marlborough, 1976, n. 41, (maquette); Milano, Galleria Stendhal, 1976, n. 41, (maquette);Spoleto, 1979, n. 10, (maquette); Roma, 1981, p. 42, n. 9; Rimini, 1981, n. 21; Erice, 1984, n. 7; Fano, 1985, p. 42, (media); Gibellina, 1986, p. 56; Bourg-en-Bresse, 1987, p. 55.

Bibliografia: Argan, 1962, n. 67, ripr. b.n.; Weidler, cat. Staempfli's Gallery, New York, 1962, ripr. b.n.; *Painting and Sculpture of a Decade, 54-64*, Londra, 1964, p. 180, n. 222, ripr. b.n.; *Sculpture contemporaine*, Le Havre, 1962, n. 38, (media); *Dialogue between the East and the West*, Tokio, 1969, p. 30, ripr. b.n.; *Art Section*, Takashimaya, 1971, ripr. b.n., (media); Consagra-Mulas, 1973, p. 78, ripr. b.n.; Carandente, cat. Palermo, 1973, p. 78, n. 37, ripr. b.n.; Cat. Galleria Marlborough, 1976, n. 41, ripr. b.n., (maquette); Cat. Galleria Stendhal, Milano, 1976, n. 41, ripr. b.n.;(maquette); Spoleto, 1979, n. 10, (maquette); *Linee della ricerca artistica in Italia*, Roma, 1981, p. 42, n. 9, ripr. b.n.; Ballo, cat. Rimini, 1981, n. 21, ripr. b.n.; Bucarelli, cat. Erice, 1984, n. 7, ripr. b.n.; *L'oro nella ricerca plastica*, Fano, 1985, p. 42, ripr. a col., (media); *Forma 1*, Gibellina, 1986, p. 56, ripr. a col.; *Forma 1*, Bourg-en-Bresse, 1987, p. 55, ripr. a col.

Dell'opera esistono due versioni medie (cm 79 x 65) e alcune versioni piccole (cm 37,5 x 36). Un disegno è stato pubblicato in Consagra, *Vita mia*, p. 86.

35 / SPECCHIO ALIENATO / 1961

bronzo, cm 140 x 122
Roma, Studio Consagra

Esposizioni: XXXI Esp. intern. d'arte, Venezia, 1962, p. 11, n. 121; Boston, 1963; Città del Messico, 1966, p. 187; Roma, Galleria Marlborough, 1976, n. 42, (maquette); Milano, Galleria Stendhal, 1976, n. 42, (maquette); Rimini, 1981, n. 20

Bibliografia: XXXI Esp. intern. d'arte, Venezia, 1962, p. 11, n. 121, tav. XVII, ripr. b.n.; Argan, 1962, n. 73, ripr. a col.; Hunter, cat. Boston, 1963; Taylor, 1963, ripr. b.n.; *Arte italiano contemporaneo desde 1919*, Città del Messico, 1966, p. 187; Consagra-Mulas, 1973, p. 80, ripr. b.n.; Cat. Galleria Marlborough, 1976, n. 42, ripr. b.n., (maquette); Cat. Galleria Stendhal, Milano, 1976, n. 42, ripr. b.n., (maquette); Carandente, *La scultura frontale*, 1976, p. 74, ripr. b.n.; Ballo, cat. Rimini, 1981, n. 20, ripr. b.n., (maquette).

Dell'opera esistono due versioni medie e alcune versioni piccole (cm 39 x 34).

36 / SPECCHIO ULTERIORE / 1961

bronzo, cm 144 x 137
Carpi (Modena), Fondazione Umberto Severi Arte Moderna Contemporanea

Esposizioni: New York, Staempfli's Gallery, 1962; Buenos Aires, 1963, n. 1; Palermo, 1973, n. 33, (media); Roma, Galleria Marlborough, 1976, n. 56 (maquette); Milano, Galleria Stendhal, 1976, n. 56, (maquette).

Bibliografia: Argan, 1962, n. 76, ripr. b.n.; Weidler, cat. Staempfli's Gallery, New York, 1962, ripr. b.n.; Brest, cat. Buenos Aires, 1962, n. 1, ripr. b.n.; Ballo, 1964, p. 193, ripr. b.n.; Argan, 1964, p. 16, ripr. b.n.; Carandente, cat. Palermo, 1973, p. 78, n. 33, ripr. b.n., (media); Cat. Galleria Marlborough, 1976, n. 56, ripr. b.n., (maquette); Cat. Galleria Stendhal, Milano, 1976, n. 56, ripr. b.n., (maquette).

Dell'opera esiste una versione media (cm 92 x 130) in bronzo conservata presso The Baltimora Museum of Art e alcune versioni in formato piccolo (cm 38,5 x 37,5).

37 / COLLOQUIO LIBERO / 1961

bronzo, cm 126 x 128
Roma, Galleria Nazionale d'Arte Moderna

Esposizioni: Le Havre, 1962, n. 39, (media); New York, Staempfli's Gallery, 1964, ripr. b.n.; Kassel, 1964, p. 222; Milano, 1965, n. 9; Roma, GNAM, 1966, n. 28; Dortmund, 1966, n. 27; Roma, Galleria Marlborough, 1976, n. 55 (maquette); Milano, Galleria Stendhal, 1976, n. 55, (maquette).

Bibliografia: Argan, 1962, n. 77, ripr. b.n.; *Sculpture contemporaine*, Le Havre, 1962, n. 39, (media); Argan, 1964, p. 16, ripr. b.n.; *Stone Wood Metal*, New York, Staempfli's Gallery, 1964, ripr. b.n.; *III Documenta*, Kassel, 1964, p. 222, ripr. b.n.; Dorfles, cat. Milano, 1965, n. 9; *Aspetti dell'arte it. contemp.*, Roma, GNAM, 1966, n. 28, ripr. b.n.; *Moderne Kunst aus Italien*, Dortmund, 1966, n. 27, ripr. b.n.; Cat. Galleria Marlborough, 1976, n. 55, ripr. b.n. (maquette); Cat. Galleria Stendhal, Milano, 1976, n. 55, ripr. b.n., (maquette).

L'opera è stata acquistata dalla Galleria Nazionale d'Arte Moderna nel 1970 direttamente dall'artista. Di essa esistono alcune versioni in formato piccolo (cm 35 x 35,5) e due versioni medie (cm 72 x 74).

38 / DIARIO / 1961

bronzo, cm 135 x 138
Roma, Studio Consagra

Esposizioni: XXXI Esp. intern. d'arte, Venezia, 1962, p. 11, n. 120; Buenos Aires, 1962, n. 2; Roma, Galleria Marlborough, 1976, n. 45, (maquette); Milano, Galleria Stendhal, 1976, n. 45, (maquette); Erice, 1984, n. 5, (maquette).

Bibliografia: XXXI Esp. intern. d'arte, Venezia, 1962, p. 11, n. 120; Argan, 1962, n. 71, ripr. b.n.; Brest, cat. Buenos Aires, 1962, n. 6; Argan, 1964, p. 16, ripr. b.n.; Cat. Galleria Marlborough, 1976, n. 45, ripr. b.n., (maquette); Cat. Galleria Stendhal, Milano, 1976, n. 45, ripr. b.n.; (maquette); Bucarelli, cat. Erice, 1984, n. 5, ripr. b.n., (maquette).

Dell'opera esistono due versioni medie (cm 75 x 75) e alcune versioni piccole (cm 36 x 36).

39 / SOGNO DI EREMITA / 1961

bronzo, cm 133 x 120
Wilmington (Delaware), collezione Sophie Chandler Consagra

Esposizioni: Boston, 1963; Roma, Galleria Marlborough, 1976, n. 47, (maquette); Milano, Galleria Stendhal, 1976, n. 47, (maquette); Erice, 1984, n. 6 (maquette).

Bibliografia: Argan, 1962, n. 72, ripr. b.n.; Hunter, cat. Boston, 1963; Argan, 1964, p. 16, ripr. b.n.; Cat. Galleria Marlborough, 1976, n, 47, ripr. b.n., (maquette); Cat. Galleria Stendhal, Milano, 1976, n. 47, ripr. b.n., (maquette); Bucarelli, cat. Erice, 1984, n. 6, ripr. b.n., (maquette).

Dell'opera esistono due versioni medie (cm 74 x 68) e alcune versioni piccole (cm 37,5 x 34,5), di cui una di proprietà della Galleria nazionale di Roma.

Piani sospesi, 1964

I Piani sospesi, che oltre ai tre qui e-sposti comprendono anche un piano viola, sono tavole di legno intagliate e traforate, verniciate con colori vivaci da entrambe le parti. Consagra riprende i colori vivaci che individuano i Piani sospesi dalla pittura che nel 1963-64 praticava con più costanza, anche per uscire dalla situazione di stallo personale e generazionale seguita all'affermazione internazionale della Pop Art americana alla Biennale di Venezia del 1964. Così spiega il problema a Appella nel 1981: "Il colore proviene dalla pittura che ogni tanto riesco a fare. Usare il colore nella scultura è come usare una ricchezza disponibile. Se faccio una scultura gialla l'altra la voglio fare verde e l'altra bianca". I Piani sospesi mantengono uno spessore minimo, ma sono stati progettati per essere sospesi dall'alto, collocati in modo sfalzato l'uno rispetto all'altro e, soprattutto, mobili al minimo spostamento d'aria. La rigidità e la tensione dei Colloqui si allentano in andamenti più morbidi: la linea curva predomina e si attorciglia su se stessa, quasi a fingere un materiale gommoso trattenuto a viva forza all'interno di un contorno rigido. Il punto di vista frontale e privilegiato crolla.

Esposizioni: IX Quadriennale, Roma, 1964, p. 99; Roma, 1966; New York, 1967; Liverpool, 1971; Palermo, 1973, n. 41a, 41b, 41c; Rimini, 1981, n. 25;

Bibliografia: IX Quadriennale, Roma, 1964, p. 99, ripr. b.n.; Roma, 1966; New York, 1967; *New Italian art,* 1953-1971, n. 10, ripr. b.n.; Carandente, cat. Palermo, 1973, ripr. a col; Volpi, 1977, ripr. a col; Ballo, cat. Rimini, 1981, n. 25, ripr. a col; Quintavalle, 1981, ripr. a col; Gualdoni, 1981, ripr. a col.;

40 / PIANO SOSPESO ROSSO / 1964

legno verniciato, rosso, cm 147 x 127 x 2,5
Roma, Studio Consagra

Esposizioni: Rotterdam, 1967, n. 2.

Bibliografia: Calvesi, cat. Roma, 1966, ripr. a col.; Calvesi, cat. Rotterdam, 1967, n. 2; Carandente, cat. Palermo, 1973, p. 79, n. 41c; Volpi, 1977, ripr. b.n.

Di questo piano esiste una versione piccola in alluminio rosso (cm 44 x 38, Roma, Studio Consagra).

41 / PIANO SOSPESO ROSSO / 1964

legno verniciato, rosso, cm 165 x 132 x 2,5
Roma, Studio Consagra

Bibliografia: Cat. New York, 1967, n. 2, ripr. b.n.; Carandente, cat. Palermo, 1973, p. 79, n. 41a; Volpi, 1977, ripr. b.n.

42 / PIANO SOSPESO BIANCO / 1964

legno verniciato, bianco, cm 170 x 148 x 2,5
Roma, Studio Consagra

Esposizioni: Rotterdam, 1967, n. 1; Spoleto, 1979.

Bibliografia: Calvesi, cat. Roma, 1966, ripr. b.n.; Calvesi, cat. Rotterdam, 1967, n. 1; cat. New York, 1967, n. 1, ripr. b.n.; Carandente, cat. Palermo, 1973, p. 79, n. 41b; Volpi, 1977, ripr. b.n.

Piani appesi, 1966-1967

Consagra lavora alla serie dei Piani appesi nel 1966, la espone per la prima volta a Roma nello stesso anno alla Galleria Marlborough, nel '67 a Milano (Galleria dell'Ariete) e a New York (Gerson-Marlborough Gallery). La serie comprende sette pezzi di laminato di alluminio rispettivamente colorati con vernice rosa scuro, rosa chiaro, verde, celeste, giallo, nero e oro (questi ultimi due non sono qui esposti; Roma, Studio Consagra). La tensione dei Colloqui, già allentata nei Piani sospesi del '64, si annulla nelle forme movimentate e curvilinee di questi piani di alluminio. Lo schema rigido e quadrangolare dei Colloqui è volutamente trasgredito dai contorni arrotondati di queste forme irregolari che, come Consagra spiega nell'introduzione alla personale di Milano, sono derivati da "una direttrice a spirale" che "dà un'immagine unica"; ciò vuol dire che si è superata la contrapposizione di due elementi che costituiva il principio compositivo dei Colloqui. I Piani appesi sono stati progettati e realizzati per essere appesi alle pareti, fatto che Consagra spiega "come un atto di liberazione da tutte le polemiche": accetta l'à plat degli allumini senza temere che essi siano letti come "pittura". Nonostante l'abbandono delle polemiche legate ai

Colloqui, non molto diverso è l'uso del materiale nei Piani appesi e negli ultimi Colloqui: lamine di alluminio sono sovrapposte (questa volta in un à plat totale) a disegnare graffiti, lacune, vuoti, mantenendo lo spessore minimo della scultura-superficie.

43 / ALLUMINIO VERDE (SALUTO ALLA PITTURA) / 1966

alluminio verniciato, verde, cm 165 x 160
Roma, Galleria Nazionale d'Arte Moderna (donazione)

Esposizioni: Milano, 1967, n. 1; New York, 1967, n. 14; Palermo, 1973, n. 44; Roma, Galleria Marlborough, 1976, n. 65, (maquette in bronzo, *Riflessa n. 2*); Milano, Galleria Stendhal, 1976, n. 65, (maquette in bronzo, *Riflessa n. 2*); Rimini, 1981, n. 27; Bourg-en-Bresse, 1987, p. 58; Darmstadt, 1988, n. 64.

Bibliografia: Lonzi, cat. Milano, 1967, n. 1, ripr. a col.; cat. New York, 1967, n. 14, ripr. a col.; Consagra, 1970, p. 38, ripr. a col.; Carandente, cat. Palermo, 1973, p. 79, n. 44, ripr. a col.; Cat. Galleria Marlborough, 1976, n. 65, ripr. b.n., (maquette in bronzo, *Riflessa n. 2*); Cat. Galleria Stendhal, Milano, 1976, n. 65, (maquette in bronzo, *Riflessa n. 2*); Ballo, cat. Rimini, 1981, n. 27, ripr. a col.; Quintavalle, 1981, ripr. a col.; *Forma 1*, Bourg-en-Bresse, 1987, p. 58, ripr. a col.; *Forma 1*, Darmstadt, 1988, p. 120-121, n. 64, ripr. a col.

Di questa opera esiste una versione piccola in alluminio (Roma, Studio Consagra) oltre ad alcune in bronzo. L'opera è stata realizzata in bronzo come *Riflessa n. 2*, scultura esposta in questa mostra, nel 1966.

44 / ALLUMINIO GIALLO / 1966

cm 188 x 130
Roma, Studio Consagra

Esposizioni: Milano, 1967, n. 5; New York, 1967, n. 18; Palermo, 1973, n.43; Roma, Galleria Marlborough, 1976, n. 66, (maquette in bronzo, *Riflessa n. 9*); Milano, Galleria Stendhal, 1976, n. 66, (maquette in bronzo, *Riflessa n. 9*); Spoleto, 1979; Rimini, 1981, n. 33; Gibellina, 1986

Bibliografia: Lonzi, cat. Milano, 1967; n. 5; cat. New York, 1967, n. 18, ripr. a col.; Carandente, cat. Palermo, 1973, p. 79, n. 43, ripr. a col.; Cat. Galleria Marlborough, 1976, n. 66, ripr. b.n., (maquette in bronzo, *Riflessa n. 9*); Cat. Galleria Stendhal, Milano, 1976, n. 66, ripr. b.n., (maquette in bronzo, *Riflessa n. 9*); Spoleto, 1979; Ballo, cat. Rimini, 1981, n. 33, ripr. b.n.; *Forma 1*, Gibellina, 1986.

L'alluminio giallo è stato realizzato in bronzo come *Riflessa n. 9*.

45 / ALLUMINIO ROSA SCURO / 1966

alluminio verniciato, rosa scuro, cm 182 x 130
Roma, Galleria Nazionale d'Arte Moderna
(donazione)

Esposizioni: Roma, Marlborough, 1966, n. 15;
Rotterdam, 1967; Milano, 1967, n. 2; New
York, Marlborough, 1967, n. 15; New York,
Jewish Museum, 1968; Roma, Galleria Marlborough, 1976, n. 68 (maquette in bronzo, *Riflessa n. 7*); Milano, Galleria Stendhal, 1976, n.
68, (maquette in bronzo, *Riflessa n. 7*); Spoleto, 1979; Rimini, 1981, n. 26; Gibellina 1986, p.
57.

Bibliografia: Calvesi, cat. Roma, Galleria Marlborough, 1966, n. 15, ripr. a col.; Calvesi, cat.
Rotterdam, 1967; Lonzi, cat. Milano, 1967, n.
2, ripr. a col.; cat. New York, 1967, n. 15, ripr.
a col.; *Recent Italian painting and sculpture*,
New York, 1968; Consagra-Mulas, 1973, p.
42, ripr. b.n.; Cat. Galleria Marlborough, 1976,
n. 68, (maquette in bronzo); Cat. Galleria
Stendhal, Milano, 1976, n. 68, ripr. b.n., (maquette in bronzo, *Riflessa n. 7*); XXII *Festival
dei due mondi*, Spoleto, 1979; Ballo, cat. Rimini, 1981, n. 26, ripr. a col.; *Forma 1*, Gibellina,
1986, p. 57, ripr. a col.

L'alluminio rosa scuro è stato realizzato in
bronzo come *Riflessa n. 7*.

46 / ALLUMINIO ROSA CHIARO / 1966

cm 180 x 149
Milano, collezione Antonia Mulas

Esposizioni: Milano, 1967, n. 6; New York,
1967, n. 19; Roma, Galleria Marlborough,
1976, n. 67, (maquette in bronzo, *Riflessa n. 6*);
Milano, Galleria Stendhal, 1976, n. 67
(maquette in bronzo, *Riflessa n. 6*)

Bibliografia: Lonzi, cat. Milano, 1967; n. 6;
cat. New York, 1967, n. 19, ripr. b.n.; cat. Cat.
Galleria Marlborough, 1976, n. 67, ripr. b.n.,
(maquette in bronzo, *Riflessa n. 6*) cat.
Galleria Stendhal, Milano, 1976, n. 67, ripr. 6
n. (maquette in bronzo, *Riflessa n. 6*)

47 / ALLUMINIO CELESTE / 1966

cm 152 x 130
Roma, Studio Consagra

Esposizioni: Milano, 1967, n. 4; New York,
1967, n. 17; New York, 1968; Palermo, 1973,
n. 42.

Bibliografia: Lonzi, cat. Milano, 1967; n. 4;
cat. New York, 1967, n. 17, ripr. a col.; *Recent
Italian Painting and Sculpture*, New York,
The Jewish Museum, 1968; Carandente, cat.
Palermo, 1973, p. 79, n. 42, ripr. a col.

L'alluminio celeste è stato realizzato in bronzo
come *Riflessa n. 4*.

Ferri trasparenti, 1966

*Consagra progetta ed esegue la serie
dei* Ferri *trasparenti nel 1966; la espone
prima alla Galleria Marlborough di Roma nello stesso anno e nel '67 alla Gerson-Marlborough di New York. Questa
serie di sculture recupera, almeno apparentemente, la forma iconica di alberi,
tronchi, giardini, aprendo una stagione
"naturalisticamente felice, e non naturalistica" (Calvesi, 1966). Consagra comunque si avvicina al paesaggio senza lirismo,
con la preoccupazione formale e con il
metodo tecnico-costruttivo di sempre. I
Ferri Trasparenti sono costruiti dal disegno-progetto, come i Colloqui: singoli
pezzi di lamine tagliati, saldati, verniciati
seguendo minuziosamente la forma progettata. A differenza dei Colloqui e dei
Piani appesi, le lamine non sono sovrapposte sull'unica superfice frontale: i ferri,
posti su basi pesanti -in alcuni casi concepiti come girevoli, mobili al vento o al gesto dell'osservatore- abbattono il punto di
vista unico e frontale e si muovono nello
spazio tridimensionale con bombature, rigonfiamenti, rientranze, aperture attraverso cui la luce filtra a modulare i contorni e i colori. Le forme libere hanno
contorni curvi e raccordi continui, senza
brusche e rigide interruzioni, il cromatismo è deciso e diverso per ogni ferro. I
Ferri Trasparenti sono paesaggi-sculture
per un paesaggio urbano moderno.*

48 / FERRO ARANCIO / 1966

cm 200 x 165
Roma, Studio Consagra

Esposizioni: IX *Quadriennale*, Roma, 1964;
Roma, Galleria Marlborough, 1976, n. 64,
(maquette in bronzo); Milano, Galleria Stendhal, 1976, n. 64, (maquette in bronzo); Rimini, 1981, n. 29; Londra, 1982, p. 194.

Bibliografia: IX *Quadriennale*, Roma, 1964;
Consagra-Mulas, 1973, p. 63, ripr. b.n., (maquette); Carandente, 1975, n. 17, ripr. b.n.;
Cat. Galleria Marlborough, 1976, n. 64, ripr.
b.n., (maquette in bronzo); Cat. Galleria Stendhal, Milano, 1976, n. 64, ripr. b.n., (maquette
in bronzo); Ballo, cat. Rimini, 1981, n. 29, ripr.
a col.; *Arte italiana 1960-1982*, Londra, 1982,
p. 194, ripr. b.n.

Il *Ferro arancio*, girevole e primo della serie ad
essere realizzato, deriva da un dipinto su faesite del 1964. Esiste anche in versione piccola in
ferro (cm 73 x 50) ed è stato realizzato in
bronzo come *Riflessa n. 1*.

49 / FERRO GRIGIO / 1966

cm 191 x 195
Roma, Studio Consagra

Esposizioni: Roma, 1966; Rotterdam, 1967, n.
9; New York, 1967, n. 7; Spoleto, 1979; Rimini, 1981, n. 28.

Bibliografia: Calvesi, cat. Roma, 1966, ripr. a
col.; Calvesi, cat. Rotterdam, 1967, n. 9; cat.
New York, 1967, n. 7, ripr. a col.; Consagra-Mulas, 1973, p. 62, ripr. b.n.; Spoleto, 1979;
Calzavacca, 1979, ripr. b.n.; Ballo, cat. Rimini, 1981, n. 28, ripr. a col.

Del *Ferro grigio* girevole esiste un modello
piccolo in ferro.

50 / FERRO ROSA / 1966

cm 184 x 153
New York, collezione Carla Panicali

Esposizioni: Roma, 1966; New York, 1967, n.
6; Milano, Galleria dell'Ariete, 1971, ferri trasparenti n. 3, (maquette); Palermo, 1973, n. 56,
(maquette)

Bibliografia: Calvesi, cat. Roma, 1966, ripr. a
col.; cat. New York, 1967, n. 6, ripr. a col.;
Consagra, 1970, p. 38, ripr. a col.; Milano,
Galleria dell'Ariete, 1971, ferri trasparenti n. 3,
(maquette); Carandente, cat. Palermo, 1973, p.
79, n. 56, ripr. b.n., (maquette); Fagiolo dell'Arco, 1976, ripr. b.n.; Di Genova, 1981, p.
161, ripr. b.n.

Dell'opera esiste una maquette (cm 66 x 40) di
proprietà dell'artista.

51 / FERRO BLU (ADDIO A CIMABUE) / 1966

cm 199 x 191
Roma, Galleria L'Isola

Esposizioni: Roma, 1966; Rotterdam, 1967, n.
5; New York, 1967, n. 10; Milano, Galleria
dell'Ariete, 1971, ferri trasparenti n. 2, (maquette); Palermo, 1973, n. 49.

Bibliografia: Calvesi, cat. Roma, 1966, ripr. a
col.; Licitra Ponti, 1966, p. 43, ripr. a col., (maquette); Calvesi, cat. Rotterdam, 1967, n. 5;
cat. New York, 1967, n. 10, ripr. a col.; Milano, Galleria dell'Ariete, 1971, ferri trasparenti
n. 2, (maquette); *Diz. Bolaffi degli scult. it.
mod.*, 1972, p. 97, ripr. b.n.; Consagra-Mulas,
1973, p. 58, ripr. b.n., (maquette); Carandente,
cat. Palermo, 1973, p. 79, n. 49, ripr. b.n., n.
55, ripr. b.n., (maquette); Carandente, 1975, n.
18, ripr. b.n.; Carandente, *La scultura frontale*,
1976, p. 75, ripr. b.n.; Janin, 1985, ripr. b.n..

Dell'opera esistono due modelli in ferro (cm
63 x 48).

52 / FERRO BIANCO 1 / 1966

cm 264 x 155
Roma, Galleria L'Isola

Esposizioni: Roma, Galleria Marlborough, 1966; Rotterdam, 1967, n. 3; New York, 1967, n. 8; Palermo, 1973, n. 48; Atlanta, 1979; Rimini, 1981, n. 32; Londra, 1982, p. 194.

Bibliografia: Calvesi, cat. Roma, 1966, ripr. a col; Licitra Ponti, 1966, p. 43, ripr. a col. (maquette); Calvesi, cat. Rotterdam, 1967, n. 3; cat. New York, 1967, n. 8, ripr. a col.; Carandente, cat. Palermo, 1973, p. 79, n. 48, ripr. b.n.; Consagra-Mulas, 1973, p. 65, 72-73, ripr. b.n.; Barnett, 1979, ripr. b.n.; Ballo, cat. Rimini, 1981, n. 32, ripr. b.n.; Bramanti, 1981, ripr. b.n.; *Arte italiana, 1960-82*, Londra, 1982, p. 194, ripr. b.n.

Di questo ferro esistono tre versioni piccole (cm 65 x 38).

Giardini, 1966

La serie dei Giardini è stata ideata nel 1966, contemporaneamente ai Piani appesi e ai Ferri trasparenti e insieme ad essi è stata esposta a Roma (Galleria Marlborough) nel 1966 e poi a New York (Gerson-Marlborough Gallery) nel 1967. La serie dei Giardini è costituita da quattro pezzi di diversa forma, identificati dal diverso colore: viola, nero, arancio e minio (questi ultimi due non sono qui esposti). I singoli pezzi sono stati realizzati in lastre di alluminio sottili e verniciate come i Piani appesi, ma a differenza di questi sono collocati su basi e presentano una superficie liscia e omogenea, non stratificata. Verniciati da entrambe le parti, tagliati e traforati, come i Piani sospesi, sono però fissi e duplicano, più che abbattere, il punto di vista frontale.

53 / GIARDINO NERO / 1966

ferro dipinto, cm 200 x 70
Monti Badia Coltibuono, Gaiole in Chianti (Siena), Collezione Piero Stucchi Prinetti

Esposizioni: Roma, 1966; Rotterdam, 1967, n. 10; New York, 1967, n. 13.

Bibliografia: Calvesi, cat. Rotterdam, 1967, n. 10; cat. New York, 1967, n. 13, ripr. b.n.; Consagra-Mulas, 1973, p. 60, ripr. b.n.

Dell'opera esite una versione piccola (Roma, Studio Consagra).

54 / GIARDINO VIOLA / 1966

ferro dipinto, cm 141 x 145
Roma, Studio Consagra

Esposizioni: Roma, 1966.

Bibliografia: Briganti, 1967, ripr. b.n.; Consagra-Mulas, 1973, p. 60, ripr. b.n.

Riflesse

Il titolo Riflesse, *dato da Consagra ad alcune sculture, indica il fatto che esse sono la trasposizione in bronzo di una forma plastica progettata e realizzata inizialmente in altro materiale. Generalmente la realizzazione della* Riflessa *segue di poco quella della scultura di origine.*

55 / RIFLESSA N. 2 / 1966/1971

bronzo, cm 187 x 176
Bologna, Galleria Spazia

Esposizioni: Milano, Galleria dell'Ariete, 1971, riflesse n. 2, (media); Roma, 1972; Palermo, 1973, n. 59 (erroneamente titolata *Riflessa n. 1*); Roma, Galleria Marlborough, 1976, n. 65 (maquette); Milano, Galleria Stendhal, 1976, n. 65, (maquette); Darmstadt, 1988, n. 66.

Bibliografia: Milano, Galleria dell'Ariete, 1971, riflesse n. 2, (media); Roma, 1972; Carandente, cat. Palermo, 1973, n. 59, ripr. b.n., (erroneamente titolata *Riflessa n. 1*); Cat. Galleria Marlborough, 1976, n. 65, ripr. b.n., (maquette); Cat. Galleria Stendhal, Milano, 1976, n. 65, ripr. b.n., (maquette); *Forma 1*, Darmstadt, 1988, p. 122, n. 66.

La scultura *Riflessa n. 2* è la trasposizione in bronzo dell'*Alluminio verde (Saluto alla Pittura)* del 1966, qui esposto. Dell'opera esistono versioni piccole in bronzo (cm 31 x 29) e quattro versioni intermedie, delle quali tre in bronzo e una in ferro.

56 / RIFLESSA N. 3 (OBOSOLOCOMOALIO) / 1967/1971

bronzo, cm 186 x 179
Roma, Studio Consagra

Esposizioni: Milano, Galleria dell'Ariete, 1971, riflesse n. 3, (media, *Obosocolomoalio*); Roma, 1972; Palermo, 1973, n. 45; Rimini, 1973; Bruxelles, 1973, n. 52; Roma, Galleria Marlborough, 1976, n. 66, (maquette); Milano, Galleria Stendhal, 1976, n. 66, (maquette); Darmstadt, 1988, n. 67.

Bibliografia: Milano, Galleria dell'Ariete, 1971, riflesse n. 3 (media, *Obosocolomoalio*); Roma, 1972; Carandente, cat. Palermo, 1973, p. 79, n. 45, ripr. b.n.; *Sculptores italiennes contemporaines*, Bruxelles, 1973, n. 52, ripr. b.n.; *Città Spazio Cultura*, Rimini, 1973, ripr. b.n.; Cat. Galleria Marlborough, 1976, n. 66, ripr. b.n., (maquette); Cat. Galleria Stendhal, Milano, 1976, n. 66, (maquette); *Forma 1*, Darmstadt, 1988, p. 122, n. 67, ripr. b.n.

La scultura *Riflessa n. 3* deriva da un alluminio appeso azzurro, che non è mai stato realizzato in versione grande (il modello di esso è di proprietà dell'artista). In bronzo sono state realizzate versioni piccole (cm 31 x 29) e due versioni intermedie (Roma, Studio Consagra).

Città frontale, 1968

La Città frontale *nasce come saggio critico di Consagra pubblicato dall'editore De Donato di Bari nel 1969. E nasce quando Consagra decide di affrontare il problema dello spessore nella frontalità. O lo spessore massimo di Sottilissima, una scultura realizzata in America in acciaio inox, tanto sottile da non poter stare in piedi; o lo spessore massimo di un edificio frontale fatto per una città frontale. La* Città frontale *è la risposta polemica all'architettura e all'urbanistica del funzionalismo da parte di uno scultore che vede la città come "emozione plastica della vita". Consagra rivendica all'architettura esperienza plastica e inventiva formale; accusa gli architetti di aver pensato solo alla funzione dell'edificio e a chi lo usa, di aver escluso l'osservatore esterno come un intruso. La* Città frontale, *estensione naturale e logica del processo mentale di Consagra, è un'ipotesi di progettazione urbanistica fatta per la fruizione dell'osservatore esterno.
La* Città frontale *è progettata lungo una autostrada, distanziata ma ben collegata alla zona industriale; essa si sviluppa parallelamente all'autostrada e in modo*

simmetrico rispetto ai due lati di essa. La *City* (o con termine tecnico, il centro direzionale) costituisce l'elemento "alto" della Città frontale, *immediatamente visibile dall'autostrada. Alla City seguono le cerniere, zone destinate alle infrastrutture; quindi le zone residenziali, costituite di 8 avenues e sette file di edifici frontali disposti sfalzati. Le prospettive di veduta della Città frontale sono molteplici: ortogonali, diagonali, oblique, e determinate dalla compenetrazione degli Edifici e delle trasparenze l'uno dietro all'altro.*
Il progetto completo della città frontale è riassunto in due plastici, esposti da Consagra a Milano, Roma e Napoli nel 1969, quindi nuovamente a Milano nel 1971. Un plastico consiste di 80 edifici generici in bronzo e alluminio (cm 175 x 60, Roma, Studio Consagra); l'altro raccoglie 40 Edifici embrionali in ottone, (cm 225 x 100, Roma, Studio Consagra) che, rispetto agli Edifici generici, hanno una forma più definita in accordo alle esigenze della Città frontale. Solo alcuni edifici in scala ridotta in acciaio inox e ottone, raggruppati in tris (unità minima della città frontale) sono formalmente compiuti. Si tratta di Tris trasparenti di dimensioni piccole, due Tris trasparenti di dimensioni medie (qui esposti) e un altro Tris tamburato grande. I Tris trasparenti *sono degli spaccati di edifici frontali che ben evidenziano il concetto di "piano curvo continuo", una sorta di striscia continua e unificante, che sostituisce la tradizionale suddivisione dell'edificio in piani e stanze. Gli edifici dei* Tris tamburati *hanno forma compiuta "a nastro", con prevalente sviluppo frontale e poco spessore.*
Il complesso progetto della Città frontale *ha trovato applicazione in quattro edifici della città di Gibellina nuova: il* Teatro frontale *(non ancora eseguito), teatro con palcoscenico posto al centro e spettatori tutt'intorno; il* Meeting *(realizzato), edificio multifunzionale "a nastro che proietta sui due fronti paralleli il suo schema trasparente"; la* Stella del Belice *(realizzata), grande porta della città a cavallo dell'autostrada, alta 26 metri in acciaio inox; due cancelli per il cimitero (realizzati).*

Tris trasparenti

57 / TRIS N. 1 / 1968

acciaio inox, cm 150 x 50
Roma, Studio Consagra

58 / TRIS N. 2 / 1968

acciaio inox, cm 150 x 50
Roma, Studio Consagra

59 / TRIS N. 3 / 1968

acciaio inox, cm 150 x 50
Roma Studio Consagra

Esposizioni: Milano, 1969; Roma, 1985.

Bibliografia: Cat. Milano, 1969, ripr. b.n.; Carandente, cat. Roma, 1985.

Tris tamburati medi

60 / TRIS N. 1

60A / EDIFICIO N. 10 / 1968

acciaio inox, cm 49 x 106 x 12
Roma, Studio Consagra

Esposizioni: Milano, 1969; Roma, Galleria Marlborough, 1969; Amburgo, 1969, n. 17; Gibellina, 1973, p. 87; Rimini, 1981, n. 40; Roma, Salone Renault, 1985, p. 18.

Bibliografia: Cat. Milano, 1969; Cat. Galleria Marlborough, Roma, 1969; Ponente, 1969, p. 53, ripr. b.n.; *Zwölf italienische Bildhauer,* Amburgo, 1969, n. 17; Carandente, cat. Palermo, 1973, p. 87; Ballo, cat. Rimini, 1981, n. 40, ripr. b.n.; Belli, cat. Celano, 1981, ripr. b.n.; Carandente, cat. Roma, 1985, p. 18, ripr. b.n.

60B / EDIFICIO N. 11 / 1968

acciaio inox e ottone, cm 75 x 105 x 12
Roma Galleria Nazionale d'arte Moderna (donazione)

Esposizioni: Milano, 1969; Roma, Galleria Marlborough, 1969; Ambrugo, 1969, n. 17; Gibellina, 1973, p. 87; Rimini, 1981, n. 40; Roma, Salone Renault, 1985, p. 15, 19; Darmstadt, 1988, p. 123, n. 69.

Bibliografia: Consagra, 1969, p. 95, n. 66 (disegno); Cat. Milano, 1969, ripr. b.n.; Cat. Galleria Marlborough, Roma, 1969; *Le arti,* 1969, ripr. b.n.; *Zwölf italienische Bildhauer,* Amburgo, 1969, n. 17; Carandente, cat. Palermo, 1973, p. 87; Ballo, cat. Rimini, 1981, n. 40, ripr. b.n.; Belli, cat. Celano, 1981, ripr. b.n.; Carandente, cat. Roma, 1985, p. 15, 19, ripr. b.n.

60C / EDIFICIO N. 12 / 1968

acciaio inox, 108 x 51 x 12
Roma, Studio Consagra

Esposizioni: Milano, 1969; Roma, Galleria Marlborough, 1969; Amburgo, 1969, n. 17; Gibellina, 1973; Roma, Salone Renault, 1985, p. 15, 18.

Bibliografia: Consagra, 1969, p. 95, n. 66 (disegno); Cat. Milano, 1969; Cat. Galleria Marlborough, Roma, 1969; *Zwölf italienische Bildhauer,* Amburgo, 1969, n. 17; Carandente, cat. Palermo, 1973, p. 87; Belli, cat. Celano 1981, ripr. b.n.; Carandente, cat. Roma, 1985, p. 15, 18, ripr. b.n.

61 / TRIS N. 2

61A / EDIFICIO N. 13 /1968

acciaio inox e ottone, 45 x 105 x 12
Roma, Studio Consagra

Esposizioni: Milano, 1969; Roma, Galleria Marlborough, 1969; Gibellina, 1973

Bibliografia: Consagra, 1969, p. 95, n. 66 (disegno); Cat. Milano, 1969; Cat. Galleria Marlborough, Roma, 1969; Carandente, cat. Palermo, 1973, p. 87; Belli, cat. Celano, 1981, ripr. b.n.

61B / EDIFICIO N. 14 / 1968

acciaio inox, 60 x 107 x 12
Roma, Galleria Nazionale d'Arte moderna (donazione)

Esposizioni: Milano, 1969; Roma, Galleria Marlborough, 1969; Gibellina, 1973; Rimini, 1981, n. 41; Roma, Salone Renault, 1985, p. 16, 19; Darmstadt, p. 123, n. 68.

Bibliografia: Cat. Milano, 1969; Cat. Galleria Marlborough, Roma, 1969; Carandente, cat. Palermo, 1973, p. 87; Ballo, cat. Rimini, 1981, n. 41, ripr. b.n.; Belli, cat. Celano, 1981, ripr. b.n.; Carandente, cat. Roma, 1985, p. 16, 19, ripr. b.n.; *Forma 1,* Darmstadt, 1988, p. 123, n. 68, ripr. b.n.

61C / EDIFICIO N. 15 / 1968

acciaio inox, cm 81 x 108 x 12
Roma, Galleria Nazionale d'Arte Moderna (donazione)

Esposizioni: Milano, 1969; Roma, Galleria Marlborough, 1969; Gibellina, 1973; Rimini, 1981, n. 42; Londra, 1982, p. 195; Acireale, 1985, ripr. b.n.; Roma, Salone Renault, 1985, p. 17; Darmstadt, 1988, p. 123, n. 70.

Bibliografia: Cat. Milano, 1969; Cat. Galleria Marlborough, Roma, 1969; "Arte e poesia", marzo-giugno 1969, ripr. b.n.; Fagone, 1969, ripr. b.n.; Trucchi, 1969, ripr. b.n.; Carandente, cat. Palermo, 1973, p. 87; Ballo, cat. Rimini, 1981, n. 42, ripr. b.n.; Belli, cat. Celano, 1981, ripr. b.n.; *Arte italiana, 1960-82*, Londra, 1982, p. 195, ripr. b.n.; *Elogio dell'Architettura*, Acireale, 1985, ripr. b.n.; Carandente, cat. Roma, 1985, p. 17, ripr. b.n.; *Forma 1*, Darmstadt, 1988, p. 123, n. 70, ripr. b.n.

Clichè giganti, 1971

Le due opere titolate Clichè gigante *derivano dall'ingrandimento "gigante" del clichè tipografico in zinco a rilievo del disegno di una scultura. In queste sculture l'appiattimento del segno sulla superfice è completo, ancor più che nelle sculture d'origine, in quanto l'unico elemento in rilievo è costituito dalle tracce del clichè stesso.*

62 / CLICHE GIGANTE (OPACA N. 1) / 1956/1971

zinco rame stagno verniciato, nero, cm 270 x 210
in basso, a destra: *Consagra 56/71*
Roma, Studio Consagra

Esposizioni: Milano, Galleria dell'Ariete, 1971, opache n. 1; Palermo, 1973, n. 20; Rimini, 1981, n. 46.

Bibliografia: Milano, Galleria dell'Ariete, 1971, opache n. 1; Carandente, cat. Palermo, 1973, p. 78, n. 20, ripr. b.n.; Consagra-Mulas, 1973, p. 110, ripr. b.n; Ballo, cat. Rimini, 1981, n. 46, ripr. b.n.

Quest'opera deriva dal clichè tipografico del disegno della scultura in bronzo *Incontro* del 1956, esposta in questa mostra (n. cat. 18).

63 / CLICHE GIGANTE (OPACA N. 2) / 1957/1971

zinco rame stagno verniciato, nero, cm 216 x 262
in basso, a destra: *Consagra 57/71*
Roma, Studio Consagra

Esposizioni: Milano, Galleria dell'Ariete, 1971, opache n. 1; Palermo, 1973, n. 21; Rimini, 1981, n. 47.

Bibliografia: Milano, Galleria dell'Ariete, 1971, opache n. 2; Carandente, cat. Palermo, 1973, p. 78, n. 21, ripr. b.n.; Consagra-Mulas, 1973, p. 111, ripr. b.n.; Ballo, cat. Rimini, 1981, n. 47, ripr. b.n.

Questa opera deriva dal clichè tipografico del disegno della scultura in bronzo *Colloquio pubblico* del 1957, conservata presso l'Art Institute di Chicago.

Trama, 1972

La Trama costituiva l'intera sala personale di Consagra alla Biennale di Venezia del 1972. Alla stessa Biennale Consagra aveva presentato anche Millimetro, un libricino in acciaio inossidabile, così chiamato poiché lo spessore delle dodici sculture che lo compongono misura un millimetro. Con queste due opere Consagra proponeva i due limiti dello spessore: o sottilissimo (Millimetro) o muro (Trama). In un'area di circa 500 x 500 cm (prestabilita dall'artista), le sette sculture che compongono la Trama, alte circa tre metri, sono disposte su una piattaforma unica a una distanza di meno di un metro l'una dall'altra. La disposizione reciproca dei pezzi, ravvicinata in rapporto alle loro dimensioni, e, d'altra parte, l'ingombro di tutto lo spazio disponibile, negano la possibilità di un punto di vista a distanza adeguata. Poiché la veduta d'insieme dell'intera Trama e delle singole sculture è impossibile, la vicinanza e il contatto fisico con l'opera prevalgono e l'oggetto è sempre percepito come troppo grande, incombente, opprimente. In questo modo, Consagra analizza la "frontalità" della scultura in rapporto alla "inefficienza del punto di vista" e rompe la connessione classica tra un oggetto e il suo adeguato punto di vista.
Oltre a ciò, occupando l'intero spazio disponibile, l'opera è "trama" nel senso letterale del termine: spazio "bucato", fatto per essere attraversato dallo spettatore e, quindi, rottura della separazione classica tra spazialità dell'oggetto e spazialità dell'osservatore. L'attraversa-

mento è analizzato da Consagra anche come passaggio che impedisce di osservare gli elementi; e questo in chiara contraddizione con il fatto che le sette sculture hanno ognuna un valore plastico autonomo e una storia di progettazione diversa. Un filmato girato da Vana Caruso alla Biennale del 1972 documenta l'attraversamento veloce della Trama da parte dei visitatori, senza che essi si chiedano se quegli oggetti che costituiscono il passaggio sono stati fatti per essere guardati. Della trama è stato realizzato un multiplo in bronzo di piccole dimensioni.

64 / TRAMA / 1972

7 pezzi in legno verniciato, cm 500 x 500
Roma, Studio Consagra

Esposizioni: XXXVI Esp. inter. d'arte, Venezia, 1972, p. 4; Palermo, 1973, n. 69; Rimini, 1981, n. 48.

Bibliografia: XXXVI Esp. inter. d'arte, Venezia, 1972, p. 4, n. 10, ripr. b.n.; Consagra-Mulas, 1973, p. 93-99, ripr. b.n.; Carandente, cat. Palermo, 1973, n. 69, ripr. b.n.; Di Bianca Greco, 1973, ripr. b.n.; Carandente, 1975, n. 23, ripr. b.n.; Ballo, cat. Rimini, 1981, n. 48, ripr. b.n.

64A / MIRA N. 1

legno verniciato, cm 236 x 229
in basso: *Consagra 72*
Roma, Studio Consagra

Esposizioni: Roma, Galleria Marlborough, 1972, (media); Roma, Galleria Marlborough, 1976, n. 89, (maquette); Milano, Galleria Stendhal, 1976, n. 89, (maquette).

Bibliografia: Roma, Galleria Marlborough, 1972, (media); Cat. Galleria Marlborough, 1976, n. 89, ripr. b.n., (maquette); Milano, Galleria Stendhal, 1976, n. 89, ripr. b.n., (maquette).

L'opera è stata realizzata in bronzo in formato medio (cm 75,5 x 73) nel 1971 e in formato piccolo (cm 31 x 30); quindi è stata realizzata in legno nel 1972.

64B / MIRA N. 2

legno verniciato, cm 225 x 244
in basso: *Consagra 72*
Roma, Studio Consagra

Esposizioni: Roma, Galleria Marlborough, 1972, (media); Bruxelles, 1973, n. 53, (intermedia); Roma, Galleria Marlborough, 1976, n. 90, (maquette); Milano, Galleria Stendhal, 1976, n. 90, (maquette).

Bibliografia: Roma, Galleria Marlborough, 1972, (media); *Sculptores italiennes contemporaines*, Bruxelles, 1973, n. 53, ripr. b.n., (intermedia); Cat. Galleria Marlborough, 1976, n. 90, ripr. b.n., (maquette); Milano, Galleria Stendhal, 1976, n. 90, ripr. b.n., (maquette).

L'opera è stata realizzata nel 1971 in formato medio in bronzo (cm 107 x 96) e in formato piccolo (cm 29,5 x 30,5); quindi è stata realizzata in legno e esposta alla *Esposizione internazionale d'arte* di Venezia del 1972.

64C / SOLIDA N. 8

legno verniciato, bianco, cm 250 x 220
in basso: *Consagra 72*
Roma, Studio Consagra

Esposizioni: Roma, Galleria Marlborough, 1972, (intermedia); Roma, Galleria Lo Spazio, (media); Roma, Galleria Marlborough, 1976, n. 83, (maquette); Milano, Galleria Stendhal, 1976, n. 83, (maquette); Erice, 1984, n. 15, (maquette).

Bibliografia: Roma, Galleria Marlborough, 1972, (intermedia); *I grandi scultori*, Galleria Lo Spazio, Roma, 1972, ripr. b.n., (media); Carandente, 1975, n. 25, ripr. b.n.; Cat. Galleria Marlborough, 1976, n. 83, ripr. b.n., (maquette); Cat. Galleria Stendhal, Milano, 1976, n. 83, ripr. b.n., (maquette); Bucarelli, cat. Erice, 1984, n. 15, ripr. b.n., (maquette).

L'opera è stata realizzata in formato intermedio (cm 61 x 48) in bronzo nel 1971 e in formato piccolo (cm 33,5 x 29,5); quindi è stata realizzata in legno.

64D / SOLIDA N. 9

legno verniciato, celeste, cm 246 x 252
in basso: *Consagra 72*
Roma, Studio Consagra

Esposizioni: Roma, Galleria Marlborough, 1972, (intermedia); Roma, Galleria Marlborough, 1976, n. 84, (maquette); Milano, Galleria Stendhal, 1976, n. 84, (maquette).

Bibliografia: Roma, Galleria Marlborough, 1972, (intermedia); Carandente, 1975, n. 24, ripr. b.n.; Cat. Galleria Marlborough, 1976, n. 84, ripr. b.n., (maquette); Cat. Galleria Stendhal, Milano, 1976, n. 84, ripr. b.n., (maquette).

L'opera è stata realizzata in bronzo in formato intermedio (cm 58 x 55,5) nel 1971 e in formato piccolo (cm 30,5 x 32); quindi è stata realizzata in legno.

64E / SOLIDA N. 10

legno verniciato, bianco cm 252 x 192
in basso: *Consagra 72*
Roma, Studio Consagra

Esposizioni: Roma, Galleria Marlborough, 1976, n. 85, (maquette); Milano, Galleria Stendhal, 1976, n. 85, (maquette).

Bibliografia: Cat. Galleria Marlborough, 1976, n. 85, ripr. b.n., (maquette); Cat. Galleria Stendhal, Milano, 1976, n. 85, (maquette).

L'opera è stata realizzata anche in formato piccolo in bronzo (cm 32,5 x 25).

64F / SOLIDA N. 12

legno verniciato, nero, cm 248 x 214
in basso: *Consagra 72*
Roma, Studio Consagra

Esposizioni: Roma, Galleria Marlborough, 1976, n. 86, (maquette); Milano, Galleria Stendhal, 1976, n. 86, (maquette).

Bibliografia: Cat. Galleria Marlborough, 1976, n. 86, ripr. b.n., (maquette); Cat. Galleria Stendhal, Milano, 1976, n. 86, ripr. b.n., (maquette).

L'opera è stata realizzata anche in formato piccolo in bronzo (cm 32,5 x 28).

64G / SOLIDA N. 14

legno verniciato, nero, cm 241 x 228
Roma, Studio Consagra

Esposizioni: Roma, Galleria Marlborough, 1976, n. 87, (maquette); Milano, Galleria Stendhal, 1976, n. 87, (maquette).

Bibliografia: Cat. Galleria Marlborough, 1976, n. 87, ripr. b.n., (maquette); Cat. Galleria Stendhal, Milano, 1976, n. 87, ripr. b.n., (maquette).

La scultura è stata realizzata anche in formato piccolo in bronzo (cm 32 x 31).

Marmi, 1972-1976

Con l'indagine sullo spessore massimo della Trama, Consagra raggiungeva anche la doppia frontalità, dando alle sue sculture la solidità di impianto di un muro che separa due spazi. Le sue sculture ora possono essere realizzate in materiali duri, solidi, pesanti; in marmo. Consagra comincia a lavorare le pietre nell'estate del 1972 a San Vito lo Capo in Sicilia, usando marmi dal cromatismo pacato e uniforme, fatta eccezione per qualche striatura più intensa. Passa gli anni seguenti a scovare i marmi più preziosi, sofisticati, raffinati, provenienti dal Brasile, dalla Macedonia, dall'Africa, da Naxos, dalla Versilia, quelli dal cromatismo più variegato, con le venature più articolate e colorate. Sagoma forme arrotondate, smussa gli angoli, divide le superfici, ormai "bifrontali", in aggetti e rientranze che si ripetono in negativo e positivo sulle due facce; non teme il colore, sceglie marmi tagliati a lastre perchè più evidenziano tutti i cromatismi delle venature. Il colore così variegato, parte integrante della materia, toglie monumentalità alla scultura. La forma aperta di Rosso orientale (n. cat. 65) è presto abbandonata per superfici chiuse quadrangolari (Blu del Brasile, n. cat. 69), o per forme delicatamente sagomate (Skiros africano, n. cat. 67), o ancora per forme elegantemente geometrizzanti (Bianco statuario, n. cat. 68); oppure per forme ondulate e in bilico dai profili spezzati (Verde alga, n. cat. 73). In alcuni casi, pietre dure colorate (rosso, nero, azzurro) sono incastonate sulla superficie dei marmi bianchi a seguire l'andamento dei segni (Bianco macedonia con inserimenti di diaspro, n. cat. 75, Bianco macedonia e diaspro nero e rosso, n. cat. 76, Marmo bianco e ossidiana, n. cat. 77). Ogni marmo nasce da un disegno-progetto preciso, spesso colorato, che definisce la scultura nei minimi dettagli per gli artigiani di Rezzato e di Pietrasanta che la devono eseguire. Solo il materiale e le dimensioni (dipendenti dal materiale) sono suscettibili di variazioni. Nel lavoro sul marmo l'artificio e la manipolazione sulla forma sono espliciti nel continuo mutare di spessori, dimensioni, forme, materiali. Consagra lo dice chiaramente in un'intervista a Appella nel 1981: "Io scelgo materie diverse per il desiderio di trasferire le immagini da un'apparenza all'altra. Diversificate, le sento più vicine a ciò che non esiste". E' per questo motivo che le forme dei marmi, pur rimanendo *dei pezzi "unici" nella realizzazione in quel determinato marmo, sono spesso trasposte in dimensioni diverse nello stesso marmo o, più comunemente, in altri marmi; e, se la forma "funziona" veramente, è tradotta nei multipli in bronzo.*

65 / ROSSO ORIENTALE / 1972

cm 122 x 106 x 15
Parma, collezione privata

Esposizioni: Roma, Galleria Marlborough, 1974; Palermo, 1973.

Bibliografia: Roma, Galleria Marlborough, 1974; Carandente, cat. Palermo 1973, ripr. b.n.; Carandente, 1975, n. 22, ripr. b.n.; Volpi, *Consagra*, 1977, n. 15, ripr. a col.; Ballo, cat. Rimini, p. 30, n. Q, ripr. b.n.

66 / MARMO GIALLO DI SIENA / 1973

cm 76 x 67 x 10
Milano, collezione Zanuso

Esposizioni: Palermo, 1973; Milano, 1973; Roma, Galleria Marlborough, 1974; Rimini, 1981, n. 59.

Bibliografia: Carandente, cat. Palermo, 1973, ripr. b.n.; Milano, 1973; Carandente, 1975, n. 26, ripr. b.n.; Carandente, *La scultura frontale*, 1976, p. 82, ripr. b.n.; Carandente, *Vitale Energie*, 1976, p. 51, ripr. b.n.; Carandente, *Consagra*, 1976, ripr. b.n.; Volpi, *Consagra*, 1977, ripr. a col; Consagra, 1977, p. 22, ripr. b.n.; Ballo, cat. Rimini, 1981, n. 59, ripr. a col; Appella, 1981, ripr. b.n.; Quintavalle, 1981, ripr. a col.

67 / SKIROS AFRICANO / 1973

cm 92 x 78 x12
Roma, Studio Consagra

Esposizioni: Palermo, 1973; Roma, Galleria Marlborough, 1974; Spoleto, 1979; Rimini, 1981, n. 61.

Bibliografia: Carandente, cat. Palermo, 1973, ripr. b.n.; Roma, Galleria Marlborough, 1974, ripr. b.n.; Carandente, 1975, n. 28, ripr. b.n.; "Il Tempo", n. 10, 1976, p. 19, ripr. b.n.; Carandente, *La scultura frontale*, 1976, p. 84, ripr. b.n.; Carandente, *Consagra*, 1976, ripr. a col.; Volpi, *Consagra*, 1977, ripr. b.n.; Spoleto, 1979; Ballo, cat. Rimini, 1981, n. 61, ripr. a col.; Verna, 1985, ripr. a col.

68 / BIANCO STATUARIO / 1973

cm 100 x 72 x 14
Roma, Studio Consagra

Esposizioni: Roma, Galleria Marlborough, 1974; Londra, 1982, p. 196.

Bibliografia: Roma, Galleria Marlborough, 1974; Carandente, 1975, n. 21, ripr. b.n.; Carandente, *La scultura frontale*, 1976, p. 85, ripr. b.n.; *Arte italiana, 1960-1982*, Londra, 1982, p. 196, ripr. b.n.;

69 / BLU DEL BRASILE / 1973

granito, cm 73 x 59 x 9,5
Roma, collezione Augusta Guidani

Esposizioni: Palermo, 1973; Roma, Galleria Marlborough, 1974.

Bibliografia: Carandente, cat. Palermo, 1973, ripr. b.n.; Roma, Galleria Marlborough, 1974, ripr. b.n.; Carandente, 1975, n. 21, ripr. b.n.; Carandente, *La scultura frontale*, 1976, p. 85, ripr. b.n.; Volpi, *Consagra*, 1977, n. 12, ripr. a col.

70 / NERO ATLANTIDE / 1975

152 x 120 x 26
Roma, Studio Consagra

Esposizioni: Milano, 1976; Veksølund, 1981.

Bibliografia: Cat. Milano, 1976; Carandente, *Vitale Energie*, 1976, p. 53, ripr. b.n.; Volpi, *Consagra*, 1977, n. 8, ripr. a col.

Un disegno è stato pubblicato in Carandente-Magagnato, 1977, p. 14.

71 / VERDE CIPOLLINO / 1975

cm 140 x 125
Roma, Studio Consagra

Esposizioni: Roma, 1981, p. 117, n. 135.

Bibliografia: Carandente, *Vitale Energie*, p. 53, 55, ripr. b.n.; Carandente, *Consagra*, 1976, p. 118, ripr. b.n.; *Linee della ricerca artistica in Italia*, Roma, 1981, p. 117, n. 135, ripr. b.n.

Un disegno è stato pubblicato in Carandente-Magagnato, 1977, p. 5.

72 / VERDE ALGA N. 2 / 1976

cm 143 x 93 x 13
Roma, Studio Consagra

Esposizioni: Verona, 1977, n. 37, (legno); Veksølund, 1980, n. 4.

Bibliografia: Carandente-Magagnato, cat. Verona, 1977, n. 3, ripr. b.n., (legno); *Pietro Consagra...*, Veksølund, 1980, n. 4, ripr. b.n.; Horbov, 1980, ripr. b.n.; Hygum, 1980, ripr. b.n.

73 / VERDE ALGA N. 3 / 1976

cm 140 x 110 x 13
Roma, Studio Consagra

Esposizioni: Verona, 1977, n. 27, (legno).

Bibliografia: Carandente-Magagnato, cat. Verona, 1977, p. 19, n. 27, ripr. b.n.

74 / GRANITO GRIGIO / 1976

cm 152 x 135 x 23
Roma, Studio Consagra

Esposizioni: Verona, 1977, n. 38; Veksølund, 1980, n. 2.

Bibliografia: Carandente-Magagnato, cat. Verona, 1977, p. 31, n. 38, ripr. b.n.; *Pietro Consagra...*, Veksølund, 1980, n. 2, ripr. b.n.; Ro Bostrup, 1980, ripr. b.n.; Horbov, 1980, ripr. b.n.; Sinding, 1980, ripr. b.n.

Un disegno a pennarello è pubblicato in Carandente-Magagnato, 1977.

75 / BIANCO MACEDONIA CON INSERIMENTI DI DIASPRO / 1976

cm 182 x 108 x 22
Bergamo, collezione Nicola Trussardi

Esposizioni: Verona, 1977, n. 36.

Bibliografia: Carandente-Magagnato, cat. Verona, 1977, n. 36, ripr. a col.

Un disegno a pennarello è pubblicato in Carandente-Magagnato, 1977.

76 / BIANCO MACEDONIA E DIASPRO NERO E ROSSO / 1977

cm 196 x 168
Roma, Galleria Nazionale d'Arte Moderna (donazione)

Esposizioni: Verona, 1977, n. 36.

Bibliografia: Carandente-Magagnato, cat. Verona, 1977, n. 36, ripr. a col.; Ballo, 1978, ripr. b.n.

132

77 / MARMO BIANCO E OSSIDIANA / 1977

cm 172 x 139
Roma, Galleria Nazionale d'Arte Moderna
(donazione)

Esposizioni: Verona, 1977, n. 43.

Bibliografia: Carandente-Magagnato, cat. Verona, 1977, n. 43, ripr. b.n.

78 / BIANCO MACEDONIA E NERO DEL BELGIO / 1976

cm 168 x 146
Roma, Galleria Nazionale d'Arte Moderna
(donazione)

Esposizioni: Verona, 1977, n. 40.

Bibliografia: Carandente-Magagnato, cat. Verona, 1977, n. 40, ripr. b.n.

Un disegno è pubblicato in Carandente-Magagnato, 1977, p. 3, e in Consagra, *Vita mia*, p. 126.

79 / MURAGLIA / 1977/1989

granito nero e rosso, cm 300 x 350

La *Muraglia*, costituita da trenta blocchi di varia forma disposti su cinque piani, è stata progettata nel 1977, anno in cui un modello venne presentato alla personale dell'artista a Verona. L'opera, realizzata nella dimensione grande nel 1989, riprende il tema già svolto a Verona, di sculture "muro", che bloccano e dividono in due lo spazio, ma che sono traforate a dialogare con il luogo in cui sono ubicate. Un modello della *Muraglia* è in collezione privata a Bologna, mentre un altro è in deposito alla Galleria comunale di Verona.

Bifrontali, 1977

Le due sculture Bifrontali, *qui esposte, sono state realizzate, insieme ad una terza gialla (non esposta), in occasione della partecipazione di Consagra alla mostra del Festival di Spoleto USA a Charleston nel 1978. Le sculture furono collocate nelle zone pedonali della città americana,*

a funzionare come muri traforati che si "riempiono" visivamente dello spazio urbano in cui sono collocati. L'operazione è analoga a quella che Consagra presenterà nell'estate del 1978 a Matera, ma mentre a Matera, come vedremo, l'operazione risulta drammatica e lacerante, a Charleston ha esiti più sereni.

80 / BIFRONTALE / 1977

ferro verniciato, arancio, cm 213 x 220
Roma, Galleria Nazionale d'Arte moderna
(donazione)

Esposizioni: Charleston, 1978; Erice, 1984, n. 19; Darmstadt, 1988, p. 127.

Bibliografia: Cat. Charleston, 1978, ripr. b.n.; "The news and the courier", 6 giugno 1978, ripr. a col.; Bucarelli, cat. Erice, 1984, n. 19, ripr. b.n.; *Forma 1*, Darmstadt, 1988, p. 127, ripr. b.n.

81 / BIFRONTALE / 1977

ferro verniciato, rosso, cm 220 x 190
Roma, Studio Consagra

Esposizioni: Charleston, 1978; Erice, 1984, n. 18.

Bibliografia: Cat. Charleston, 1978, ripr. b.n.; "The news and courier", 6 giugno 1978, ripr. a col.; Bucarelli, cat. Erice, 1984, n. 18, ripr. b.n.; "Perimetro", ott-nov. 1984, p. 37, ripr. b.n.

Ferri di Matera, 1978

Gli undici Ferri di Matera, *tutti alti più di due metri, sono stati realizzati per la mostra personale che Consagra ha tenuto nella città lucana nell'estate del 1978. In quell'occasione essi furono dislocati lungo il vallone che attraversa la città fino a giungere alla Murgia, di fronte al rione dei "Sassi". Fatte per Matera, queste sculture erano "dedicate alla visione magica dei Sassi" (Consagra, 1981): da punti strategici e suggestivi, le sculture "acquisivano" lo spazio storicizzato, disabitato e fatiscente dei "Sassi". I* Ferri di Matera *sono una sorta di indicazione metodologi-*

ca di intervento "da artista" proposto da Consagra nella ristrutturazione dei rioni: la spazialità delle sue sculture, opere d'arte, si confronta rispettosamente, senza prevaricazione, con la spazialità urbana degli antichi rioni, essi stessi opera d'arte. Lacerante è comunque il contrasto tra le strutture nere delle sculture e il desolato paesaggio dei Sassi da esse inquadrato.

82 / FERRO N. 1

ferro verniciato grigio, cm 205 x 198
Gibellina, Museo comunale (in deposito)

Esposizioni: Matera, 1978; Erice, 1984, n. 22, (maquette, *Bifrontale*);

Bibliografia: Cat. Matera, 1978, n. 1, ripr. b.n.; Bucarelli, cat. Erice, 1984, n. 22, ripr. b.n., (maquette, *Bifrontale*); Appella, 1987, n. 1, ripr. b.n.;

83 / FERRO N. 2

ferro verniciato, grigio, cm 255 x 190
Gibellina, Museo comunale (in deposito)

Esposizioni: Matera, 1978; Milano, Galleria Stendhal, 1979; Rimini, 1981, n. 81; Erice, 1984, n. 21, (maquette, *Bifrontale*).

Bibliografia: Cat. Matera, 1978, n. 2, ripr. b.n.; Cat. Galleria Stendhal, Milano, 1979, ripr. b.n.; Ballo, cat. Rimini, 1981, n. 81, ripr. b.n.; Bucarelli, cat. Erice, 1984, n. 21, ripr. b.n. (maquette, *Bifrontale*); Appella, 1987, n. 2, ripr. b.n.

84 / FERRO N. 3

ferro verniciato, grigio, cm 196 x 180
Gibellina, Museo comunale (in deposito)

Esposizioni: Matera, 1978; Milano, Galleria Stendhal, 1979.

Bibliografia: Cat. Matera, 1978, n. 3, ripr. b.n.; Caroli, 1978, ripr. b.n.; Perfetti, 1978, ripr. b.n.; Appella, 1978, ripr. b.n.; Milano, Galleria Stendhal, 1979, ripr. b.n.; De Luca, 1982, ripr. b.n.; Appella, 1987, n. 3, ripr. b.n.

85 / FERRO N. 6

ferro verniciato, grigio, cm 284 x 159
Gibellina, Museo comunale (in deposito)

Esposizioni: Matera, 1978; Milano, Galleria Stendhal, 1979; Gibellina, 1986, p. 119.

Bibliografia: Cat. Matera, 1978, n. 7, ripr. b.n.; Milano, Galleria Stendhal, 1979, ripr. b.n.; *Forma 1*, Gibellina, 1986, p. 119, ripr. b.n; Appella, 1987, n. 6, ripr. b.n.

Legni sbilenchi, 1982

Progettati nel 1979 in bronzo, i Legni sbilenchi sono stati tutti eseguiti in legno nel 1982. Una sorta di nastro di legno, apparentemente malleabile e pieghevole, in realtà molto duro, è piegato in bizzarre forme, volutamente irregolari e aggressive.

86 / SBILENCA N. 1

legno Afro Mosia, cm 130 x 120
Roma, collezione privata

Bibliografia: Consagra, 1987, ripr. b.n.

87 / SBILENCA N. 2

legno Afro Mosia, cm 143 x 102 x 14
Roma, Studio Consagra

Esposizioni: Milano, Galleria Stendhal, 1979, (maquette in bronzo); Rimini, 1981, n. 85, (maquette in bronzo); Erice, 1984, n. 20, (maquette in bronzo); Perugia, 1984; Gibellina, 1986, p. 58; Bourg-en-Bresse, 1987, p. 62; Darmstadt, 1988, p. 129.

Bibliografia: Cat. Milano, Galleria Stendhal, 1979, ripr. b.n., (maquette in bronzo); Ballo, cat. Rimini, 1981, n. 85, ripr. b.n., (maquette in bronzo); Bucarelli, cat. Erice, 1984, n. 20, ripr. b.n., (maquette in bronzo); *Attraversamenti nell'arte*, Perugia, 1984; *Forma 1*, Gibellina, 1986, p. 58, ripr. b.n.; *Forma 1*, Bourg-en-Bresse, 187, p. 62, ripr. a col; *Forma 1,* Darmstadt, 1988, p. 129, ripr. a col.

88 / SBILENCA N. 3

legno Afro Mosia, cm 139 x 92,5 x 14
Roma, Studio Consagra

Esposizioni: Milano, Galleria Stendhal, 1979, (maquette in bronzo); Rimini, 1981, n. 84, (maquette in bronzo); Perugia, 1984, p. 36.

Bibliografia: Cat. Milano, Galleria Stendhal, 1979, (maquette in bronzo); Ballo, cat. Rimini, 1981, n. 84, ripr. b.n., (maquette in bronzo); Castagnoli, 1981, ripr. b.n.; *Attraversamenti nell'arte it.*, Perugia, 1984, p. 36, ripr. a col.

89 / SPESSORE

legno Afro Mosia, cm 151 x 121
Roma, Studio Consagra

Esposizioni: Bourg-en-Bresse, 1987, p. 63; Darmstadt, 1988, p. 130.

Bibliografia: Forma 1, Bourg-en-Bresse, 1987, p. 63, ripr. a col.; *Forma 1*, Darmstadt, 1988, p. 130, n. 80, ripr. a col.

Addossate, 1982

Le sculture titolate Addossate sono costituite da due lastre (di qualsiasi materiale) di colore diverso, traforate e incollate l'una all'altra in modo sfalzato, così che le due lastre siano visibili, entrambe, da tutte e due le parti. Addossate erano già delle sculture di piccole dimensioni in onice, realizzate nel 1977; Legno addossato è la scultura che Consagra presenta alla Biennale del 1982 (Roma, Galleria nazionale d'arte moderna, donazione). Le Addossate qui esposte sono state realizzate nel 1989 su un progetto del 1982.

90 / ADDOSSATA N. 3 / 1982/1989

marmo nero del Belgio e bianco statuario, cm 160 x 160
Roma, Studio Consagra

Il modello del 1982 (Roma, Studio Consagra) in marmo nero del Belgio e bianco statuario è stato realizzato dall'artista nel 1989 nel formato grande qui esposto, conservando gli stessi marmi del modello.

91 / ADDOSSATA N. 4 / 1982/1989

marmo nero del Belgio e bianco statuario, cm 160 x 160
Roma, Studio Consagra

Il modello del 1982 (Roma, Studio Consagra) in marmo nero del Belgio e bianco statuario è stato realizzato nel 1989 nel formato grande qui esposto, conservando gli stessi marmi del modello.

Interferenze, 1985/1989

Le Interferenze sono state progettate in occasione della riesposizione della Città frontale nel 1985 al Salone Renault di Roma. Sono edifici che si inseriscono, o meglio si intromettono, interferiscono, nello schema della Città frontale, come ulteriore provocazione polemica. Riprendendo la polemica con gli architetti del funzionalismo, Consagra diceva nel 1985 delle Interferenze: "Le ultime Interferenze al precedente contesto sono nate dalla voglia di provocare uno sfasamento, una condizione di disagio che la mia presenza di artista nella città attuale provocherebbe. Mi voglio considerare comunque dentro il cuore di una architettura probabile come interferenza a quella attuale".

92 / INTERFERENZA / 1985/1989

granito giallo, cm 165 x 130 x 30
Roma, Studio Consagra

Esposizioni: Roma, Salone Renault, 1985, p. 20, 24, (legno); Milano, Lorenzelli, 1986, p. 20, 24, (legno).

Bibliografia: Carandente, cat. Roma, 1985, p. 20, 24, ripr. a col., (legno); Carandente, cat. Milano, 1986, p. 20, 24, ripr. a col., (legno).

La maquette del 1985 è stata realizzata in una versione in legno verniciato blu nello stesso anno, in una versione in marmo blu del Brasile (Roma, Studio Consagra), e in due versioni in bronzo. Del 1989 è la realizzazione in granito giallo.

93 / INTERFERENZA / 1985/1989

granito verde, cm 165 x 130 x 30
Roma, Studio Consagra

Esposizioni: Roma, Salone Renault, 1985, p. 23, 24, (legno); Milano, Lorenzelli, 1986, p. 23, 24, (legno).

Bibliografia: Carandente, cat. Roma, 1985, p. 23, 24, ripr. a col., (legno); Carandente, cat. Milano, 1986, p. 23, 24, ripr. a col., (legno).

Il progetto del 1985 è stato realizzato in legno verniciato marrone nello stesso anno; quindi in granito blu del Brasile (Roma, Studio Consagra) e in due versioni in bronzo. Del 1989 è la versione grande in granito verde.

94 / INTERFERENZA / 1985/1989

granito rosso, cm 165 x 130 x 30
Roma, Studio Consagra

Esposizioni: Roma, Salone Renault, 1985, p. 23, (legno); Milano, Lorenzelli, 1986, p. 23, (legno).

Bibliografia: Carandente, cat. Roma, 1985, p. 23, ripr. a col., (legno); Carandente, cat. Milano, 1986, p. 23, ripr. a col., (legno).

Il modello del 1985 è stato realizzato in legno verniciato viola nello stesso anno; quindi in granito nero (Roma, Studio Consagra) e in due versioni in bronzo. Del 1989 è la versione grande in granito rosso.

Pianeti, 1987

"Dipingendo, dipingo quadri con molte immagini, ogni tanto ce n'è una di immagine che mi affascina a tal punto da volerla trarre fuori da quel contesto solo pittorico. Così sono nate queste opere che mostro ora e che ho chiamato Pianeti" (cit. in De Candia, 1987). Così Consagra spiegava la genesi della serie dei 20 Pianeti esposti alla Galleria dei Banchi Nuovi di Roma nel dicembre 1987. Già dagli anni cinquanta la pittura (e il disegno) erano il campo di analisi della frontalità, del contrasto figura-fondo, da cui, poi, singole forme si staccavano per assumere consistenza plastica autonoma. In particolare i Pianeti, costruiti in superfice da fogli di legno sovrapposti con brevi scarti di spessore su cui il pennello è passato con colori vivaci, rifiutano di entrare nelle categorie di pittura e di scultura. Della pittura conservano il colore e il gioco di rimbalzo all'infinito di figura-fondo, ma non possono rinunciare al "corpo plastico" della scultura. E Consagra infatti le ha definite sculture "fuori luogo", vaganti sulla parete bianca "in un viaggio senza sosta fra pittura e scultura", viaggio a cui forse il nome stesso sembra alludere.

legno colorato,
Roma, Galleria dei Banchi nuovi

Esposizioni: Roma, 1987.

Bibliografia: Menna, cat. Roma, 1987, ripr. a col.; De Candia, 1987; Mango, 1988; Lambertini, 1988; Grasso, 1988.

95 / PIANETA N. 1

cm 147 x 138

Bibliografia: "Forum", 1987, ripr. a col.

96 / PIANETA N. 2

cm 123 x 129

Bibliografia: Crispolti, 1987, ripr. a col.; Torelli Landini, 1988, ripr. b.n.

97 / PIANETA N. 3

cm 147 x 129

Bibliografia: De Candia, 1987, ripr. b.n.; Mango, 1988, ripr. b.n.; "Flash Art", febbraio 1988, ripr. a col.

98 / PIANETA N. 4

cm 143 x 125

Bibliografia: Tassinari, 1988, ripr. b.n.; "Opening", 1988, ripr. b.n.; Torelli Landini, 1988, ripr. b.n.

99 / PIANETA N. 6

cm 151 x 133

100 / PIANETA N. 8

cm 150 x 119

101 / PIANETA N. 9

cm 143 x 138

Esposizioni: Roma, Centro Ausoni, 1988.

Bibliografia: Galleristi a Palazzo, Roma, 1988, ripr. a col.

102 / PIANETA N. 10

cm 147 x 135

Bibliografia, De Candia, 1987, ripr. b.n.; Romani Brizzi, 1988, ripr. b.n.

103 / PIANETA N. 12

cm 148 x 136

104 / PIANETA N. 15

cm 134 x 167

105 / PIANETA N. 16

cm 148 x 116

106 / PIANETA N. 19

cm 145 x 134

107 / TEBE / 1988

ferro verniciato, grigio
Gibellina, Museo comunale

Bibliografia: Giannattasio, 1988, ripr. b.n.

Le dieci sculture qui esposte costituiscono la fila centrale di un impianto scenografico di quarantotto pezzi, distribuiti su tre livelli, realizzato per una rappresentazione dell'*Oedipus Rex* di Jean Cocteau (traduzione latina di Jean Damiélon), regia di Mario Martone, su musica di Igor Strawinsky, tenutasi ai ruderi di Gibellina nel luglio del 1988. La prima e la terza fila sono state realizzate in legno, mentre quella intermedia è in ferro essendo destinata in collocazione definitiva a una piazza di Gibellina nuova. La collocazione attuale sulla gradinata d'ingresso della Galleria ripropone l'intento scenografico per il quale l'opera è stata ideata. Consagra ha voluto rappresentare come "Città frontale" l'antica Tebe, a istituire un parallelo tra la situazione degradata della città antica e quella della città industriale moderna, relegando in un futuro lontano, a un altro artista, il compito di rappresentare la città di oggi, la cui organizzazione "frontale" rimane per il momento nell'impossibilità.

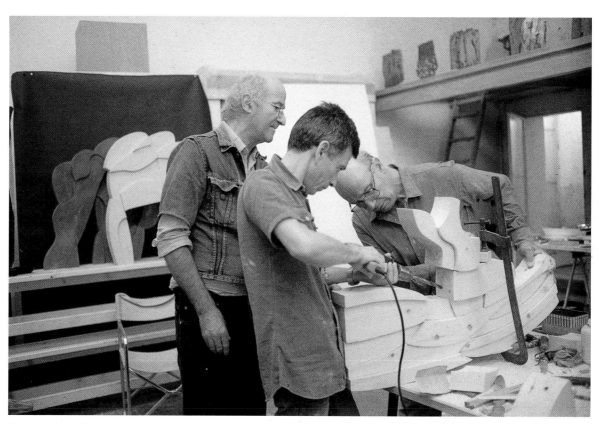

Consagra con gli assistenti Tortorici e Loche

Pietro Consagra, *Teorema della Scultura*, "Forma 1", Roma apr. 1947

La statua

È chiamata statua una scultura che raffiguri l'uomo in un atteggiamento qualsiasi. La creazione di una statua avviene secondo due direzioni: una di esse tende all'imitazione del corpo umano, l'altra verso la libertà formale (trasfigurazione). Della prima ci limitiamo a dire che l'imitazione del corpo umano porta ad un banale lavoro tecnico che fa diventare la scultura un mezzo bastardo di espressione. Della seconda cercheremo di chiarire soltanto i punti che ci interessano, dato che ci sarebbero da citare tutte quelle tendenze che a questa pretendono di appartenere.

La seconda direzione dunque punta sulla astrazione formale. In essa si nota l'anelito dell'artista verso l'astratto. Perciò nella creazione della sua statua, l'artista più va verso l'astratto più è felice, perché più si libera del peso del vero. Ma che cosa è poi questo vero? Che cosa è questo vero da cui è così difficile liberarsi? È la sua umanità? Ma che cosa è l'umanità nella scultura? La scultura dunque più è astratta, meno diventa statua, fino a diventare una pura forma.

Ecco il lavoro Brancusi. Egli si pone delle domande precise per riuscire a spogliare del tutto la scultura dai compromessi con la statuaria.

Egli incomincia dalle forme semplici, cioé dai solidi geometrici. Il lavoro di Brancusi per noi è il più importante nel campo della scultura moderna, perché da esso noi crediamo che possa partire il nostro lavoro verso uno sviluppo futuro. Brancusi ha scoperto che la figura dell'ovale è la più armoniosa forma dei geometrici semplici, perché è l'unica di esse che crea un legame d'armonia fra la materia e l'uomo. Infatti se noi immaginiamo un cubo perfetto di marmo, questo coi i suoi spigoli e le sue punte, ci dà fastidio. Se immaginiamo una sfera perfetta di marmo, sentiamo troppo quella dura monotonia della sua centricità *meccanica*. Un ellisse perfetto di marmo già suscita in noi del piacere dato il nostro desiderio di *armonia di forme*, ma è ancora duro per la sua simmetria. L'ovale è la forma geometrica che più ci attrae perché ci dà più il senso della libertà, perché in esso le parti geometriche uguali incominciano a diminuire, perché da esse sentiamo che incomincia a crearsi il legame d'armonia tra l'uomo e la forma. Questo forse perché di forma, un ovale si può fare sempre diverso da un altro, fino all'infinito meno uno, cioè quando diventa sfera e perché ciascuno di noi farebbe l'ovale in modo diverso da un altro. Ecco che la forma dell'ovale si apre all'uomo: diventa *umana*, (Io un ovale lo farei allungato, ma non troppo; un altro scultore lo farebbe piuttosto sferico, ecc...).

Armonia-umanità

La forma diventa umana se armoniosa, e non esiste tecnico capace di creare un'armonia, neanche in musica. L'artista soltanto può creare armonia tra la materia e l'uomo. Quindi in arte non può esistere un artista disumano. L'umanità nella scultura entra soltanto in tal modo: diventando opera d'arte.

Pietro Consagra, "Necessità della scultura", ed. Lentini, Roma 1956

La necessità della scultura nel nostro pensiero e nella nostra cultura è legata all'origine ed alla natura stessa dell'uomo, tanto che noi non sappiamo immaginarci un mondo senza scultura; e se ponderato va l'entusiasmo di Boccioni nel suo manifesto del 1912, i dubbi di Martini sulla sorte della scultura, nel suo libro *Scultura lingua morta* del 1945, sono il risultato della delusione sulla *civiltà fascista* che era crollata nella vergogna e nello squallore.

Un corpo nello spazio, che rimane fermo come si vuole, a cui si può dare l'atteggiamento, le proporzioni e il ritmo che si vuole, nella materia più durevole e più bella che esiste, sarà sempre oggetto di fantasia e di passione per l'uomo che ama fissare continuamente il passaggio della sua vita, delle sue idee, della sua storia, e nella storia noi conosciamo mille sculture, mille episodi dell'uomo, mille pensieri.

Dobbiamo avere le nostre sculture, per i nostri episodi, per i nostri pensieri.

L'uomo è nello spazio, la scultura è nello spazio.

L'uomo vive continuamente a contatto con un mondo plastico dove partecipa fisicamente con la sua sensibilità.

L'uomo somiglia più ad un palo telegrafico che alla sua fotografia, ed anche questa è una ragione abbastanza seria per cui ha bisogno della scultura.

Ci si può domandare perché si dicono queste cose «ovvie» perché tutti non sanno cosa pensano mille scultori che hanno gli studi pieni di sculture e che certi momenti butterebbero tutto nella strada, che l'amore per l'arte non è sempre sostenibile quando sembra veramente di lavorare a vuoto. Pensare a vuoto può essere divertente faticare è terribile.

Dobbiamo vedere ora il rapporto fra società e scultura contemporanea.

Nella storia della borghesia, lo sviluppo della cultura idealistica, il mito dell'arte pura e dell'individualismo allontanano sempre più l'artista dalla cerchia delle ordinazioni ufficiali; e così incomincia a lavorare da «solo» e la sua posizione di critica e la sua aperta ostilità alle Accademie delle false estetiche del bello ideale, e delle simbologie mitologiche che già venivano adattate alle rappresentazioni delle conquiste delle nuove industrie e del commercio, ed alle gesta del monarca o del politico colonialista, viene interpretata per atteggiamento romantico e colorito di stranezze e romanzato.

Comunque viene sempre più avanti la figura del nuovo artista che vive al centro delle passioni dell'uomo comune, nel suo lavoro, nei suoi vizi, nella sua bellezza, e da Rodin a Gemito la scultura riprende il suo respiro nella storia dell'arte con una sua fisionomia in un nuovo contenuto poetico e formale. Ma anche dalle scene della vita popolare guardate attraverso il sentimento ed il naturalismo, dalla plastica che ormai aveva preso la fisionomia malinconica della predestinazione alle sale delle Gallerie dell'Arte Moderna, la scultura ha dovuto liberarsi continuamente fino alla ventata del futurismo, del cubismo, e dell'astrattismo che dando nuovo vigore alle polemiche dell'arte gettavano al bando il pessimismo e la grettezza in cui l'arte si avviliva. Siamo nel 1910 e l'arte deve subire il trauma più importante della sua storia.

L'eco di una nuova coscienza sociale si andava sempre più sviluppando contro le acque stagnanti della borghesia e l'arte trovava alleati gli elementi più dinamici della società, nelle scoperte meccaniche e dei nuovi materiali; con l'ingegneria e l'architettura, nel campo della produzione e del lavoro. L'idea del sociale e del lavorare, in arte, aveva preso un aspetto ed un valore nuovo. La tecnica nell'opera d'arte era più evidente delle passioni dell'artista e del suo racconto sull'uomo.

L'arte sviluppava i suoi nuovi propositi che in sintesi nella scultura saranno i seguenti:

La copertina del volumetto "Necessità della scultura", 1952

Dinamismo di Boccioni: Monumento ideale all'uomo dinamico e al nuovo mondo meccanico.
Monumento all'idea della costruzione della casa moderna di Vantongerloo.
Monumento all'idea della forma pura di Brancusi.
Monumento all'idea del nuovo spazio nel costruttivismo di Gabo e Pevsner.
Monumento al dramma dell'uomo moderno di Picasso.
Monumento meccanico della instabilità dei mobiles di Calder.

Merito di queste sculture è una rinnovata coscienza plastica verso un'arte non intimistica, ma socialmente funzionale; e merito di questi artisti è di avere portata sempre alta la loro fiducia nell'arte, la loro lotta per l'intelligenza, l'ottimismo per la costruzione di un mondo migliore e di aver sostenuta la necessità della scultura nel nostro pensiero e nella nostra cultura.

La più interessante arte prefascista in Italia è stata il Futurismo e in questo dopoguerra dall'estero lo astrattismo entrò come un canto rivoluzionario.

Lo sbigottimento di tutti verso quest'arte e specialmente l'attacco degli artisti e dei critici che i giovani non stimavano sia perché privi di cultura sia perché in gran parte compromessi con l'ideologia fascista, sembrò proprio il primo obiettivo raggiunto, dato che volevano far notare a tutti i costi il loro ingresso nella cultura con mezzi assolutamente nuovi dopo un periodo oscuro per l'intelligenza italiana.

Nell'escludere la rappresentazione dell'uomo era implicita la possibilità di trasformare completamente il concetto plastico tradizionale che attraverso le realizzazioni in gesso aveva intristito nella scultura gli artisti che non ritrovavano più una importante ragione per cui si doveva essere scultori e non pittori e non cinematografari ecc. Infatti il gesso aveva tolto alla scultura qualsiasi attrazione, qualsiasi motivo di passione a chi doveva dedicarvi la vita e così la possibilità di adoperare il legno, il ferro, l'ottone, le lastre di marmo trovate in commercio con una minima spesa, ridava la fiducia nella possibilità di esprimersi nella bellezza della materia, nel mondo plastico.

La possibilità di collaborazione con l'architettura moderna è un'altra ragione per l'arte astratta. Intanto il concetto generale della casa-macchina-per-abitare è già scontato e gli architetti incominciano a muoversi verso una architettura più «umanizzata» e decorata o almeno svincolata dal cubo e dalla parete bianca per cui sarà necessaria una coscienza plastica dove lo scultore porterà il suo contributo. D'altra parte solo questa architettura potrà avere fortuna nell'avvenire ed è errato pensare che gli uomini «semplici» o «colti» preferiranno un'architettura coi timpani e la trabeazione, o con la ringhiosa testa del leone o la smorfia del sileno alla chiave dell'arco.

Il problema dell'arte è molto legato all'architettura e gli artisti sentono il peso della responsabilità di rispondere positivamente con la loro opera per un'estetica che abbia per soggetto lo sviluppo dell'uomo nuovo.

C. Lonzi, intervista a Pietro Consagra, catalogo mostra *Consagra*, Galleria dell'Ariete, Milano, giu. 1967

D. - Negli ultimi due-tre anni dai piani sospesi sei passato ai ferri trasparenti girevoli, ai piani di alluminio appesi alle pareti come se fossero dei quadri.

Si può notare come questi nuovi aspetti del tuo lavoro abbiano un carattere particolare che mi sembra in relazione a certe premesse di origine del tuo lavoro. Qual'è questo legame?

R. - Il legame più evidente è un legame tecnico che proviene dal costruttivismo. Io ho sempre costruito una scultura, l'ho disegnata, ho preso del materiale - laminati metallici o assi di legno - li ho ritagliati, incollati, saldati, inchiodati e quindi già tecnicamente la mia scultura si distingue da tutta la scultura modellata in genere. Però l'aspetto dominante del mio lavoro,che coincide da un lato con la mia particolare sensibilità di scultore e dall'altro con una scelta diciamo cosciente, ideologica delle possibilità della scultura, è la frontalità. Il costruttivismo avrebbe potuto portarmi a fare delle sculture tridimensionali, come è avvenuto per altri artisti, invece io ho scartato questa tridimensionalità dalla scultura perché la frontalità, e quindi il carattere bidimensionale, mi è subito apparso come il più ricco di aperture. La frontalità è nata dentro di me come alternativa al totem, cioé alla scultura che doveva sorgere al centro di uno spazio ideale. Presentando un'urbanistica diversa cioè quella della frontalità, mi sono tolto dal proposito di occupare uno spazio al centro del quale costruire qualcosa, un punto di attenzione convergente. La frontalità io l'ho sentita come un ridimensionamento delle pretese che si erano accumulate intorno alla scultura, pretese religiose, sociali, di ordine costituito passato o futuro; ho voluto scaricare la scultura da tutte queste pretese di simbolo per creare un rapporto più diretto, frontale appunto, a tu per tu, con lo spettatore.

È evidente che una cosa qualunque, da noi posta al centro dello spazio che abitiamo, acquista un valore particolare.

Quando ho preso coscienza della responsabilità, del significato che assume qualsiasi gesto che fa l'artista, ho sentito questo bisogno: togliere la scultura dal centro ideale.

Nello stesso tempo mi accorgevo che questo spostamento dava un carattere di drammaticità alla scultura.

D. - Perché?

R. - Probabilmente perché, avendo soppresso la terza dimensione, il volume e lo spazio ideale, quindi gli elementi essenziali di cui la scultura viveva, si determinava una situazione complessa tra la sofferenza, che in fondo il ruolo classico della scultura fosse scaduto, e il riscatto che mi sentivo di volerle dare - perché tengo moltissimo a questo riscatto della scultura da una situazione emblematica che non aveva più senso, a cui la società stessa non poteva più dar credito su un piano di verità, ma solo su un piano di mistificazione.

D. - Adesso hai parlato della frontalità come problema di base del tuo lavoro, ma rispetto a questi piani di alluminio appesi alle pareti?

R. - Vedo che a me interessa condurre il lavoro in due modi: da un lato c'è la tendenza a un'immagine dalla struttura molto semplice che tu prevedi e ci speculi sopra come si specula sopra una struttura che si può anche programmare.

Dall'altra c'è il senso dell'arricchimento partendo dall'esperienza stessa del tuo linguaggio, cioè dalla possibilità di pensare attraverso quegli elementi che hai ormai assimilato come fatti tuoi. Questi elementi sono agganciati con i tuoi pensieri per cui disegnare una scultura è come pensare senza escludere niente dalla complessità del proprio pensiero in un processo per così dire ininterrotto.

Quanto ad aver appoggiato i piani di alluminio alla parete, si può osservare da tutto il mio lavoro precedente che ho cercato sempre di tenere la scultura staccata dalla parete perché il dialogo fosse più chiaramente inserito nella polemica con gli aspetti plastici della scultura tridimensionale e non confuso invece con atteggiamenti riguardanti la pittura. Adesso l'aver concepito questi piani colorati e appesi alla parete, così come i piani sospesi e i ferri trasparenti girevoli, è stato per me un atto di liberazione da tutte le polemiche.

La Città frontale, ed. De Donato, Bari, 1969

Premessa

Da un bicchiere in mano ad una roccia, una tenda, un edificio, la tridimensionalità è un valore dell'oggetto, un valore nel rapporto oggetto-fruibilità.

Più che la materia di cui si costituisce un oggetto, la tridimensionalità ha una

DISSENSI 22

PIETRO
CONSAGRA
LA CITTA'
FRONTALE

**DE DONATO
EDITORE**

La copertina del volume La città frontale, 1969

sua scala di valori che va oltre l'ordine delle grandezze geometriche.La tridimensionalità si rapporta con l'uomo e diventa un elemento mobile: dal possedere all'essere posseduti. Ma più che l'oggetto, più che la materia, più che la dimensione, ha valore un elemento che è fuori dall'oggetto, fuori dalla materia, fuori dalla grandezza: è l'*ubicazione* dell'oggetto.

L'ubicazione come elemento ideologico della creatività è già presente prima che si costituisca l'idea dell'oggetto.

L'ubicazione centrale è l'estensione del fuoco della tridimensionalità: è già realizzata prima che si determini la forma dell'oggetto.

Così, la tridimensionalità è centro, e su qualsiasi spazio si pone stabilisce una centralità oltre l'oggetto, oltre lo spazio reale che occupa fino a raggiungere altre tridimensionalità, altri centri.

Un oggetto sul tavolo costituisce un centro, un suo centro indipendente dal centro geometrico del tavolo. I due centri possono coincidere o no. Se non coincidono nasce conflitto tra di essi. Si può dire che entro una certa area, cioè entro una certa vicinanza, i due centri hanno un rapporto di accoppiamento. Fuori da tale rapporto, cioé nelle condizioni di lontananza, i due centri si contrastano fino a creare un disturbo, una dissociazione. Sul tavolo possiamo porre altri oggetti e questi costituiscono altri centri e il centro reale del tavolo non ha più senso, perde il suo valore.

Possiamo dire che il centro contenuto dentro l'oggetto ha un potere di accentramento superiore al centro geometrico. Ma ogni oggetto sul tavolo ha un suo potere di accentramento tanto più alto quanto più grande è il volume dell'oggetto.

La dimensione, perciò, dà valore all'accentramento. *Centralità e Dimensione* insieme creano un meccanismo prezioso, un moltiplicatore di valori automatico che si doveva imporre nella coscienza del Potere, per rappresentare Potere.

La tridimensonalità, dai tempi delle necessità, oltre i tempi della vita spontanea, è diventata uno strumento di spiritualità e poi di cultura. La tridimensionalità contemporanea è Cultura, Potere, *Business*. Un tipo di cultura, un tipo di potere, un tipo di *business* con cui una parte della nostra società non desidera identificarsi. Il mio lavoro di scultore non fa parte di quella identificazione.

La mia scultura è nata dalla determinazione di togliere l'oggetto dal centro ideale. *Non mi sentivo di lasciarla caricare dei significati che l'operazione gli acquisiva;* non mi sentivo di addossarmi una responsabilità per ideologie che non mi appartenevano. Volevo incominciare con una dimensione pertinente al mio rapporto con il mondo, una vita con una giustizia orizzontale, senza piedistalli, senza fruitori attorno al totem. Ciò valeva al desiderio di partecipare a denudare l'uomo che si veste da totem ancora oggi.

La scultura frontale si è rivelata l'unica dimensione pertinente. La frontalità, nella coscienza della ubicazione dell'oggetto,nella sua articolazione di profilatura e nelle sue categorie formali di appartenenza ad un mondo, già nei temi di *Colloquio, Trasparenze, Spessori*, contiene inserita la Città come argomento delle emozioni umane. Ora che mi sento portato a considerare la Città come tema plastico mi sembra di trovarmi ad un appuntamento senza che potessi prima rendermene conto. Quando ho pensato ad una scultura, la città era presente come umore e come istigazione formale, come classe estetica e come creatura sensibile, come emzione politica e come sentimento. La Città era uno sfondo ed una estensione della mia memoria: una compenetrazione intellettuale e calore di vita. Un gesto con la Città, un sentimento come una Città, un colloquio come una prospettiva, il tempo nella Città, in una via, in una stanza, in un angolo.

La *Città frontale* è una estensione provocatoria della mia scultura, un passaggio spontaneo e obbligato, una forza maggiore. È il nuovo bisogno di riflettere dentro di me tutti i motivi della vita, di cui posso rendermi conto e proiettarli in

141

un oggetto che è la prefessione di quei motivi.

Avrei potuto prendere la strada inversa, pensare di realizzare l'immagine di un uomo, un ritratto di uomo. Ma sono molto lontano dal potermi occupare di un uomo solo, di un uomo in particolare. Sono lontano dalle simbologie. Sono lontano e spratico di particolari. La Città invece è una dimensione che va verso le generali e verso il vago, verso un incontro di temi della realtà e verso una struttura di grandi approssimazioni.

La Città per uno scultore è una emozione plastica della vita, è una fantasia realizzabile e ambigua oltre l'opera d'arte. La Città per l'artista è un rischio moralistico che deve essere inteso come una nuova responsabilità.

L'artista può includere il suo punto di vista e fare le sue osservazioni sul modo di vivere che gli appartiene.

La Città, espressione dei modi di vivere, si presenta come uno strumento in esclusiva in mano ad altri.

La tridimensionalità

La tridimensionalità deriva dalle strutture di difesa e da quelle dei culti del sacro, da una necessità pratica antica e da una necessità religiosa antica; dal bisogno di raccogliersi dentro qualcosa di rassicurante che nello stesso tempo fosse, per chi ne rimaneva fuori, imposizione, soggezione, rispetto.

Anche un circolo chiuso di persone fa parte dello stesso meccanismo di protezione, di imposizione, di soggezione, di rispetto.

Il fruitore esterno di un oggetto tridimenzionale è potenzialmente un estromesso da qualcosa: lo stesso meccanismo lo coinvolge e lo esclude.

Ma, chi è estromesso è a sua volta spinto all'aggressività, alla voglia di possesso della cosa; così, da quando si nasce si deve imparare a resistere all'aggrovigliato intreccio di soggezioni che provengono dalla tridimensionalità.

Una grande dimensione o uno scelto e ristretto gruppo di persone sono, nello stesso modo, due tridimensionalità tanto più notevoli quanto più grande è la dimensione, quanto più ristretto e selezionato è il gruppo di persone.
C'erano dei modi di aprire la tridimensionalità, di farla incoraggiante, accogliente, disponibile, proiettando verso l'esterno dei segnali di invito: un allettamento lusinghiero, gesti a doppio uso che però davano una misura accettabile, elastica, del rapporto esterno-interno tra Potere istituito e clientela.

Il Razionalismo, avendo mediato il minimo spazio con la massima efficienza, ha irrigidito non solo i rapporti interni tra oggetto e fruitore interno ma i rapporti esterni tra oggetto e fruitore esterno. Niente lusinghe, niente dialogo, niente adescamento. È stata la morte su cui si basava l'architettura moderna.

Ma il Potere non può fare a meno del suo dialogo, delle sue ricerche tecniche per il prestigio e l'adescamento. Nascono le scienze di mercato, le nuove leggi implacabili del vendere. Così, l'Architettura opera un'altra mediazione: cambia la vecchia formula dei termini espressivi e i simboli sono ripresentati lucidi ed efficienti alla conquista del fruitore esterno.

La frontalità

La scultura non figurativa, la scultura astratta, ha messo in evidenza i problemi che possono essere oggi generalizzati come linguaggio espressivo della tridimensionalità, del volume, dello spazio come operazione plastica e come termine ideologico di ubicazione, di frontalità, anche per l'Architettura e l'Urbanistica.

La Scultura Frontale ha assunto come principio determinante lo «spostamento» della posizione dell'oggetto fuori dal centro ideale, considera mitologico il rapporto tra volumetria e osservazione circostante, stabilisce una direzione unica per l'osservzione diretta.

Analizzando i processi creativi dell'architettura, i più rappresentativi, quelli

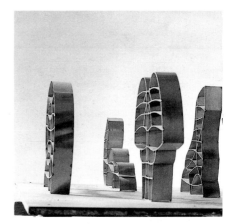

La Città Frontale: edifici trasparenti, particolare

che fanno da guida, si può stabilire che la tridimensionalità, come qualità espressiva e come necessità funzionale, è ostacolo per un ridimensionamento liberatore. La tridimensionalità si presenta appunto non solo come fattore economico per lo sfruttamento totale delle aree nelle spaziature ortogonali, ma anche come garanzia di persistenza dell'oggetto mitologico da porre come centralità: una struttura di Potere.

L'ubicazione centrale, il fuoco della tridimensionalità è il riflesso dell'individuo che si identifica nell'oggetto. Nella centralità convergono gli elementi che dal riflesso dell'individuo si trasferiscono nell'oggetto. Questo riflette nell'individuo una struttura idealizzata, la quale conferisce una dimensione accresciuta di sé, che dovrà riflettersi nell'oggetto.

Un traffico di riflessi che scivola nella frustrazione e si rialza nell'orgoglio e nella retorica.

La tridimensionalità nasce come voglia di Potere. L'uomo, ancora nella caverna, ha un rapporto frontale con il mondo esterno, con la vita che gli si prospetta davanti. Quando si è reso più sicuro e crea degli oggetti al centro di uno spazio aperto, quegli oggetti diventano simboli della sua forza, della nuova coscienza di sé, del suo Potere. L'oggetto centrale è il suo totem, la sua difesa, cioè un elemento di sicurezza e inoltre una richiesta propiziatoria.

Attorno all'oggetto centrale egli sfogherà la sua aggressività e la sua paura.

La tridimensionalità, il senso del totale, la centralità, sono merce pregiata, da grande scambio economico e psicologico: incontro e creazione di lusinghe.

Oggi nella città il grattacielo è un oggetto automatico, sprezzante, come un suggerimento della noia e della fantasia bloccata sull'obiettivo perfetto, raggiunto e riproducibile per telefono. Ogni anno lo *skyline* di ogni città gonfia di orgoglio il fruitore, il quale ancora non si è reso conto di come per lui non sia stata fatta altro che una sopraffazione di qualità e di quantità destinata ad impoverirlo. Ancora l'europeo, quando torna da New York, si esprime come Le Corbusier di trent'anni fa: prima deluso, poi impaurito, eccitato, retorico.

F.L. Wright, che nasce con il grattacielo, sente come un architetto non regga alla sua struttura prepotente. Suggerisce di tutto per ambientarlo, si esprime con tanta perplessità per darne un contenuto ed una formazione intelligente, umanizzante, finché non esplode nella proposta più prepotente delle prepotenze, come era nel suo carattere: il grattacielo alto un miglio. Alla massima dimensione il massimo valore.

Mies tenta una misura, un canone, una purezza tecnica, come l'unico rapporto possibile, l'ultimo limite possibile tra artista e potere economico. Triste e definitivo.

La città frontale
Se siamo sicuri che un edificio deve «superare» le sue funzioni «pratiche», tanto da affermare che più che funzionale e retorico, opulento, demagogico, deve essere un'opera nuova, un'opera che rifletta un rapporto nuovo tra fruitore e oggetto, è chiaro che vogliamo affrontare un campo minato: addentrarci nella responsabilità di aver fiducia in una diffusione differente della coscienza plastica a livello dell'opera d'arte.

Se siamo anche sicuri che un individuo diventa artista nella ricerca di un modo espressivo e tangibile, della sua idea di liberazione e della sua idea di partecipazione, come esperienza di uomo che vive un suo mondo da un suo punto, per una determinabile presa di possesso nella società, dobbiamo avere fiducia nella capacità dell'architetto di diventare quel personaggio diverso per quell'opera nuova quando si troverà in una situazione diversa da quella attuale. Se l'architetto può

La Città Frontale: edifici trasparenti, particolare

143

affrontare tale situazione nuova e diventare artista, teniamo presente che l'artista, il pittore, lo scultore, è già nella situazione nuova per essere architetto.

Progettazione dell'edificio frontale

L'edificio della città frontale va ideato come opera d'arte.

Il suo precedente ruolo di adescamento al Potere è scaduto, la sua funzione pratica come luogo di lavoro è limitata, sempre più limitata, alle poche ore di occupazione relative alla sua presenza continua.

Un Edificio Frontale deve risultare una scelta che il progettista avrà elaborato per esprimere il suo modo di partecipare alla vita. Egli crea un oggetto da cui passa la vita, una esperienza da fare, una dimensione plastica come un gesto da suggerire, una struttura come un colloquio, uno spazio come il piacere di muoversi.

L'opera d'arte è un oggetto della fantasia e della realtà caricato di unicità, è un fatto unico e unitario.

Costruire un cubo perfetto è un fatto non unico ma unitario.

Costruire un alveare per delle mosche, unico ma non unitario.

Accendere la luce mentre c'è il sole, non unico ma unitario.

A noi può riguardare la ricerca di una struttura unica e unitaria che possa essere una estensione di esperienze.

Un vaso particolare per dei fiori particolari.

Una città unitaria per degli edifici unici.

Un edificio unitario per degli uomini unici.

Un Edificio Frontale deve essere un'opera unitaria per uomini unici.

Progetti Marmi Pietre, catalogo mostra *Consagra/Progetti Marmi, Pietre* Salone Annunciata, Milano, feb. 1976

Uno scultore arriva nella vita quotidiana degli altri, nel galleggiamento sociale tendente al morbido, con pesi, volumi, spigoli, metalli, macigni.

Ogni mostra di scultura nella città è un avvenimento di fatiche da superare. La gente non vede neanche di cosa son fatti i gradini di casa, le auto, le strade, i muri, la terra, gli alberi, le montagne.

Di tutta la materia attorno non si riceve messaggi e lo scultore insiste a entrare in città con autotreni carichi di pietre, bronzi, ferri, convinto che in qualche modo la materia si riveli con l'artificio.

L'artista si quieta e prende fiato.

Avete mai visto un diaspro verde così e così? Sono sicuro che esiste, lo debbo trovare. Ho visto una lastra grande di granito viola. Origine sconosciuta. Ho visto una pietra grigia venata di rosso, che pietra sarà? Esiste una pietra gialla e rossa che viene da? Ho trovato una pietra... te la farò vedere. Questo diaspro è mio. Parliamo di artificio.

Il colore complementare alla scultura, in questi marmi diventa parallelo e poi un elemento staccato autonomo e perciò primario tanto da interferire, contrastare con la struttura in un campo di battaglia senza più fronte, dove il conflitto è da pari e patta da paralisi distruttiva. Dalle 'Pietre Matte' di Sicilia a queste ultime scelte nei depositi della Versilia, il colore, il naturale sornione colore della scultura diventa sfrenato intrattabile prevaticatore...».

La scultura greca si sviluppa mentre avverte la perdita della bellezza come fine ultimo dell'esistenza. Il tutto verso il bello è messo in crisi dall'invadenza speculativa della filosofia alla ricerca di significati nella tragedia. Si affermano i canoni del perfetto mentre si diffonde la logica e la contraddizione.

Nel Rinascimento italiano religiosità, sensualità e tecnica convivono in una convergenza che non accetta perdita alcuna: tutto fa paura.

Spessori in prospettiva, 1968

144

La persistente rappresentazione dei paesaggi, degli interni, e della quieta vita famigliare, nella pittura dell'ottocento, avverte la contaminazione della natura e dei rapporti umani nella loro immensa presenza insidiata dalla società industriale.

L'astrazione della contemporaneità, l'arte di oggi, nei suoi molteplici aspetti, avverte la perdita dell'oggetto fantastico in una società che si prevede pragmatica e costrittiva.

Il futurismo attribuito all'arte è una esorcizzazione del futuro che fa paura. L'artista vive la nostalgia di ciò che si sta perdendo.

L'avvenirismo e l'avanguardia nell'arte sono una struggente senzazione dell'irreparabile perdita di un bene acquisito. Non esistono formule nuove come intuizione di una dimensione nuova della vita. È nuovo ciò che non si può più ripetere. Il mito è il piacere.

L'artificio aiuta a rilevare il messaggio della materia: una evocazione di ciò che non è mai esistito. L'inesistente.

Avete mai visto un diaspro verde così e così?

Lo spazio della vita, "Casa Vogue", Milano, lug.-ago. 1976

Nel progettare la Città Frontale, ho cercato di mostrare che cosa dovrebbe essere, secondo me, un edificio, un volume che occupa per secoli il suolo di una città; un volume che prima di tutto deve rispondere alle esigenze dell'occhio di chi guarda dall'esterno: opera d'arte della città, di tutti, e non un ingrombro contro tutti. Ora cercherò di spiegare che cosa dovrebbe essere lo spazio di una casa per chi la abita dall'interno. Più che a un'organicità plastica vorrei introdurmi a considerare il trascorrere della vita di un individuo insieme agli oggetti che accumula: sia per l'uso quotidiano, sia perché necessari alla sollecitazione della memoria e della cultura. Dividerei quindi questo spazio della vita in due parti: lo spazio del presente e lo spazio del passato. Nel primo gli oggetti convenienti alle sollecitazioni dei rapporti con gli altri, nel secondo gli oggetti privati per la sollecitazione della memoria. Le due zone ben separate. Dentro la casa, oggi tutto convive insieme e la tendenza è quella dello spazio unico come per aiutare una globalità tra l'attuale e i ricordi di un vivere armonico, come una composizione significativa per costituire un chiaro fronte quotidiano. Ricevi un amico in casa e l'amico può essere immesso subito tra gli oggetti delle tue nostalgie e gli oggetti del tuo presente. Veramente vuoi mostrargli tutto di te? Veramente lui vuol sapere tutto di te?

Ma lo spazio unico nella continuità del tempo serve per camuffare, per l'ambiguità.

Credo che lo spazio unico faccia parte di un riflesso negativo della vita individuale contemporanea, un riflesso del presente distruttivo. Si sta avvertendo sempre più una carica distruttiva del proprio presente che vuole la vita trascorra senza volontà di accumulare, senza attenzione a elementi da trattare per sé, per le emozioni della memoria. Più che vissuti, vorremmo essere già arrivati e, possibilmente, saltando il presente. Il punto di arrivo è certamente la fine. Creando la continuità temporale nello spazio unico, il tuo passato viene coinvolto nell'attualità, inferiorizzato e vanificato. Il piacere di essere vivente non cresce. Io sono per i due spazi ben separati perché sono convinto che gli oggetti del passato arricchiscono notevolmente l'intensità portante della memoria e perché gli oggetti del presente acquistano da soli una responsabilizzazione attiva e trainante. In questo spazio gli oggetti sono cultura, lavoro, progetti isolati e chiari nella scelta del proprio gusto e delle proprie idee: un manifesto politico della propria vita. Nella parte privata, nello spazio portante del passato si raccolgono gli oggetti o gli strumenti per la riproduzione dei momenti della vita trascorsa. Se nella parte del presente

Spessori in prospettiva, 1968

c'è una cinepresa che riprende i miei rapporti dell'attuale, vorrei che il film fosse raccolto dall'altra parte in modo da poter rivedere, quando ne avessi voglia, i momenti evocativi. In questa parte della casa porterei notizie e testimonianze relative alla vita sociale, ai viaggi agli incontri. Non voglio che i miei momenti attuali vengano divorati da una bocca senza stomaco. Mi piace vivere come un serpente che cresce e si allunga e non come una testa senza corpo. Mi piacerebbe aver conservato i vestiti e le scarpe con cui ho vissuto e sono andato in giro. Mi piacerebbe aver conservato le foto di me bambino, ragazzo, maturo. Mi piacerebbe vivere tra le gigantografie dei miei parenti, mi piacerebbe rimettermi ogni tanto nel mezzo di un cinerama di avvenimenti del passato.

Vorrei rivivere la vita a volontà, vorrei che la nostalgia di me venisse arricchita di prospettive.

Vorrei che il presente durasse più a lungo, si raddoppiasse. Non che un minuto durasse due minuti ma che un momento fosse più grande. Gli oggetti per la comunicazione fanno parte del presente, della propria attenzione a ciò che la cultura produce: una scelta di elementi per la fruizione visiva che corrisponda al proprio modo di orientare gli altri verso di sé. Questa è la zona di ciò che hanno fatto gli altri e che noi accettiamo. Mettere cose proprie, cose personali, in questa zona, è ridicolo. Ma quando vado nelle case degli altri, io che faccio pittura e scultura, vorrei che sparisse tutto ciò che impedisce che un'opera mia fosse presente. Generalmente dicono «Non ho spazio» ed io giù a buttar via poltrone, tavolini, librerie. Le librerie, che tolgono all'arte miliardi e miliardi di metri quadri, sono il mio nemico numero uno. Le librerie sono un tradimento al mondo visivo. Il libro non è stato fatto per essere visto, ma per essere letto e riposto. La visione di una libreria colma di libri è simile a quella di una cucina piena di piatti sporchi. Sì e no si leggono dieci libri all'anno; sì o no si compra ogni anno un libro-oggetto da vedere, ma mi invitano e mi fanno entrare in ambienti stracarichi di libri.

Io nelle case degli altri ci vado prima di tutto per vedere, e poi per parlare di ciò che si vede o che si è visto. Non c'è mai stato qualcuno che parlando con me prendesse un libro in mano».

La ruota quadrata, ed. Vanni Scheiwiller, Milano, 1976

La magia
Una scultura per essere magica è lo scultore che deve essere magico. Se non c'è magia in sé non si può trasmettere nella materia disponibile. Credere è inventare. Non c'è invenzione senza immaginazione. Si inventa l'inesistente. Si può credere all'inesistente.
La fede è basata sul credere in ciò che non esiste ma che è possibile e desiderato.
La magia sta nel fare diventare indispensabile l'inesistente.
L'artista è quieto nell'accettare l'invenzione che si colloca oltre gli elementi del reale: è il tentativo esaltante di raggiungere un *inserimento* extra con la materia.
L'inventività si presenta nella misura in cui l'esistente ci coinvolge.
Se non ci sono sollecitazioni dal reale la fantasia non si esibisce.
La fantasia è competitiva: vuole realizzarsi.

Campane a martello
Nelle speculazioni della filosofia è sorta l'ipotesi che l'arte possa morire.
Se può morire, può essere anche già morta.
Nessuna attività artistica può contestare tale assunto.
Gli artisti, lavorano sul tavolo di rianimazione mentre qualcuno suona campane a martello.

146

L'arte così è diventata alchimia e scongiuro.
Quello che gli altri suppongono di te è possibile che tu lo diventi.
La supposizione può distruggerti.

Disegnare è come pensare, in *Pietro Consagra: Disegni 1945-1977*, a cura di G. Appella, ed. Vanni Scheiwiller, Milano

Disegnare è come pensare lasciando delle tracce: riprendi, rifai, ti spingi avanti, ricongiungi, rafforzi una parte, che diventa portante, una parte resta secondaria, una parte di appoggio; puoi in ogni momento cancellare tutto e mettere da parte. Chi disegna sta sempre sul filo del buttare via o insistere, come chi sta pensando passa ad altro o rimane a elaborare lo stesso argomento.

Disegnando si segue un linguaggio che si svolge su un piano, che ha un colore, un fondo che si dilata e si restringe, con la magia dei segni, delle linee. Ci si sprofonda nello spazio e perciò è necessario fissare dei limiti, dei contorni, delle dimensioni, per non restare abbacinati dalla mancanza di gravità nel foglio di carta.

Lascio stare il disegno per progettare. Quando si progetta, il foglio rimane rigido, fissato per una necessità prestabilita e si scivola alla ricerca di una chiarificazione del tema. Si rincorre la soluzione.

Io voglio parlare del disegno senza soluzione, quello che si realizza man mano che appare tracciato in una fisionomia organica, con un suo caratterizzarsi a immagine una sua regola e un suo equilibrio che si afferma possibile sull'orlo della catastrofe. Un po' più in qua, un po' più in là e tutto è perduto.

Un disegno è originato da tutti i disegni esistenti e attende di apparire dalle punte scriventi di quelli che lo possono proporre.

Non tutti i disegni sono disegni del disegno universale. Un disegno ne farà parte se ha con sé, mentre nasce, la possibilità di muoversi verso il riconoscibile.

Con un disegno riconoscibile ti puoi intendere in un batter di ciglia e lo confermi e puoi intrattenerlo. Con un disegno vai avanti alcuni minuti, dal primo appoggiarti al foglio all'ultimo segno che lasci, nel traffico pesante e tortuoso, tra la nebbia intensa, a rilevarlo dalle sue parti invisibili e portarlo di qua dove tu stai. Tra i richiami e la perdita la salvezza non è garantita.

Un disegno nasce e non è garantito finché non ti ha steso incerto e stressato dall'emozione e abbandoni e intanto sai che farete i conti ancora.

Ci sono disegni già sicuri di farcela e sono sfacciati e hai voglia di snobbarli, altri diventano appiccicosi e ogni volta è uno strazio guardarli o rivoltarli.

Un disegno quando nasce mentre stai pensando ad altro, emerge dal tuo automatismo dei gesti e dalla disposizione che hai e tutto procede da sé ed è come non assistevi all'avvicinamento e te lo trovi davanti il regalo della fortuna che è proprio in quel momento che vive.

Il disegno è una responsabilità che non desiste mai. Ognuno è un'agitazione in più che si accumula.

Alcune volte si strappa il foglio con tale soddisfazione che sembra di aver guadagnato qualcosa nel fallimento.

Quando comincio a disegnare calcolo le probabilità che ho di capire cosa sto per fare: se ho torpore o lucidità, se sono svincolabile dal mondo esterno o no, se non ho altro da fare, se è troppo che non mi succede e voglio vedere cosa ne verrà fuori ora. Se incominciamo anche aridamente poi verrà quello stato in cui si può ripetere la meravigliosa sensazione di essere in vena. Ecco che cos'è la vena: la ricchezza che ti avvolge solo per pochissimo tempo. Ci tento da qualsiasi base possa appena partire.

Ho disegnato sempre per sentirmi carico di possibilità, di aperture al sentimento e all'oggetto.

Disegno dal vero del poeta Saba, 1945-46

147

Il fascino del disegno sta nella sua possibilità di estendersi verso un oggetto definibile, come il pensiero può estendersi verso l'oggetto indefinibile.

Il disegno finito in sé o che rappresenta un oggetto già esistente è come un pensiero diventato parabola.

Mi piace un disegno vivo come la forza di un cavallo da tiro: mi piace la fase dello spostamento verso il mito del finito che mi sgomenta e mi attrae. La mia scultura è legata al disegno per restare con la possibilità di tornare indietro.

La mia pittura non si realizza se non proponendosi in alternative e variazioni sullo stesso fronte.

Approssimativamente, ed. Vanni Scheiwiller, Milano 1977

UNA SCULTURA

coordinare
riferire
confrontare
arginare
tendere
camuffare
chiarire
generalizzare
ripetere
insistere
abbandonare
sciogliere
scegliere
sovrapporre
irrigidire
ammorbidire
trascurare
staccare
dimenticare
differenziare
agitare
compensare
sorprendere
tranquillizzare
adescare
approssimativamente

MI GIUNGONO IMMAGINI

Mi giungono immagini dal passato e le
fermo col mio segno. Non resisto alla spinta
di quanto mi proviene dagli altri;
Ciò che esiste diventa indistruttibile e
continua il suo corso traforando le sensazioni
del presente. Sono assorto e attento.
Cosa mi resta da fare è in gran parte
costituito in un disegno dilatabile dentro

Il disegno pubblicato nel catalogo della prima mostra a Roma, Galleria "Il Cortile", 6 dicembre 1945

148

di me e si manifesta nella condiscendenza e
nella scelta che appaga.
Il dialogo continua. Basta dispormi nel
prolungamento della vita di cui faccio
parte senza interrompere i messaggi
trasmessi attraverso la percezione e la mano.
Il mio corpo è riportato e unico come
riportato e unico è ciò che vedo, ciò che
tocco, ciò che mi piace. Quello che posso
realizzare è riportato e unico come quanto
è stato fatto e sarà fatto.
L'unicità è l'aroma gradevole che sollecita
a pescare dentro di sé quello che passa.
Sento il legame all'infinita corda che mi
tiene serio e sereno con la vivacità degli
incidenti, dove mi sento traballante e
trasportato dalla massa di quanto tira la vita
al presente, e le fatiche e l'energia che metto,
diventano quanto di me è verità,
approssimativamente.

IO SPERO CHE TU MI GUARDI

io spero che tu mi guardi
io spero che tu mi ascolti
io spero che tu mi creda
ma tu pensi ad altro
io ti guardo
io ti ascolto
io ti seguo
io ti credo
ma io penso ad altro.
Il benessere mi stanca
il benessere mi aliena
il benessere mi deprime
il benessere mi ammala
il benessere mi fa morire.
Tu mi parli allo stesso modo
tu ti muovi allo stesso modo
tu mi abbracci allo stesso modo
tu mi baci allo stesso modo
tu mi ami allo stesso modo.
Ho sempre la stessa voce
ho sempre lo stesso passo
ho sempre la stessa faccia
ho sempre lo stesso corpo
ho sempre la stessa mente
approssimativamente

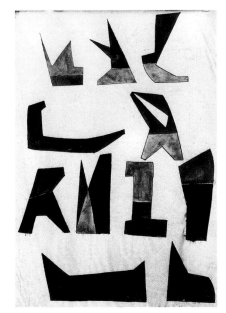

Un acquarello del 1947

Grigia la mattina, catalogo della mostra *Pietre-Consagra*, Salone Annunciata, Milano, mar.-apr. 1979

grigia la mattina
voglio colorare l'alabastro
con l'anilina
come fanno quelli di Volterra
colmi di feticci
da San Gimignano a Jano
quarzi e diaspri
dal podere in Chianti
verso Val d'Elsa
boschi scuri di querce
tutto l'orizzonte di monti turchini
scelgo massi con la lampadina
il trasparente più uniforme
nel budello di bottega
a rotoli un parlare di tutto
tranne di prezzi
in cerca di fossili
non di denaro
cipria utensili e scaglioni
si stabilisce trance e contorni
debbo ritornare
ancora negli occhi
Rosso Fiorentino
penso ai tromboni
distesi pallidi ne ho visti
mai come loro
composti accuratamente
nel vestito migliore
a Roma.

Colloquio con Consagra, intervista di G. Appella, catalogo della mostra alla Galleria Il Millenio, Ed. della Cometa, Roma, 1981

La magia della Materia

Le opere degli anni cinquanta portavano spesso, come titoli, la parola «colloquio». Era allora una tua esigenza di dialogo? Accennavi al rapporto diretto tra spettatore e scultura?

Oggi indichi le opere con il materiale usato. È cambiato molto da allora? Il rapporto dell'individuo con la realtà è senza «colloquio»?

I «colloqui» sono nati in contrapposizione con la scultura totemica dell'avanguardia storica e di sempre.

Quando ebbi la certezza che la scultura doveva essere tolta dal centro ideale e posta in una ubicazione frontale, perché non doveva più accudire al sostegno dei miti sociali, mi sono trovato uno schema quadrangolare tutto visibile dall'osservatore. Trovarsi di fronte tutta la scultura aveva l'immediatezza della visione che volevo accentuare con il richiamo a un nuovo rapporto con l'opera: il colloquio tra opera e osservatore.

Ora che la frontalità va per suo conto, costante a provocare la tipologia plastica tridimensionale, posso impossessarmi di tutti i temi varianti che si definiscono in gruppi di opere. Tali gruppi variano sia per acquisizione formale sia per la materia con cui si realizzano. I nuovi titoli sono stati: spessori, mire, legni sospesi, allumini appesi, opache, ferri trasparenti, muraglie, *sbilenche*, ferri vuoti, ecc.

Il tuo lavoro di oggi è la precisazione del lavoro di ieri. Infatti, sei uno dei pochi scultori che non ha mai rinunciato a quanto ha fatto in precedenza.
Continuità tematica e di stile sono da sempre le qualità del tuo lavoro. Ma da dove nasce il tuo desiderio di togliere all'opera qualsiasi riferimento storico? È per la medesima ragione che non hai imitatori?

Più che la mia scultura, penso che abbia significato il gesto che ho fatto nel togliere «l'oggetto» dal centro. È stata una decisione con una sua drammaticità che faceva parte proprio del mio momento nella storia della scultura. O quel momento o mai più, perché le proposte degli scultori avrebbero poi sfiorato e sbrindellato il corpo della proporzione frontale senza creare charificazione e diventare punto cruciale nella coscienza del mondo plastico con la sua intenzionalità sociologica.
La frontalità si pone come autonomia dai poteri materiali e spirituali e non si sa dove porla e cosa farne. Tutto quanto si prodiga per accettarla mi commuove.
La Frontalità è nata con me, e gli altri si guardano bene dall'imitarmi (solo qualche scorreria) poiché richiede molta tensione e soprattutto una costante immersione nel rapporto arte società. I giovani tendono, invece, a scivolare con la vivacità di chi vede il mondo sgretolato e da lasciarsi sgretolare, con giustizie e ingiustizie isolate, per problemi circoscritti, come focolai per pompieri in esercitazione. I giovani hanno abbandonato il senso del tutto: il tipo di intervento panico che ha distinto la mia generazione del dopoguerra.

La tua scultura viene analizzata tutta nel disegno che è un vero e proprio progetto. Questo dipende dalla tua ansia di purgarla di ogni teatralità? Il tuo progetto può essere realizzato anche da altri o necessita sempre di tuoi interventi diretti?

Disegno sempre, in continuazione, in qualsiasi occasione possa disporre di foglio e penna, come un automatismo. Vado alla ricerca di un tema plastico nuovo più che di una immagine nuova. Non so cosa farò domani e navigo con niente all'orizzonte. Sono sempre perduto. Quello che ho già fatto, se lo cerco sparisce. Ho la difficoltà e la paura di chi sta su un punto per la prima volta.
Quando il disegno mi rimbalza come una nuova ipotesi di lavoro, cambia tutta la mia psicologia: da ansioso divento deciso, da confuso divento sicuro, da triste e pessimista divento allegro e tutto mi sembra risolvibile, persino il dramma del Sud-Est asiatico e la crisi energetica. Una mia nuova scultura la scopro come la chiave per stare nel mondo: un filtro del bene e del fantastico. Seguo le mie sculture con la fiducia che possano essere realizzate da altri, ma anche con il piacere di vederle subito nascere, crescere, definite come sono state immaginate.
Dal disegno è tutto pronto: manca la dimensione reale e quello che aggiungerà la materia da sé: scelte che coagulano le emozioni.

Tu hai scritto che la scultura è «fantasia, ricerca, esperienza e provocazione» (io, almeno per te, aggiungerei «invenzione»). Vogliamo chiarire questi termini che sono, in sostanza, la storia dei tuoi rapporti con la «forma?».

Tutto è forma prima che contenuto poiché il mondo del visibile è più veloce e sceglie, mentre la nazionalità ritarda.
La mia scultura è un'immagine in quel tratto che precede la razionalità.
La razionalità, poiché ha direzione verso l'utile e le comparazioni con il reale, con ciò che esiste, rifiuta le mie immagini che appunto sorgono prima del consistente. Questo momento veloce non fa parte dell'invenzioni, ma della scelta psichica che vive durante il ritardo del reale. Invento in quanto credo: per me cre-

Uno dei paracarri di "Welcome to Italy",
1974

151

dere è inventare ancora senza corpo. Non invento una forma, io invento già prima della forma.

Ne «l'agguato c'è» edito da la Tartaruga nel 1960 ripeti spesso: «La contraddizione mi fa bene», «voglio godermi la contraddizione». È provocazione scoperta (che usi tuttora) vista la tua ben nota dialettica coerenza nel lavoro?

«La contraddizione mi fa bene» perché mi tiene fra tutto. C'è però una contraddizione di cui si serve la speculazione degli aggregati del mondo politico, che ne diventa uno strumento per vivere senza responsabilizzarsi mai, per sfuggire con l'autocritica. La contraddizione è quindi usabile come alibi fecondo per gli imbroglioni. Questi mi avviliscono più di tutti e io vorrei cancellarli dal mio pensiero.

L'essere nato in Sicilia ha influito sul tuo lavoro? Proviene da questa origine il tuo anti-monumentalismo e l'ironia sulla vocazione alla classicità tipica della tradizione italiana?

Il siciliano ha un carattere poco leggibile dagli strati della sopraffazione. È stato un popolo remissivo e si è recuperato solo nella dolcezza.La sua aggressività non è contagiosa: si brucia mentre si manifesta.Penso che la mia scultura poteva essere realizzata solo da un siciliano. Ho fatto molte osservazioni che lo confermano.

Formuli i tuoi pensieri come costruisci le tue sculture. Io non conosco ideologia così costante se non in Klee. Sintetizziamola in poche parole.

Non posso uscire dalla scultura che faccio come non posso uscire dal corpo che ho, dalla vita che ho vissuto. Più che la realtà cambia il mio umore. Mi accorgo che mentre cambio umore tutto è rimasto come prima. Gli umori sono il giorno e la notte alternati, l'ideologia è un riflesso dei desideri di costanza.

L'interesse degli artisti per l'architettura caratterizza le avanguardie storiche. Son noti i tuoi progetti per la Citta Frontale, il Teatro e la Stazione d'incontro di Gibellina. Oltre ai tuoi esempi e a quelli di qualche altro non ne conosco di più clamorosi. Da dove nasce questa tua vocazione urbanistica e questa polemica con gli architetti? È un'indiretta frecciata al potere?

Accuso gli architetti di avere trascurato l'individuo che «guarda» a favore dell'individuo che «usa» il grande oggetto: l'edificio. Ho sentito involutivo il funzionalismo economico, strutturale, politico dell'architettura, da cui si può uscire solo con il richiamo all'arte della immagini. Penso che sia il momento che gli artisti vengano coinvolti per salvare la città dall'abbrutimento. Ho voluto rendermi disponibile.

Dopo i mosaici degli anni cinquanta, i ferri colorati degli anni sessanta, i gioielli, gli avori,i marmi, le terrecotte, le ceramiche, le pietre dure e gli alabastri degli anni settanta, ecco le porcellane, l'innesto di materiali diversi, i vetri. Esempio unico nella scultura moderna usi il colore senza temerlo.

Il colore proviene dalla pittura che ogni tanto riesco a fare. Usare il colore nella scultura è come usare una ricchezza disponibile. Se faccio una scultura gialla l'altra la voglio fare verde e l'altra bianca.

La ricerca di materiali nuovi è la spia della tua passione per il manufatto. Il manufatto è la riflessione costante del senso del fare, la celebrazione continua del piacere dell'invenzione. E, allora, il lavoro è la ricerca della felicità, per te e per gli altri?

L'arte è l'opposizione del lavoro coercitivo. Lavorare per un artista ha un significato di libera scelta e nello stesso tempo di attività intellettuale e fisica. I materiali da usare sono tutti in attesa.

È proprio degli artisti dedicarsi allo studio di nuovi materiali per trovare mezzi più idonei al proprio gesto. Per te sembra che le materie non abbiano segreti. Aderisci immediatamente ad ogni nuovo stimolo quasi sentissi un bisogno irresistibile, tipico delle nuove generazioni, di penetrare a fondo nei labirinti delle scoperte tecniche. Ti accosti alla materia con una perizia che richiama i tempi gloriosi dell'artigianato quando arte figurativa e architettura camminavano insieme. Ti ho visto lavorare con passione insieme a Peppino Mitarotonda nella bottega di Matera, completamente coinvolto nel fare, rapido nella messa a punto di materiali, rispettoso delle loro nobiltà, pronto ad animarle e con fantasia ad abbatterne tutte le gerarchie come se non potessi fare a meno di esprimerti attraverso quelle materie.

Nasce tutto ciò da una necessità continua di rinnovamento, a volte di liberazione, da una maggiore aderenza stilistica allo spirito moderno? E quando, in questo impegno, la manualità cede il posto al mentale e al progettuale?

La timida apparizione della materia *impropria* aggregata all'opera d'arte contemporanea giocava con un futuro tecnologico arginabile dai sentimenti umani. L'ondata di materia, dai rifiuti industriali o urbani, usata come arte già pronta al linguaggio *onomatopeico* e che prevedeva le catastrofi ecologiche, non voleva e non poteva intendere alcun argine né di sentimenti né di intelligenza.
Tutto andrà come vorranno le cose.
La corsa a toccare per primi le materie e gli oggetti più espliciti, cioé più collegabili alla nostra paura, che dessero in modo più diretto la sensazione del male fisico che ci insidia, ha caratterizzato la voglia di artisti per essere immediatamente pronti con l'opera in mano e il significato in catalogo.
Trofei del male piazzati nei migliori musei del mondo per un malessere da testimoniare in una confezione a regola d'arte. Trofei del brutto con il belletto dei calaveras.
Erano più simpatici e affascinanti gli artisti che vivevano la drammaticità della vita e non usavano le materie della paura ma la materia nuova ancora chiusa nel tubetto del colore o nei lingotti del metallo da fondere o nel gesso ancora in polvere o nella pietra da tagliare. Tutto dipendeva dalla passione e dall'intelligenza. In confronto a quelle, queste erano partenze sfavorite e incerte ma arricchivano la presenza dell'arte. L'ondata di materia è stata banalizzante.

Scegli i materiali perché conosci le combinazioni dei diversi pigmenti, l'agente colorimetrico (per intenderci: ossidi, silicati metallici...) e quindi i passaggi delle tinte, le varietà delle sfumature o ti affidi all'indeterminato: ai colori, alle macchie, alle vene che vengon fuori dopo il taglio?

Io scelgo materie diverse per il desiderio di trasferire le immagini da un'apparenza all'altra. Diversificate, le sento più vicine a ciò che non esiste.

Approfitti delle facoltà evocative dei materiali per riscoprire la forma oppure tutto si sviluppa con naturalezza, come un grande gioco dell'immaginazione, senza condizionamenti, senza nascoti simbolismi, quasi una reinvenzione?

Ogni materia sollecita sensazioni diverse nella memoria, nei desideri vissuti, negli oggetti incontrati. Io vado in cerca di possedere ciò che mi è piaciuto, del piacevole, del sensuale, dell'intelligente, del casuale, di collegarmi con la cultura passata, del probabile incontro felice: tanti incontri felici.
C'è un orribile test che chiede quale sia il colore preferito: si deve rispondere con un solo colore. Credo che sia la più stupida domanda che si possa fare. Come

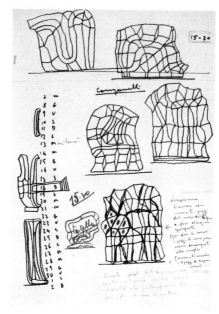

Disegno, 1976

153

mai un individuo possa scegliere un solo colore? possa sposare un solo colore? Una tale violenza a se stessi non dovrebbe mai essere pensata.

L'ultima tua esperienza è il vetro. Il rapporto con una materia così duttile e trasparente è di origine razionalista? Sei più influenzato da problemi di forma oppure rimani legato alla materia vetro?

La mia esperienza con il vetro, a parte che l'ho vissuta con un malaugurato contorno di personaggi di Venezia che stanno al passo per arrivare ai muranesi e questi sono sempre nel sospettare e diventano intrattabili e chiedono mezzo milione l'ora per lavorare per te e fino a quando hai messo a punto qualcosa sono passati già tre gioni e il quarto giorno non te la senti più di continuare dalla paranoia e capisci perché i foresti non possono mettere piede in quell'isola della materia meravigliosa e colorata, la mia esperienza con il vetro è stata tra le più evanescenti.

Gli scultori del mondo dovrebbero sbarcare a Murano e impossessarsi di una vetreria. È possibile che tutta la meraviglia del vetro e tutta la valentia dei maestri vetrai vada in candelabri e posacarte? Il vetro e Murano sono Angelica e Medoro.

Non esistono molti esempi nella scultura di un uso di materie così disparate. Sembri Marco Polo che nel suo viaggio verso il misterioso regno del Cathay (l'impero cinese all'epoca del primo imperatore mongolo Kublai Kan) parla di pietre dure e meravigliose che a prezzi enormi raggiungevano l'Oriente a dorso di cammello. Tu ci rechi di continuo notizia dell'esistenza di materiali con cui realizzare sculture splendide che non sono certamente destinate solo alla Corte del «Gran Can»?

La bellezza della materia può essere ingannevole nell'arte. Ho visto l'anno passato a New York, al Metropolitan Museum, la mostra dei tesori degli Zar di Russia. Tutta materia bellissima ma opere orribili regalate dai re ai re.

«Idoli degli uomini delle caverne, feticci dell'Africa e della Polinesia, sculture dell'Antichità e del Rinascimento, ma anche reclames dei grandi magazzini e arrangiamenti televisivi, prodotti industriali e cimiteri di automobili, tutto è divenuto materia per lo scultore della nostra epoca, sia nel senso dell'assunzione del materiale, della parafrasi, dell'assimilazione della forma o invece dell'appropriazione attraverso la citazione o il vero e proprio violentamento». La frase è di Udo Kultermann. È giusta?

La materia e l'artificio sono sì Angelica e Medoro ma guai a non esserci Orlando.

Giornale di manovra, Ed. della Cometa, Roma, 1983

Scomparirà l'alien di Mazara?

L'amministrazione comunale ancora non riesce né a varare né a bocciare la mia proposta. Si parla proprio del palazzo Comunale.

Quando, tolte le impalcature che lo coprivano si sono trovati di fronte un edificio proveniente da un progetto per la città di Bolzano adattato in fretta per scadenze amministrative, ormai l'abuso era lì per l'eternità. C'era solo da sbalordirsi. La più prestigiosa piazza del paese era rovinata per sempre. Maledetta incoscenza.

Il mio paese abusi dall'edilizia ne ha subiti già nella ventata di adeguamento a una modernità pretestuosa dei costumi e al nuovo sviluppo economico. Ma tutti stavano zitti perché sembrava un arrichirsi. Ora però l'aberrazione ha sconcertato trattandosi di un edificio pubblico che, non utile a interessi privati, non si giustifica. Lo sconcio è immotivato. C'era da ingoiare l'*alien* e piangere all'infinito.

Quando per la prima volta lo vidi dissi che era una giusta punizione per la trascuratezza con cui il paese è stato sopraffatto da costruzioni insensate. Ma andandomene via lasciai il mio cuore in quel guaio.

Ero già coinvolto sia rimanendo zitto sia parlandone. Dovevo fare qualcosa. Pensai che avrei potuto risolvere il problema solo io e non altri.

Quando dirò ai miei paesani che solo io potrò risolvere il loro problema non mi crederanno, pensai. Temono che vorrò vendere qualche altro abuso, pensai. Ma è così misteriosa tale convergenza che non mi sono potuto frenare. Mi dispiace, ma la situazione mi esaltava.

Da un mio amico fotografo e dall'ingegnere capo del Comune ebbi gentilmente foto della piazza e il grafico dell'edificio. Preparai un modello in legno della facciata e lo portai in visione al Sindaco, agli assessori e al pubblico.

So che una facciata non può realizzarla alcun architetto.

Alla Biennale di Venezia del 1980 è stata organizzata una esposizione internazionale di varie proposte sul tema della facciata e naturalmente era una esibizione di stilemi dall'antico: Il Postmodern che non vuole sentirsi lontano dai centri storici.

Gli architetti fanno design con cui elaborano forme per oggetti di consumo nel corrente mercato che stimola il rinnovamento del prodotto unitamente allo sviluppo tecnologico e l'architettura si considera contemporanea da quando ha cancellato la facciata come tema inconsistente.

Gli architetti viventi sono stati tutti educati al coordinamento di volumetrie organiche, alla funzionalità dello spazio minimo, all'uso appropriato dei materiali, ai canoni industriali della prefabbricazione e nessuno perciò può esibirsi nel mondo plastico di una facciata senza cadere nella improvvisazione.

Chi pensa che il problema del palazzo comunale di Mazara debba essere risolto da un architetto non ha coscienza di che cosa sia confrontarsi con l'architettura del passato restando attuali. Sicuramente si rifarebbe un altro *alien* nel centro storico.

Solo io posso impegnarmi a farlo. Per più motivi. Primo. Sono uno scultore e come tale anche nel percorso dell'avanguardia storica ho mantenuto quel legame che tutti gli artisti mantengono con il linguaggio espressivo del passato e con gli stessi materiali del mondo plastico. Secondo. Perché ho sempre elaborato una scultura frontale che mi ha portato a considerare pertinente, in rapporto alla ubicazione fuori dal centro ideale, il coinvolgimento con il grande oggetto della città. Terzo. Il mio esercizio a essere libero di formulare schemi plastici mi ha rafforzato ad avvicinarmi come voglio a ciò che diventa avvicinabile per simpatie sensibilizzandomi senza piaggeria.

Per coprire l'edificio insopportabile di Mazara ho proposto una grande parete traforata da 21 sculture. Quando consegnai il modellino ho detto al Sindaco e agli assessori di non avere paura della fortuna. Che mi lascino esaltare per la propizia occasione reciproca. Sono passati tre anni e ancora silenzio. Intanto l'*alien* lavora contro di tutti.

Interferenze, catalogo della mostra *Pietro Consagra: la Città frontale e Interferenze 1968-1985*. Galleria Lorenzelli, Milano, mag. 1986

Sono l'artista più frustrato dal convivere con l'architettura contemporanea. L'architetto tende ad affermare il suo potere da manager industriale. La figura dell'artista gli è sempre più aleatoria e lontana, una reminescenza decorativa.

Il condizionamento all'estetica della funzionalità si è rivelato irreversibile.

La Città Frontale, bozzetto del per il Meeting, 1968

Quel legamento sensibile nei rapporti con la comunicabilità è sempre più irrilevante. Il richiamo al passato mostra la carenza di un processo critico senza sbocchi.

L'architetto non può usare una fantasia formale adeguata alla responsabilità del suo compito. Può fregiare l'edificio solo di cifre. La sua influenza è rafforzata nella dimensione dei volumi e l'anima è bandita. Da quasi mezzo secolo l'architetto non ha mosso una linea.

Nello stesso tempo l'arte ha toccato punti di grande coinvolgimento e fascino sempre più rifiorenti.

Mentre l'arte è di chi ne ha voglia, l'architettura si impone a tutti con la prepotenza di essere una delle necessità primarie e intanto la città muore di ripetizione, di tetraggine, di banalità.

Io non posso vivere senza desiderare una architettura diversa. La mia proposta di Città Frontale è nata perché ho voluto mantenermi in un colloquio possibile: che non può provenire dall'architettura, ma dalla mia credibilità di creatore di immagini.

Le ultime *Interferenze* al precedente contesto sono nate dalla voglia di provocare uno sfasamento, una condizione di disagio riferito all'immaginario disagio che la mia presenza di artista nella città attuale provocherebbe.

Mi voglio considerare comunque dentro il cuore di una architettura probabile come interferenza a quella attuale.

Milano maggio 1986

Che l'architetto lavori con noi, "Corriere della Sera", Milano, 14 feb. 1988

L'architettura, se non è elaborata da una libera espressività, se non si impone alla committenza, se non è simbiosi tra arte e scienza, scivola sempre più verso sottomissioni a esigenze che la negano.

Ma esistono committenze permissive e si scopre che l'architetto è spiazzato. Non ha immagini sue da elaborare. Ha dimenticato che cosa gli sarebbe piaciuto fare. Il rifugio lo ritrova nell'aderire alla funzionalità più ortodossa dato che della permissività non sa cosa farne. Come zucchero, in tutta Europa si vanno diffondendo piramidine di vetro e, in USA, cappelli frivoli per i grattacieli.

Addio architetto, addio architetto sensibile, libero pensatore, umanista, interessato alle vicende della cultura e dell'arte. Un'immagine che noi artisti tentiamo di evocare per atavica simpatia.

Malevič era stato profeta quando volle fuggire in una traiettoria cosmica con i suoi *planiti*.

Il suo suprematismo era una postazione di lancio contro l'edificazione utilitaristica della città. Ma si travisa l'incubo che lo induceva a auspicare una umanità senza oggetto e il nulla per una energia pura del fantasticare. Gli architetti non sono stati influenzati da Malevič. Il condizionamento è stato più forte del senso critico.

Nel suo intervento sul *Corriere* Vittorio Gregotti dice che per apprezzare la qualità della mia scultura deve scendere di un gradino, dato il livello di alcuni maestri della generazione precedente. Vuole dire che oggi siamo tutti in crisi, non solo gli architetti ma anche gli artisti. Gregotti afferma: «Considerando le condizioni di crisi creativa è necessario tracciare i limiti del proprio mestiere».

Il contrario di quello che avrebbe dovuto dire.

Intanto, solo l'architettura è nei guai.

Ci sono, a rotazione, artisti in crisi, ma l'arte nel suo insieme rigetta tale fenomeno.

Sul singolo tavolo da disegno è sparito il colloquio con il fruitore esterno che

156

con il suo ruolo di osservatore esigente stimolava il senso della città vivibile come deve essere. Quel tavolo è stato posto su una piattaforma che sembrava fluttuante e liberatoria dal vincolo con l'arte e invece si doveva subito incagliare nelle secche della *routine* manageriale.

È per ciò che l'uscita dalla crisi creativa per l'architettura può avvenire solo attraverso la rottura di quei limiti. L'architetto da solo non ha possibilità di salvarsi.

Il post-modern è stato una pillola per il mal di testa.

Gregotti avrebbe dovuto dire: data la paralisi creativa nell'attuale architettura, gli artisti dovrebbero entrare in prima istanza comprimari nella porgettazione, per far passare le necessità pratiche dentro un linguaggio irrazionale.

L'irrazionalità degli artisti è irrequieta e coinvolgente.

Paolo Portoghesi va a Gibellina e dice: le opere d'arte nell'insieme mettono in risalto il distacco tra la vita della gente e l'ambiente in cui vivono. Le sculture assumono un ruolo pubblicitario e quindi non si deve pensare all'arte se prima non sono soddisfatti i bisogni primari. Cioé, mai. Come Achille e la tartaruga.

A proposito del mio progetto per la facciata del palazzo comunale di Mazara del Vallo, Portoghesi ha scritto che sarebbe stato meglio progettare e applicare uno specchio che riflettesse tutto il circostante contesto settecentesco. Un'uscita molto azzardata per un presidente della Biennale di Venezia.

Che cosa non fa fare la gelosia!

Gibellina Gibellina, "Labirinti", Gibellina, feb. 1988

A Gibellina si aguzza l'occhio nell'arte contemporanea e chi vi abita allunga l'attenzione altrove per capire meglio cosa gli sta succedendo attorno, davanti casa.

Non solo i gibellinesi sono in qualche modo perplessi, lo sono soprattutto quelli che pensano che una città in Sicilia non può permettersi tanto lusso da adornarsi con grandi opere di artisti italiani tra i più noti.

Vittorini osservava che chi mangia non vuole che chi non mangia balli. Da allora i tempi sono cambiati ma qualcosa è rimasta a girare tra i cervelli.

L'artista non dovrebbe provocare desideri impropri, non deve eccitare voglia da ricco in chi ricco non è, in chi ricco non sarà mai. La partecipazione alla cultura confonde quali siano i limiti dentro cui stare. Chi vuole può andare fuori a godersi quello che le grandi città hanno.

Bene: Palermo, Napoli, Roma, Milano ecc. sono la vergogna dell'arte, contemporanea. Sono paralizzanti.

Non esistono musei della modernità, non esistono programmi per l'uso pubblico dell'arte, non esiste promozione degli artisti italiani sul piano internazionale. Gli artisti vi abitano come in luoghi sacri dove si possono provocare miracoli con la sola continuata presenza.

Nei tempi passati i capolavori dell'arte servivano al prestigio dei principi e poi al prestigio dell'alta borghesia al potere. L'arte nelle città serviva ad esaltare l'eroismo, a mitizzare il potere, a creare simboli rassicuranti.

Più monumenti sorgevano nelle città più ci si sentiva protetti dalla efficenza dello Stato.

Certamente a Gibellina un monumento con un Emanuele a cavallo non sarebbe stato innalzato, e neanche un Garibaldi. Tutto nelle capitali, i resti ai vicini, niente ai più lontani.

A Gibellina non sarebbe toccato neanche un pelo di cavallo. Questo era dentro una logica e lo è ancora.

A Gibellina dovrebbero bastare le cartoline illustrate spedite dalle grandi città, dai centri storici con le opere che meravigliano.

La democrazia che ci sta amministrando non è interessata all'ornamento, non ne ha il tempo.

Il politico mira a salvare se stesso dalle incertezze. L'opera d'arte lo imbarazza, non vuole artisti tra i piedi.

Per l'ornamento, per una architettura sensibile alle esigenze dello spirito, per una città del piacere alla convivenza sociale, non c'è attenzione possibile. Tutto si sottopone all'abbrutimento, all'abbandono, a una economia spietata.

Gibellina è riuscita dove nessun'altra città ha saputo mirare, ha ottenuto attenzione come una provocazione mentre in verità l'intento è stato quello di fare fronte a una necessità individuale e irresistibile: legarsi alla creatività continua dell'arte che esprime fiducia, inserirsi con la scultura e la pittura nella emozionalità delle immagini, vivere la sensazione spirituale che proviene dall'ornamento come aiuto a stare nel mondo.

Lettera agli artisti di Forma 1, parzialmente pubblicata in C. Costantini "Il Messaggero", Roma, 31 mar. 1989

Non parteciperò più alle mostre di Forma 1.

Con quelle già organizzate e con la recente iniziativa di riproporla in Russia è il momento di chiarire la mia decisione.

Nelle mostre che furono fatte sono state esposte opere dei tempi remoti, dei tre anni che è durato il gruppo, rinforzate con una predominanza di sculture e pitture recenti.

Quelle opere del passato, in effetti, da sole non possono sostenersi perché hanno la fragilità dell'entusiasmo giovanile nel proselitismo delle Avanguardie storiche.

Ci basterà il piacere di avere avuto, prima insieme poi separatamente, un ruolo nel mettere nella carreggiata europea l'arte italiana.

Ma le opere debbono stare senza benemerenze e reggersi da sole nel fronteggiarsi. D'altronde quello resta un merito culturale e politico relativo al nostro paese che si era emarginato dalle correnti delle Avanguardie.

Perciò un merito che non ha carisma poiché provinciale.

Portarsi appresso le opere giovanili non è neanche conveniente perché sembra che vengano adoperate come medaglie al merito per avallare tutto il lavoro più recente che così perde credibilità in cerca di appoggi.

Presentarsi tutti insieme con lavori nuovi come se fossimo dentro un minimo di armonia sarebbe anche un falso.

Portare la mostra in Russia oggi sarebbe una grande responsabilità per l'attesa di tutto il nuovo da scoprire da parte degli artisti di quel paese con alle spalle una meravigliosa Avanguardia storica.

Forma 1 al cospetto di quella Avanguardia appare appena uno schizzo.

I nostri meriti politici, rispetto ai loro tremendi anni di tragedie, un giocare con le bambole.

Non dobbiamo farci vedere insieme, invece di rafforzarci sembriamo con una palla al piede.

Non possiamo portare in Russia quello che Togliatti ci voleva impedire di fare in quei tempi di una cultura della stupidità, per far sapere quanto siamo stati dei bravi ragazzi.

Mi rimane da dire che non sappiamo più berci un bicchiere nella cordialità.

Consagra
8-11-88

Antologia degli scritti su Pietro Consagra

a cura di Rosella Siligato

E. Villa, *Pietro Consagra*, "Fiera Letteraria", a. II, n. 10, Roma, 6 mar. 1947

Nella scultura dei più giovani d'oggi si fa viva la tendenza ad affrontare grandi superfici, grandi piani lisci e calmi: è il rischio che i più prigri avevano voluto schivare, per paura di cader nel generico, ma soprattutto perché intimamente soddisfatti del prurito impressionista, le cui formule cavano sempre d'impiccio chi si sente in difficoltà. Ma c'è una tendenza a ritrovare i ritmi aperti, plausibili, espressi; non mormorati, non sottintesi, non postulati. In questo senso il cubismo ha portato un monito severo, invitando a rifiutare le evanescenze plastiche, le arbitrarie sensibilizzazioni, le coloriture culturali, e tutti quei fenomeni di scultura atmosferica prodotta da una specie di strabismo.

Consagra è nella tendenza nuova, è in questa ambizione: e, anzi, più che di ambizione per lui già possiamo parlare di desiderio liberato da quasi tutto ciò che di esterno, di vago, di pedestre, di letterario e patetico si accompagna a ogni ambizione. Ha un sentimento molto intimo, molto riservato e insieme coraggioso della materia: la sua è una materia - creta, o cera, o bronzo - che pare nascere già dichiaratamente sessuata, suscitando vibrazioni e distensioni, attrazioni e influssi, stesure di grande e semplice precisione, e modulando espressivamente ogni sforzo statico, ogni concezione costruttiva. La sua statua conosce sempre una chiusura assai meditata e una sintassi musicale, ottenute con un buon senso e una libertà che sanno far tesoro di tutte le acutezze, di tutte le ingegnosità, e magari originalità, con un istinto già perfettamente orientato. Attendiamo che il suo sentimento della materia, magari sceverato dalle istintive esuberanze ritmiche di cui si compiace come di un carissimo inganno, educhi in profondità e renda sempre più cosciente quella intuizione formale cui è destinata la sua scultura. Una curiosa semplicità, come un respiro, vigila nel suo un po' tortuoso e sensuale estro; una bonaria abilità costruttiva domina sempre le improvvisazioni tematiche, le segmentazioni piuttosto frenetiche, le evoluzioni caracollanti.....

E. Prampolini,"Bollettino dell'Art Club", dic. 1947-gen. 1948

...Lo scultore Consagra nella sua grande composizione verticale è l'unico, ad esempio, tra i suoi colleghi, che abbia raggiunto un'autonomia d'espressione integralmente astratta. I pittori Turcato e Maugeri, in due singole opere, si avvicinano anch'essi a questo integralismo astratto, mentre in altre è evidente l'oggettivismo di origine. Negli altri pittori - dalle grandi qualità coloristiche - come il Guerrini, il Dorazio e il Perilli, l'analisi arabescale, la vibrazione cromatica e le linee andamentali si muovono ancora nel tempo e nello spazio, vocalizzando un linguaggio non completamente consono ai principii su accennati...

G. Marchiori, *Pietro Consagra, scultore di profili*, "Il Mattino del Popolo", Venezia, 3 lugl. 1948

Nei «Progetti per un monumento», disegnati a penna dal giugno all'agosto del 1928, Picasso ha creato le sue più pure sculture, anche se non le ha material-

Sanfilippo, Accardi, Nella Rossi, Perilli, Guerrini, Dorazio, seduto Attardi, nello studio di Consagra, giugno 1947

mente modellate. La plasticità delle forme è rappresentata con la potenza del tratteggio a chiaroscuro, in tale modo da poterle immaginare, queste forme elementari, tradotte nella realtà tridimensionale e persino nella diversità dei profili....

L'arte di Pietro Consagra parte da qui, da queste «apparizioni» lineari, che Picasso ha saputo collocare nella radura di un bosco, come per un vizio segreto di magia sicuro dell'effetto, l'accorto scaltro regista.

Consagra invece non vuole aggiungere nulla. Ha l'intransigenza dei candidi, poichè esiste un candore anche dell'uomo più conscio e più civile.

La disciplina, il rigore di Consagra si spiegano con la storia sommariamente tracciata e con la certezza morale che lo sostiene. Sarebbe stato facile per lui accettare uno dei tanti compromessi figurativi, dall'equivoco «arcaico» all'equivoco «metafisico», se non lo avesse tentato la più difficile «condizione» dell'artista moderno, solo, disperatamente solo, di fronte al mistero delle cose e conscio di non poter comunicare, oggi, con gli altri uomini, troppo lenti a riconoscere il vero senso di certe invenzioni formali...

Perchè si deve negare quanto noi non sappiamo vedere? Dopo quasi quarant'anni, non si è appena alla fase d'iniziazione cubista? Consagra ha dovuto dimenticare teoriche ed esperienze per scoprirsi nella concreta realtà della sua disciplina, del suo rigore mentale. È lo slancio verso l'alto delle sue creazioni verticali, che cercano nel cielo il loro spazio e la loro luce, è il segno di una spiritualità ben diversa da quella mistica, che animava gli anonimi artigiani, creatori delle cuspidi gotiche, traforate architetture celesti. Consagra rivolge la sua indagine in un campo in cui la linea è senza attributi, e un profilo si moltiplica in diversi profili «da prevedere», dove lo spazio non è misura, e dove la norma è da trovare. Consagra procede verso i suoi «assoluti» ideali e sa che ogni «ricerca» è condannata come avventura gratuita. Anche alla «ricerca» cubista è accaduto lo stesso. Consagra non teme questo destino: il suo tempo è un altro.

C. Maltese, *Necessità della scultura*, "L'Unità", Roma, 26 mar. 1952

...Quali sono, secondo Consagra, le vie che si aprono, davanti allo scultore vivente per attuare il programma che scaturisce da queste premesse? Esse sono per Consagra due e, se ho ben compreso, entrambe valide: l'*astrattismo* e il *realismo* (che egli concepisce però in modo restrittivo, cioé limitandolo a un rispecchiamento diretto delle lotte sociali). Consagra sceglie l'astrattismo perché esso: a) permetterebbe di usare nuovi materiali plastici rispetto a quelli tradizionali; b) consentirebbe la collaborazione con l'architettura; c) consentirebbe di «rappresentare la storia degli uomini» uscendo dalle «forme oggetto», cioé mediante forme prive di qualsiasi legame con l'apparenza naturale delle cose. «L'idea preponderante del mio lavoro - scrive a mo' di conclusione Consagra dopo aver enunciato brevemente alcuni suoi pareri su Marini, Manzù, Fazzini, Mazzacurati, Leoncillo, Mirko, Viani - è di esprimere il ritmo drammatico della vita di oggi con elementi plastici che dovrebbero essere la sintesi formale delle azioni dell'uomo a contatto con gli ingranaggi di questa società dove è necessaria: volontà, forza, ottimismo, semplicità, chiarezza».

Pur da questo sommario esame non è chi non veda le contraddizioni in cui si travaglia il pensiero di Consagra. Egli, affidando all'«arte astratta» la funzione di «commento» alla storia degli uomini, si trasforma prima di tutto in un eretico nei riguardi dell'astrattismo classico. D'altra parte attuando un simile «commento» mediante «ritmi drammatici» non meglio identificabili Consagra rinuncia alla capacità che hanno pittura e scultura di raffigurare la realtà attraverso immagini concrete. Ancora, legandosi così strettamente all'architettura, la pittura e la scul-

tura vengono da essa inevitabilmente soverchiate e trascinate pertanto a trasformarsi in puro e semplice artigianato decorativo.

Si torna dunque a quanto dicemmo altre volte: la tendenza astrattista oggi
non può che condurre diritto all'arbitrio soggettivo oppure, tutt'al più, a un più o
meno buono artigianato di decorazione.

Ed è significativo che laddove Consagra indica le qualità necessarie per gli
«ingranaggi di questa società» si abbia l'impressione di trovarsi davanti a un programma per lettori sportivi da *Reader's Digest* e le qualità positive e le condizioni
per il successo siano indicate tutte meno una: *la conoscenza approfondita e razionale dei fatti*, vale a dire la conoscenza della realtà.

S. Matta, presentazione in catalogo della mostra *Pietro Consagra*, Galleria del
Naviglio, Milano, 21-27 mar. 1953

Partecipare come pubblico, richiede, tanto in arte quanto nello sport, una
conoscenza delle "regole del gioco". Queste "regole", in arte, non sono esclusiva-
mente virtuosismi formali, ma esistono nella realtà umana, quando un individuo
lotta coscientemente per l'emancipazione sociale e spirituale; cioé per dare la più
grande realtà possibile al verbo essere. Mostrare l'uomo nel mondo e il mondo
nell'uomo: ecco le "regole del gioco".

Ogni artista inventa uno spazio plastico·che è come una specie di scatola nella
quale fa accomodare la quantità di realtà che lui è capace di afferrare. Queste scatole possono essere di differenti geometrie ma contenere in uno specifico spzio
plastico la risoluzione ai conflitti della vita reale.

Il nuovo lavoro di Consagra combatte per l a scoperta di un tensore, di uno
spazio plastico dove si possa situare l'uomo di oggi che è cosciente della sua dignità di esistere.

Di uno spazio dove si possa mostrare un uomo cosciente di atti importanti,
di sentimenti importanti, di passioni importanti, che possano condurlo alla sua e-
mancipazione. Una immagine dell'uomo non solo come si vede nello specchio e
nella storia, ma come si vede nelle forze che trasformano l'uomo nel mondo e per
il mondo. Di uno spazio dove si possa mostrare la forza dell'uomo, non solo
quella muscolare, ma quella che viene dal comprendere il significato delle proprie
azioni, unite alle azioni di altri uomini.

Quello che confonde il "giuoco" dell'arte moderna è la gratuità delle classifi-
cazioni attribuitele (cubismo, futurismo, ecc.). Io credo che astratta sia un'arte
che non tiene conto dei conflitti umani per occuparsi unicamente delle "divine"
leggi della composizione.

Invece di astrarre, mi pare che il punto di Consagra sia di incarnare, dare corpo ad una parte trascurata della realtà.

Colloquio, 1952

U. Apollonio, *Pietro Consagra*, Roma, 1956, pp. 14-17

...Subito dopo la guerra, nel '45, Consagra si dispose a "narrare" alcuni aspetti di ciò che era accaduto in piccoli bronzi, dove la figura ripeteva una normalità
espressionistica, quasi eco del clima additato in Roma da Scipione e Mafai più di
un decennio prima e che ancora, sopito, fermentava sotto sotto. Poi, nel '47, av-
vertita l'inefficenza di quelle figurette, inadatte a recare un contributo concreto
alla storia che viveva, lo scultore, che aveva nel frattempo riflettuto sulla illusorie-
tà di una forma mimetica conformata sulla materializzazione di una logica dei
sensi, approfondì il processo creativo e si pose ad insinuare nell'immagine un'al-

tra sostanza conoscitiva. Sorse allora una serie di costruzioni verticali, esili nelle rette e nei profili modulati, quasi battute musicali che fanno oscillare uno spazio fermo, la volta grandiosa del cielo.

... Consagra, però, esperite queste prove che designavano un'idea nuova di "monumento", si accorse che quelle forme soltanto presentavano un'idea, non la svolgevano, perché lasciata isolata come una frase da completare nel periodo, e che la scultura perciò veniva vuotata porprio di quella sostanza diciamo pure u-mana che egli stesso vi voleva coinvolgere.

Da questo momento, intorno al 1950, comincia il discorso plastico più effi-ciente di Consagra, e le segmentazioni si rispondono come frasi nella misura del periodo, tant'è vero che sulla superficie, come a frantumarne la levigata durezza, finirà per scorrere cauto persino il lume del modellato. In certo modo le figure di Consagra si sono accostate alla terra e presuppongono un contatto più diretto tra esterno ed interno così che l'uno invada l'altro.

...La presentazione frontale non è un problema che Consagra si è proposto di svolgere sulla base speculativa di una dialettica spazio-forma o dimensione-tempo, del pari che la rispettosa osservanza alla politeza della materia non è per lui in funzione decorativa: ambedue le semplificazioni appartengono all'equili-brio di una guida cui egli deve obbedire per raccogliere in sede opportuna la sua immagine plastica. Anzi, proprio là dove ildiscorso formale è più semplice, l'a-strazione appare meglio legata ad una realtà emotiva, da cui tuttavia non si lascia dominare. Varie sono le forme di edonismo, e più frequente anche oggi quella di una piacevolezza che comunque ricordi qualche modello, pur generico per la ver-sione operatane, ma Consagra preferisce la durezza a qualsiasi allettamento sen-suale, ed una stabilità per cui appunto gli spostamenti, appena accennati, si ripor-tano al corpo che li contiene: un po' come in talune determinazioni dell'ordine cubistico dove tutte le estensioni del piano dell'oggetto, ad esso riconducono dopo averne accentuata la proiezione nello spazio e nel tempo. In questo senso le figure di Consagra non distruggono uno spazio interno, perché non si riconosco-no alcun potere evocativo, sibbene, al di là di ogni parafrasi antropomorfica, sono portate a significare per virtù propria della loro stessa organizzazione strutturale. È altro è illustrare, altro significare: nell'un caso si impone qualcosa alla materia, nell'altro è qualcosa che invece promana dalla materia. Perciò in Consagra non si ha né automatismo né simbolismo, ma una vera e propria vita della forma, dove la necessità di simile operazione non figurale appare così coordinata al tempo dell'e-sistenza che la sua comunicabilità diviene di più in più intelligibile. Sia pur non indene da una contrazione d'ordine mentale, l'opera non ne resta tuttavia conta-minata al punto da precludersi, per via di quel rigore morale, i rilievi di poesia, se ha riconosciuto nelle forme primarie la capacità d'essere sufficenti, una volta or-ganizzate, per creare appunto poesia. e nell'esperienza della scultura contempora-nea italiana Consagra è venuto a porre, proprio per questo, una premessa che do-vrebbe permanere ed evolversi, onde garantire continuità alla problematica vicen-da del linguaggio artistico mediante un esponente non più sperimentale, ma di già esemplare nella sua consapevole audacia.

G.C. Argan, *Scultura di Consagra*, "Quadrum", n. 2, Bruxelles, nov. 1956, pp. 139-144

...È stato più volte osservato che la scultura di Consagra non ammette la plu-ralità dei punti di vista: è sempre superficie o schermo, anzi «schermo plastico a due dimensioni» nel senso attribuito a questo termine dal Francastel. Ma non bi-sogna confondere la superficie col piano: il piano è pura entità geometrica e pre-suppone, dietro di sé, una profondità rigorosamente prospettica, cioé ridotta an-ch'essa a struttura geometrica; la superficie è inseparabile dalla materia, è mero fenomeno e presuppone, come proprio completamento, una profondità assolutamente empirica o fenomenica. Come lo spazio, empiricamente o fenomenologicamente inteso, non è altro che profondità o distanza, così la forma plastica, in quanto fatto concreto o positivo valore d'esistenza, nasce sempre dalla superficie. L'unicità del punto di vista ne discende per conseguenza. A rigore, il punto di vista è sempre unico: la stessa scultura classica, a ben considerarla, non implica tanto una pluralità di punti di vista quanto il coordinamento mentale, e vorrei dire mnemonico, di punti di vista successivi. Tuttavia al punto di vista unico, alla concezione della forma come superficie plastica, non corrisponde affatto un aspetto formale costante, immutabile: al contrario la forma, come schermo spaziale, muta continuamente con il mutare delle condizioni spaziali, cioé con il modificarsi continuo delle incidenze luminose e delle densità atmosferiche, delle distanze. Ciò che l'artista si propone è appunto questo: che la forma abbia un'esistenza reale e non simbolica in uno spazio reale e non simbolico. Non si può trasferire la forma plastica in simboli antropomorfici come non si può trasferire lo spazio in simboli geometrici; è importante che la forma rimanga un fatto umano e che lo spazio rimanga un fatto di natura. Perciò la forma di Consagra conserva un pathos che giunge talvolta ad esasperazioni espressionistiche; e perciò la sua scultura, benché ridotta alle due dimensioni, trova le sue condizioni ideali all'aria aperta. Quando Consagra protesta che le sue sculture hanno un contenuto di piena attualità, un significato umano che può giungere fino alla protesta e alla lotta, ha perfettamente ragione: il problema angoscioso del rapporto oggetto-spazio si configura per lui nei termini del rapporto uomo-natura. Ed egli ritiene a buon diritto che la remota esperienza della scultura, oserei dire perfino di quella statuaria che a Marini appariva spenta e perduta come il pathos della tragedia greca, possa portare un contributo essenziale nel ripristinare e chiaramente definire quel rapporto, che indubbiamente la civiltà moderna ha compromesso o addirittura spezzato. E questo spiega, suppongo, l'accento di monumentalità, il carattere statuario, che la scultura di Consagra indubbiamente conserva.

Il suo problema, l'obiettivo principale della sua ricerca, è infatti di raggiungere un'assoluta equivalenza tra quella superficie o forma, della quale crediamo di saper tutto, e quella profondità della quale null'altro conosciamo se non il continuo mutare: tutta la sua plastica è in fondo una lotta contro l'ossessione del "piatto", contro la negazione dello spazio, contro la disperante angoscia di non sentirsi pienamente inseriti, integrati nel mondo. Perciò le superfici si segmentano e ritagliano, cercando di impegnare il "vuoto" in una coesistenza animata e perfino drammatica; perciò la superficie non è mai piano, gli strati plastici si sommano, crescono l'uno dall'altro, sollecitano la verifica tattile di un'esistenza necessariamente frammentaria e dilacerata, ma proprio perciò incontestabilmente, quasi prepotentemente reale...

G.C. Argan, presentazione in catalogo della mostra *Consagra*, Palais des Beaux-Arts, Bruxelles, gen. 1958

Un angolo della mostra al Palais des Beaux Arts, Bruxelles, 1958

Dans l'oeuvre de Consagra, et spécialement dans les réalisations les plus récentes, le problème de la matière, fondamental pour toute la sculpture moderne, se pose comme un problème de la technique, de la façon d'opérer sur la matière: façon rude et vigoureuse, qui brûle les phases traditionnelles de médiation, sans jamais retomber dans l'élémentaire, dans la rudesse simulée du primitif. Car celui qui affronte ici la matière ou la réalité, est un homme qui dispose de tous les moyens de la technique moderne. Et ce n'est pas par hasard que cette sculpture, qui est presque une allégorie de la réalité, conserve l'âprté de la machine ou de l'engin du produit manufacturé. Mais c'est un engin bloqué par une sorte de fatalité, qui a fondu les morceaux ensemble, les soudant l'un à l'autre, en faisant une masse compacte, à peine interrompue par des fissures, des cassures, des lacérations imprévues.

Consagra travaille avec des outils de métallurgie lourde, souples et puissants, qui ont sur la matière une prise sûre et mordante: ils la saisissent, la taillent, la réduisent, sans cependant la priver, qu'il s'agisse du métal ou du bois, de sa dimension et de sa fibre naturelles.Parmi ces outils, il y a le feu: et pas seulement pour cette phase de fusion qui marque le moment culminant et le plus mystérieux de la gestation, le moment de la naissance de l'object plastique. Consagra se sert du feu jusqu'au bout, comme de l'arme la plus tranchante: jusqu'à ce que l'objet plastique ait acquis une aggressivité, je dirais presque une incandescence constante qui lui permette non seulement d'exister mais de s'imposer à l'espace. Même les bois sont, en partie, travaillés à la flamme; et sur la surface rugueuse qui semble la section d'un tronc gigantesque, les sillons et les larges tâches carbonisés font penser au passage de la foudre, à une antique catastrophe.

Cependant la matière de cette sculpture n'est pas une matière première originaire, à l'état naturel; ici encore, Consagra évite le thème du mythe, piège permanent de la scultpure moderne. Les formes métalliques sont d'un riche alliage, fondu et coulé; dans les bois, le point de départ n'est pas le tronc, mais la planche massive et lisse. A regarder ces sculptures, dans lesquelles l'objet des plans superposés est une question de centimètres, on a l'impression qu'il s'agit de négatifs, de matrices: la forme, aussi fortement construite qu'elle soit, est, du moins à l'origine, une empreinte. Elle naît, comme naissent, sous l'action due vent ou de courants marins, les dunes du désert ou les couches de sables du fond des mers: mais avec quelque chose de moins tranquille et de moins naturel, avec une réaction plus rapide, activée dans la fibre la plus intime de la matière par ce travail pénétrant de vilebrequin et de meule, de cisailles mécaniques et de flamme oxhydrique. Pour Consagra, le contact avec la réalité n'est ni subordination ni possession: il est dialogue et souvent discussion....

E. Crispolti, *La scultura di Consagra*, "Notizie", Torino, gen. 1958, pp. 1-6

...Non suggerire sensazioni od emozioni, bensì proporre i termini di un discorso, violentemente dramamtico, certo, non per i toni della sua dizione, quanto nella sua interna sostanza proprio così lucidamente controllata ed esposta. Tuttora Consagra parla di un dibattito fra rigore strutturale del profilo esterno della sua scultura e molteplicità spesso contrastante di episodi della interna costituzione di quella stessa cultura....

... La "necessità della scultura" è infatti la possibilità superstite di una scultura che pure fu della "statuaria', descrizione del mito dell'uomo e della sua esterna sembianza, bensì che, riscattando la propria funzione ideologica e programmatica che pure fu della "statuaria" tradizionale, si ponga nello spazio e nelle dimensioni empiriche dell'uomo quale elemento fisicamente configurato, ma per la necessità di trasmettere una qualità ed un valore tutto ideologico.

Perciò è rimasta poi intentata per Consagra qualsiasi esperienza «informelle», qualsiasi adesione ad una esclusività fisica e meramente esistenziale della scultura. Se l'impegno della scultura è la tutela e l'indagine dialettica d'una moralità, la scultura stessa non potrà mai negarsi nel suo valore attivo, ed in qualche modo direzionale, per quello di traccia, di presenza negativa ove s'attesti solo del transito dell'uomo, come l'impronta, la pesta nella sabbia. La presenza della "forma" infine diverrà, nella materia così fisicamente configurata, la presenza stessa del pensiero ordinatore, di un controllo di ragione. Così la bruciatura di un legno di Consagra, o la traccia della fiamma ossidrica o la saldatura a vista, non saranno l'impronta del fuoco della "bruciatura" di Burri, ma una nuova conformazione di forma, e la loro efficacia espressiva sarà proprio in questo essere esplicitamente e forma e contatto fisico al limite quasi, che resta però sempre necessariamente evitato di una loro coincidenza...

L. Venturi, *Sculptures frontales de Consagra*, "XXe Siècle", n. 13, Parigi, dic. 1959

Lionello Venturi nello studio di Consagra, 1960

Personne au monde n'apporte à son oeuvre une conviction aussi profonde et ne s'y consacre aussi entièrement que Pietro Consagra. S'il tient à raisonner son art, ce n'est pas pour en faire une théorie mais pour établir sur de bonnes raisons sa confiance en lui. Au livre d'Arturo Martini, *Sculpture, langue morte*, paru en 1945, Consagra répondit par une plaquette intitulée *Nécessité de la sculpture*, art si profondément «lié à l'origine et à la nature même de l'homme qu'il nous est impossible d'imaginer un monde dépourvu de sculpture».

C'est tout dire: Consagra voit, sent, imagine, crée le monde en termes de sculptures et rien d'autre.

Nous trouverons à ce sujet, certains détails révélateurs dans les notes publiées en 1956, en appendice à une petite monographie par Umbro Apollonio. Consagra se préoccupe avant tout du récit qu'il lui faut réaliser à travers son oeuvre, il recherche le sujet qui l'émeut le plus profondement. Sachant que l'ensemble des ses émotions engendre la confusion, il sent qu'il faut l'ordonner et découvre alors soudain que cet ordre même n'est autre que l'art abstrait.

«Ce qu'il y a d'essentiel en nous, c'est de savoir ce que nous avons à raconter... et que le récit réponde à la réalité que vit l'artiste. C'est pourquoi notre jujement les plus approfondi devra tenir compte de la qualité de l'artiste en tant que personnage de sa propre réalité». Et cette définition j'aimerais qu'elle fût consacrée par la célébrité. En ce qui me concerne personellement, j'obéis à Consagra et je me demande quelle est sa réalité et quel genre de personnage il incarne.

Il est, avant tout, un artiste qui travaille dur. L'on croyait autrefois que la sculpture se distinguait de la peinture parce qu'elle donnait des éléments naturels, par exemple du corps humain, une image plus matérielle. Dans la sculpture moderne, la matérialisation est passée de l'objet au sujet, de l'oeuvre à l'auteur, lequel doit se servir de ses muscles comme fait le forgeron.

Le bronze ou le bois sur lequel Consagra s'acharne, à l'aide de la flamme ou du marteau, constituent sa réalité, cette réalité que, comme nous le disions tout à l'heure, il va raconter.

Le motif auquel il revient sans cesse ces dernières années est celui du «colloque», tantôt à deux voix tantôt à trois voix, même public à l'occasion. Au risque de passer pour naïf, il lui faut à tout prix un sujet qui dérive d'un élément illustratif. Cet écueil-là comme les autres, Consagra réussit pourtant à l'éviter, non pas théoriquement mais d'une façon passionnelle. Il juxtapose deux masses de métal ou de bois, afin qu'elles fassent l'amour ou se combattent. Que ce soit l'un ou l'autre, c'est toujours un drame: le tourment des masses et la superposition des plans révèlent clairement l'âprété du travail et surtout le caractère dramatique dont la vie de Consagra est marquée. Il y a quelques années, ces masses juxtaposées exprimaient surtout un besoin de iertitude structurelle et leur fonction était architecturale. Tandis qu'aujord'hui la passion domine, l'élan dynamique l'emporte sur la stabilité. Ce qui caracterise le *Colloque à Sant'Angelo* ainsi que le *Colloque de l'après-midi*; deux oeuvres de 1958.

M. Calvesi, *La scultura italiana alla Biennale*, "Segnacolo", n. 3, mag.-giu. 1960

La sala di Consagra alla Biennale di Venezia, 1960

...Quella di Consagra è una voce indubbiamente attuale. La sua forza, come per altri artisti che operano a Roma, è nell'intelligenza del problema: un'intelligenza chiara, sottile. Al tradizionale tutto tondo, che implica una molteplicità di punti di vista, Consagra ha sostituito una visione frontale. È uno spazio senza periferia, uno spazio non praticabile dal riguardante neanche nelle sue propaggini, come è per la scultura cui si gira intorno. Diversamente dalla pittura, non possiamo neanche immaginarlo come abitabile od agibile. È una forma che è lì, chiusa davanti al nostro occhio, come il vetrino del microscopio in cui inquadriamo la goccia d'acqua, con le sue virgole di corpi fruscianti che vi si agitano dentro. A questa spazialità frontale basterebbe un po' di cattiveria per divenire ipnotica. Invece l'imposizione che esercita su chi guarda è ferma, ma non perentoria; corretta, come uno che t'inviti a sedere per uno scambio d'idee. Il tema del colloquio, in effetti, oltre che alla dialettica interna alle sculture, è riferibile, mi sembra, anche al rapporto diretto che si istituisce tra spettatore e scultura. Sono note le preoccupazioni sociali della scultura di Consagra, già dichiarate nel suo scritto di otto anni fa; non nel senso che la sua opera voglia farsi interprete di un'istanza classica, ma nel senso, diretto, di una sua collocazione nell'ambito della società. Si trattava cioé, per Consagra, di reperire i termini di una convivenza con la società, senza la pretesa di incidere sulla sua struttura. Ora il tipo di rapporto che la scultura crea, questo rapporto di colloquio appunto, stabilisce indubbiamente la condizione di una convivenza, la rende naturale e ragionevole. Le tensioni sottili, le concise allusioni drammatiche, le severe sottolineature mentali, che si sposano alle soluzioni, più indulgenti, di una brillante intelligenza formale, non modificano sostanzialmente i termini pacifici di questo rapporto, anche se lo colorano di un impegno morale, di un richiamo cordialmente umano. La scultura di Consagra non esprime una rivolta contro la società, né denuncia una sua condizione di crisi; ma serve, ci sembra, con il massimo di nobiltà e d'autonomia che le sono consentite, la società, offrendole un prodotto altamente qualificato: in questo senso è quanto di meglio e di meno congelato si possa reperire in quel filone, oggi diffuso, della ricerca artistica che si allinea idealmente alla funzione dell'*industrial design*, dell'architettura, dell'urbanistica, e in generale della tecnica, anche se, naturalmente, su un piano che rimane suo proprio e di una più complessa articolazione estetica.

N. Ponente, presentazione in catalogo della mostra *Pietro Consagra*, Galerie de France, Parigi, giu. 1960

...Gli anni della polemica del gruppo Forma furono importanti, rappresentarono soprattutto la possibilità di un aggiornamento, insito nello stesso fatto polemico, che contribuì ad ampliare l'orizzonte culturale degli artisti. Ma furono anni ben presto superati; per la prima volta nel 1952 Consagra espose alla Biennale di Venezia; cominciava il suo riconoscimento e la sua affermazione. Il suo stile era ormai maturo, la sua poetica stabile e da essa potevano nascere cose ancora più precise perché poggiava le sue radici su una assoluta fiducia nei valori della scultura. Arturo Martini aveva parlato della scultura come di una lingua morta. Consagra contrappose a questo concetto quello della "necessità della scultura" in un libretto che pubblicò nello stesso anno 1952: "La necessità della scultura nel nostro pensiero e nella nostra cultura è legata all'origine e alla natura stessa dell'uomo, tanto che non sappiamo immaginarci un mondo senza scultura". Quindi scultura come realtà, e non come evasione, decorazione, abbellimento o mitologia.

Tutto ciò era possibile, naturalmente, a patto di essere moderno, di partecipare, proprio perché al di fuori di ogni mito classico, alla vita delle forme in movimento, all'evoluzione di quel linguaggio artistico i cui maestri Consagra riconosceva in Boccioni, in Vantongerloo, in Brancusi, in Gabo e Pevsner, in Picasso e in Calder. Bisognava dunque partecipare alla vita moderna, "avere le nostre sculture per i nostri episodi, per i nostri pensieri". Si sviluppava chiaro in Consagra, quindi, anche il concetto di realtà, in una nuova accezione, parallelo a quello di necessità, perché lo scultore produce e di conseguenza partecipa attivamente al suo mondo e alla società, vi porta un contributo.

Dopo il 1952 il cammino di Consagra è stato costante. Non gli sono mancati i riconoscimenti della critica più qualificata italiana e straniera. È stato invitato a tenere mostre in Europa e nelle due Americhe, ha partecipato alle manifestazioni artistiche più importanti, l'affermazione è stata continua. Ma quel che importa è che la qualità delle sue opere si sia mantenuta alta e che il linguaggio abbia mantenuto la sua proprietà e le sue caratteristiche. In questi ultimi anni, sotto varie spinte anche extra-europee, una nuova ansia di rinnovamento ha investito l'attività artistica internazionale, chi più chi meno tutti ne hano partecipato. Indubbiamente questi apporti culturali hanno arricchito anche il bagaglio teorico di Consagra, ma la sua scultura è restata ben definita nel suo stile, preoccupata soprattutto della sua avventura. Tuttavia essa ha un significato ampiamente europeo, pur se nessuna altra scultura può esserle posta accanto alla ricerca di un paragone inesistente. Ha un significato europeo perché è radicata in una condizione storica, prima di tutto, poi perché la modulazione della forma, che è anche modulazione degli spazi e dei volumi negativi scavati sulle superfici, il senso di realtà della materia, partecipano di quella condizione degli artisti europei che hanno riscontrato proprio in questo agire e in questa realtà già una prima indicazione di validità estetica.

G. Ballo, presentazione in catalogo della mostra *Consagra*, Galleria Blu, Milano, gen. 1961

...C'è sempre, per Consagra, un punto fermo: è l'inesorabile, oscura necessità, a cui gli uomini non possono rivolgersi. Per questo la sua concezione è in fondo di origine classica più di quanto non riveli la nuova struttura plastica nella mancanza dei rapporti verosimili.

Riconosco il siciliano-greco: da non indicare affatto come neoclassico: è, se mai, agli antipodi. Ma l'infanzia di Consagra si formò nei pressi di Selinunte: dove non sono i rocchi delle colonne riverse a parlare di arcaico classiciso, ma il silenzio, il tempo che sembra fermo: l'elementarità metafisica di un ambiente dove il contadino è antichissimo. Classicismo del resto non significa forma contemplata da fuori: è furore di vitalità repressa dalla misura, che non distrugge l'esigenza vitale dell'organismo. Proprio i neoclassici, col concetto di scelta di elementi da mettere in posa e col mito di un'arte greca da imitare, furono i più lontani dal classicismo, perché non ne compresero la vitalità di struttura organica, la storicità, l'interna necessità di rispondenza all'ambiente...

M.. Volpi, presentazione in depliant della *Mostra di disegni di Pietro Consagra*, Libreria Einaudi, Roma gen. 1961

I disegni di Consagra sono progetti di scultura: egli vi anticipa un ritmo e una tensione che immagina attuabili solo nella materia (lavorando, il suo giudizio sulla qualità di un disegno si esprime: "È già una scultura" o "Non è ancora una scultura").

Disegno per Specchio ulteriore, china su carta, 1961

167

In uno schermo piano si incidono segni che mantengono allusivamente la casualità dei gesti della vita, eppure si rispondono, si contraddicono, si frustano, si accordano per un passo comune. Questa vitalità colta in qualche nesso essenziale si arricchisce e prende una consistenza autorevole nel metallo o nel legno.

Consagra non ha paura di progettare poiché, se ha assimilato come strumento di analisi anche un aspetto del provocante spirito *dada*, egli crede nella forma come processo organizzativo nella coscienza, una forma relativa (direi quasi una presentabilità), ma è il suo realizzarsi che garantisce la comunicazione, il valore sociale di ciò che l'artista vuol dire; per lui "...l'arte non è un messaggio misterioso, captato e trasmesso, ma qualcosa che l'uomo fa per se stesso e per gli altri" (Argan).

Le sue sculture sono metafore dichiarate, l'incastro cubista fin dal 1950 è carico di umori in modo che vi sono sintetizzati il movimento, l'anchilosi del movimento, l'umorismo che talvolta suscita il dramma in chi rimane a guardare, e insieme la scoperta di una bellezza che in un profondo articola, anima, conclude le storie umane, indipendentemente da loro esito (poiché contare in assoluto sull'esito sarebbe voler tentare di uscire dalla situazione, ed è quanto Consagra teme di più: la scultura monumentale, la trascendenza, il mito).

Qual è allora il corrispondente ideologico della forma di Consagra? Una volontà di chiarezza e di definizione che, se si appoggia al processo vitale nella sua verità, crede di poterne forzare la conclusione riconducendolo ad un ideale di "positività", quasi arcaico nella sua sognata interezza. Riccheggiano perciò nella sua concezione della scultura il positivismo, che era la matrice del cubismo, e un sentimento del classico come dignità della presenza umana, sia pure socialmente ridotta alla sola combattività e funzionalità storica (di qui le attualissime ragioni del rifiuto di Consagra allo schema tradizionale di mediazione tra materia e forma, la figura. Ricordo una sua felice espressione del 1956 a proposito del senso dell'astrattismo: "Senza la grande e vaga presenza dei contenuti dell'astrattismo tutta l'arte di oggi non avrebbe alcun mordente dialettico").

Il suo lavoro ha arricchito dal 1952 ad oggi le intenzioni polemiche contro ciò che egli chiama il "falso barocco", il barocco che conduce alla metafisica, di significati espressivi sempre più liberi e complessi. Alle contrapposizioni più semplici delle opere dal '52 al '55, si sono succedute invenzioni sempre più articolate, mobili, provocanti; certi incavi d'ombra nelle opere degli ultimi due anni sembrano tendere perfino a scompaginare la perentorietà programmatica dello schermo piano.

L'inquietudine di Consagra è tuttavia ancora inquietudine ideologica, inizia e conclude solo nella coscienza; un tipo di moralismo laicista pone l'alt al disordine, nel timore che un'accettazione prolungata di esso comporti obbligatoriamente la sublimazione metafisica dei problemi umani. Certo, pur senza purismi, il segno di Consagra si articola sempre in una sintesi formale, come nella presentazione più anticonformista e antiromantica di quei problemi.

G.C. Argan, *Pietro Consagra*, Neuchâtel, 1962, pp. 6-7

...È e vuole essere soltanto un artigiano. Come la sua forma, che appare storicamente collegata con il «rilievo schiacciato» e cioé con il più esplicito tentativo di «integrare» lo spazio alla superficie, è ancora una forma storica, così la sua tecnica è ancora una tecnica storica: i mezzi con i quali egli opera in una materia data a priori come materia plastica per antonomasia sono gli strumenti con i quali, lungo tutto il suo sviluppo storico, l'artigianato è andato avanti configurando lo spazio nella figura, più o meno nitida e comprensiva, degli oggetti. La strumentazione di Consagra è complessa e, indubbiamente, moderna; ma non è in nessun modo meccanica perché i suoi utensili sono semplicemente arnesi che amplificano la forza, la capacità operativa della mano, senza mai surrogarla o interromperne la continuità. La continuità, appunto, del procedimento operativo è uno degli aspetti essenziali di questa scultura. Consagra comincia generalmente il suo lavoro con un disegno, anzi con una serie di piccoli disegni: disegnando, opera con la penna sulla carta come poi opererà con gli utensili appropriati nella materia della scultura. Non si tratta di progetti: il lavoro dello scultore comincia proprio con quei piccoli segni duri sulla carta morbida, con la distruzione del piano, l'incisione di una profondità, la formazione di uno spessore, la radiazione luminosa risultante dalla frequenza del nero sul bianco. Un fatto da non trascurare è la piccola dimensione dei disegni in rapporto alle sculture: l'artista cerca di ridurre e localizzare in una zona minima, la convergenza o l'incontro delle diverse profondità, distanze, densità dello spazio. È come una progressiva messa a fuoco che riduce al segno più breve e conciso le illimitate estensioni dello spazio e nello stesso tempo, definisce nel ritmo delle interruzioni scure sul bianco la condizione luminosa dello spazio.

Il passaggio alla scultura, alla materia, è repentino, quasi un brusco trasporto da una scala minima a una massima. L'utensile opera nella materia, gli stessi tagli, le stesse interruzioni che il segno operava nella carta; la plastica si compone di pieni e di vuoti, di risalti e profondità tangibili, ma conserva sempre la traccia della sua origine grafica. Lo spazio è «cosa mentale», come il disegno che lo definisce; quindi la scultura non può tradire la sua origine disegnativa. Infatti la scultura di Consagra non è modellata, è intagliata; il suo motivo dominante è ancora il sottosquadro, lo spazio che si insinua sotto la superficie, che penetra nel suo spessore, si scava sotto la forma

A sua volta, la superficie si presenta non soltanto appiattita da una pressione, ma levigata e talvolta scorticata od abrasa; e tesa fino al limite consentito dalla sua coesione, slittante, malgrado la presentazione frontale, perché la luce scivoli su di essa, incidente e radente ad un tempo. Al contrario degli scultori che cercano di adattare la forma a punti di vista molteplici, Consagra accetta volentieri la condizione vincolante del punto di vista unico, ma lo compensa moltiplicando le sorgenti, le immissioni, le direzioni, le qualità della luce. Lo schermo plastico è unico, ma basta il leggerissimo movimento dei piani a renderlo capace di infinite esposizioni alla luce, perchè esso, in definitiva, è il «luogo» ideale dove le grandi distanze si compendiano in minimi dislivelli, in piccoli scarti di piani e dove, infine, i grandi rilievi si trascrivono in impercettibili ondulazioni della superficie e le voragini precipitano in strette fenditure. Nell'asprezza della operazione sulla materia l'artista recupera così l'immaterialità, la qualità «intellettuale» del segno: com'è dimostrato dall'importanza che assumono, luministicamente, i tagli vivi delle lastre, i bordi rilevati delle zone, le increspature le ondulazioni dei piani, le escoriazioni brillanti e brucianti delle superfici: talvolta, questa necessità di raggiungere a tutti i costi un'identità di segno e materia arriva fino alla combinazione di materie diverse, eterogenee. Allora è interessante osservare come il procedimento operativo dell'artista attraversi, consapevolmente o non, il terreno battuto dalla pittura: ciò che significa che l'artista non può fare a meno, sia pure soltanto come mediazione tra segno e materia, dell'esperienza elaborata dalla pittura contemporanea nel più agevole passaggio dal segno al colore. E anche questo fatto prova, una volta di più, come lo spazio che si proietta e manifesta sullo schermo plastico sia uno spazio colorato e luminoso, uno spazio di fenomeni virtuali che lo schermo plastico rende concreti e sensibili....

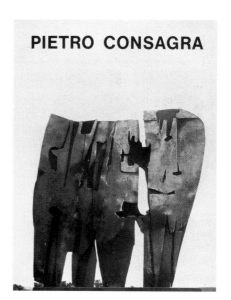

La copertina del volume di G. C. Argan, Neuchâtel, 1962

169

G.De Marchis, *Come si fa una scultura (Pietro Consagra)*, "Metro", n. 7, Milano 1962, pp, 28-35

...Nell'aprile 1947 esce il manifesto di «Forma 1», i cui firmatari, tra cui Consagra, si proclamano formalisti e marxisti, rifiutando sia l'espressionismo che il realismo «spento e conformista» infavore della «forma pura».

Nel fascicolo è riprodotta una figura di Consagra in gesso, un nudino femminile condotto per astrazioni geometriche che partono dalle forme tradizionali, secondo un ritmo di volumi ovoidali e di linee curve. Il volto è cancellato.

In ottobre, nella mostra di Forma all'Art Club di Roma, Consagra espone una scultura in ferro, il Manifesto per l'avvenire, senza nessuna reminiscenza dell'oggetto. Nel bollettino di dicembre dell'Art Club, Enrico Prampolini, critico attentissimo, scrive: "Lo scultore Consagra è l'unico... che abbia raggiunto un'autonomia di espressione interamente astratta».

Si tratta di una costruzione verticale di pochi elementi filiformi che si slanciano verso l'alto dilatandosi in curvature opposte, che si incontrano e si concludono in angoli aguzzi.

A questa remota data, in un'altra cronaca della mostra dell'Art Club, Corrado Maltese parla già di fine dell'astrattismo, il che è molto curioso, come è anche curioso, a distanza di quindici anni, il recentissimo attacco a Forma 1 e a Consagra, sul *Contemporaneo* del gennaio 1962, in occasione della sua ultima mostra romana alla Galleria Odyssia, in cui le posizioni del 1947 vengono tacciate di epigonismo culturale e di contraddizione ideologica, che sarebbe tuttora presente nell'opera di Consagra, derivante «dall'aver scambiato per contenuti d'arte i risultati di forma di certe esperienze artistiche». Non è il caso qui di esaminare il lungo articolo, ma è un chiaro e tardo esempio dell'errore compiuto fin dall'inizio dal partito comunista italiano rifiutando la più giovane, sana, rivoluzionaria parte della cultura del paese.

Di fronte a questa posizione dei critici, i protagoni di Forma 1 oppongono una cultura alquanto approssimativa (anche se intuitivamente ben orientata): negli articoli che accompagnano il manifesto, Consagra cita Brancusi, Perilli gli astrattisti milanesi (da cui dichiara di differenziarsi) e il Futurismo: quest'ultimo visto subito come l'unico antecedente italiano cui rifarsi parallelamente al cubismo; si fanno i nomi di Cézanne e di Kandinsky.

I giovani di Forma hanno il primo contatto diretto con l'astrattismo quasi tutti a Parigi, nello scorcio del '47; essi espongono già alla seconda edizione di Réalités Nouvelles nel 1948 opere di un franco astrattismo geometrico, in cui è evidentissima la lezione di Magnelli, frequentato e ammirato a Parigi (a cui Drouin aveva organizzato una grande esposizione nel 1947), e il recupero della tradizione" concreta» di Abstraction-Création.

Così, i primi plastici in metallo di Consagra, realizzati per filamenti e per sottili sagome laminate, che occupano lo spazio cercando «nel cielo il loro spazio e la loro luce» (come scrive Giuseppe Marchiori), un po' incerti tra la modulazione di un arabesco e la costruzione, vengono seguitati da una serie di sagome verticali che sono un po' l'equivalente grafico «pieno» e più fraseggiato dei plastici precedenti, erette secondo un gioco di segmentazioni geometriche del piano, nello spessore di una sottile lastra di pietra o di una lamiera depurate di ogni cesellatura. Le indicazioni spaziali e costruttive sono riportate e bloccate nel comporsi ritmico di plastici di geometria piana definiti dalle ritagliature della sagoma per l'inscriversi in essa di tracciati lineari. Sono ancora, come dice Apollonio, prefigurazione di una immagine e presentazione di una forma più che scultura...

S. Hunter, presentazione in catalogo della mostra *Pietro Consagra*, The Pace Gallery, Boston, mar. 1963

It is the distinction of Consagra's work, quite unique to Italy, that he has the fortitude and moral awareness to keep the sights. In the dogged persistence of his self-imposed limitations, with its serious risks of an oppressive repetition, Consagra joins the company of artists as diverse as Giacometti and Philip Guston. Their art also shows a bare, minimal sensual substance, and treads a narrow, if exhilarating, path between self-denial and inner revelation, all within a strictly circumscribed and carefully controlled formality.

Consagra's denials are the repudiation of volume in favor of flat surface; the reduction of incisions, cuts, graffitti and other marks of aberrant, personal sensibility - which is the symbolic modern flourish, whether in tachisme, action painting, or relief sculpture, of the free man; the deliberate confusion, in effect, of man-made mark and a natural process in time of erosion and weathering; and finally, the high, consistent boss of his surfaces which make them function not as windows of illusion but mirrors, further deemphasizing the identity of aheir maker and his active presence in the work. Both nature, in the simulated effects of decay, and the machine, which gives his surface their unrelenting glare and polish, are accomplices in a graceful game of concealment. By a paradox inherent in modern art, however, these sculptures assert themselves most strongly as conscious artistic creations, and as an essentially human enterprise, when the conditions of mechanism and nature-suggestion are given full expression. The problem, then Consagra, and for all fine modern artists, is two-fold: to encourage and evoke the freeplay of external forces, but to leave no question in our mind of their own mastery of these forces. It is non wonder Consagra entitles so many of his works «Colloquys», or «Dialogues», in recognition of the passive and active attributes of the creative imagination. Although modern man may not agree on the look and configuration of the physical world, the work of art continually makes its own hypotheses about externality. Without such hypothese, the artist as a creative spirit has no leverage.

Given the reductive terms of Consagra's artistic dialogue, we can better appreciate his range of invention, and the spectrum of freedom his art encompasses. His typical format of irregular rectangle, or trapezoid, has a dual role as field of action, or decision, and impassive monolith, rather like Mark Rothko's apparently quiescent color planes which stir with the potential of life. By cutting, gouging, stripping away and drawing on his surfaces, Consagra reveals multiple layers of space, and creates ambiguous movements that suggest both continuous flow and a careful positioning of discrete shapes, as in a collage. His reliefs function both as looming, environmental walls and intimate, writing tablets; as individualized presences, on the threshold of psychological existence, and mute, non-comital shapes. Most recently, the device of writing on the surface has been replaced by a more constructivist building of rough, uncouth forms, with the effect of crushing, physical immensities impinging on each other, rather like an ice field that nature has piled up. Consagra's splintered and riven surfaces sustain a daring tension, even as it seems they must burst and disintegrate under intolerable internal pressures.

There is a stern and sullen majesty in such large reliefs as *Sogno di Eremita*. The new work reminds us that we are in the presence of an artist who can entertain large ideas and powerfully impose his will on his materials. It is extraordinary to find an artist in any culture today, and in Italy particularly, who speaks with such maturity, certainty and quiet strenght, and without the least rhetorical affectation.

Consagra nello studio di Via Cassia

M. Calvesi, presentazione in catalogo della mostra *Consagra: ferri trasparenti* 1966, Galleria Marlborough, Roma, dic. 1966

Quando guardiamo una scultura di Consagra degli anni cinquanta, ne ammiriamo la forza ostinata e chiusa, l'aspro serrare delle lamine entro lo spessore compatto di un piano. Poi nel verificarne il titolo, troviamo spesso la parola «colloquio»; intediamo così come questa compressione dialettica, questa riduzione logica delle forme, questa forza tutta di testa (per quale artista meglio che per Consagra calzerebbe, almeno come suono, il riegliano Kunstwollen?) rispondano, in effetti, ad una volontà anche strumentante, ad una dichiarata e pratica esigenza di dialogo. Dialogo delle forme che simbolizza, attraverso schematiche e secche allusioni figurali, un colloquio a due, non di necessità individui, amanti, amici, personaggi; anche poli ideologici, due parti, io e te, ma anche noi e voi: colloquio democratico e laico, passionalmente integrante pur nell'urto e nella frontalità del nervoso schieramento, che ha poi per protagonisti ultimi l'artista e la società.

Nella poetica di Consagra, in effetti, anche il rapporto sentimentale finisce per essere, se non inquadrato, verificato in una visione dell'uomo e del suo ambiente non naturalistica ma, proprio, sociologica (direi anzi socio-politica, senza riferimento, per carità, ai traffici ideologico-sindacal-mangerecci della «sporca politica», bensì al senso fondamentale del termine).

Anni fa scrivevo che il motivo del colloquio mi sembrava riferibile «oltre che alla dialettica interna della scultura, anche al rapporto diretto che si istituisce tra spettatore e scultura», e ora Consagra me lo conferma, dandomi molte altre spiegazioni: la più saliente è che la scultura con una sola faccia, da addossarsi alla parete, come erano le sue passate, significava la rimozione della scultura dal suo piedistallo e dal centro di uno spazio che invece di dominare così passava a servire: ideale democratico, dunque, anche questo.

Quasi tutti gli artisti, quando si è in visita nel loro studio, sentono il bisogno di parlare della loro opera, e (questa è poi una spiccata caratteristica di alcuni artisti romani) di esporre il problema formale che si son posti non come fine a se stesso, ma come collegato in quanto fare, metodologicamente e simbolicamente, ad una visione paradigmatica del rapporto dell'individuo con la realtà. Consagra fa questo in modo tipico; ha una profonda coscienza critico-ideologica del suo fare di artista.

Quando lascio il suo studio con i pochi, rapidi appunti per la «presentazione», sento in modo preciso che è deluso del troppo breve contatto; è come uno che tema di non essere riuscito a spiegarsi. Ovviamente, non avendo una visione naturalistica, Consagra non crede al mito dell'intuizione, del talento; non crede né che le sculture debbano sprizzare genio e folgorare, né che nella mente del critico debba miracolosamente accendersi la scintilla dell'intuizione. Le cose sono da capirsi per via di appassionata frequentazone e di logica, e la logica è rapporto, incastro sensibile ma laborioso; è necessario un contatto, un approfondimento, un vero scambio di idee; un «colloquio» appunto.

Io invece che, oltre ad essere poco comunicante, sono poi al fondo un po' sbrigativo e romano, e credo anche quanto basta, perché no, agli strappi del talento e dell'intuizione, avevo fatto un altro ordine di considerazioni. Dal primo colpo d'occhio m'ero rallegrato, fra me, del nuovo slancio (frutto, certo anche, del suo talento) e dell'ottima ripartenza di Consagra, e scivolando un poco sulle sue dichiarazioni come il medico su quelle del paziente m'ero distratto nell'analizzare quello che, a prima vista, m'era sembrato un vitale principio di contraddizione. Principio da cui mi sembrava sorgere questa sua nuova bella stagione: così naturalisticamente (lui malgrado) felice, così piena di affioranti ricordi, di stimoli più complessi e delicati. Ho detto visione naturalisticamente felice, non naturalistica;

altrimenti cesserebbe il principio di contraddizione. Giacché il punto di vista di Consagra continua ad essere quello socio-politico, il suo supporto non sentimentale ma etico e logico, ed egli è pur sempre là che rode all'osso il suo ragionamento, mentre spiega ad esempio la differenza tra le passate sculture, che facevano diga allo spazio, intrecciate fino a chiudersi, prospettate su un solo lato (secondo una vocazione che definirei urbanistica, di pianificazione dell'ambiente) e le sue nuove, dove invece l'aria trapela largamente e che, eliminato il punto di vista privilegiato, hanno due facce e si spostano come grandi ventole su un perno, aggiustate dal vento (e che c'è di più irrazionale del vento?) o spinte dal deliberato impulso dello spettatore; e mentre si chiede se sia più o meno appropriato chiamare (come pur vorrebbe, ma è incerto forse perché sospetta la definizione di lirismo) questi nuovi ferri «trasparenti».

Dalla sua tribuna morale e sociale, Consagra ha pur dovuto prendere atto di un allentamento di tensione, e proprio di tensione ideologica. L'artista è un'antenna, che capta cose che sono nell'aria, e nell'aria non c'è più l'energia frustata del dopoguerra; s'è dispersa in un'atmosfera come disingannata, forse(speriamo) ormai scontata più che tradita, quella stessa convinzione democratica e laica che tanta maschia caparbietà infondeva all'ideale formale e civico delle sue passate sculture.

È allora che l'uomo con vocazione sociale, lo spigoloso moralista e ideologo, ha ritorto il motivo del colloquio su di sé, rispondendo allo stimolo non di una tensione diffusa, ma di una pressione interna a stesso, di una pura, e rabbiosamente rinnovata, carica vitale; ha come scoperto l'egoismo, la poteza e la fragilità di un impulso non orientabile su binari precisi, che asseconda così la sua naturale tendenza ad un'espansione sensibile e irregolare.

Non per questo vorremmo dire che si è svegliato un mattino scoprendo gli alberi e il cielo, che si sia convertito (e che significherebbe?) alla natura, che abbia abdicato al suo punto di vista. Consagra scultore moderno del ferro, interprete e obbiettore di coscienza, a un tempo, della nuova civiltà tecnologica, e comunque suo testimone, ha inquadrato Consagra uomo solo, Consagra individuo, Consagra che alza gli occhi alle nuvole e si riempie d'aria i polmoni, allargando le braccia.

La resa è esatta; la logica è integra nei suoi meccanismi abituali, presente nella perfetta coerenza dell'evoluzione linguistica. Ora questa scultura non celebra più un incontro, un colloquio, una libertà dai chiari connotati politici e democratici, ma celebra una nascita, una libertà senza programmi e senza aggettivi. Non celebra l'incontro amoroso in quanto rapporto e modulo base di una relazione umana che può essere quella stessa sociale, ma in quanto amore; non celebra lo slancio e il magnetismo di una parte verso l'altra, ma l'espansione di una singola parte, il magnetismo di infiniti centri, di infiniti individui verso un orizzonte paesisticamente comune.

Un magnetismo del paesaggio, dunque, ma che è pur sempre un magnetismo del ferro, un paesaggio che si transustanzia nelle forme artificiali e nei materiali (refrattari ad ogni contaminazione o compromesso di sostanza, di struttura, di fibra, con il naturale) della civiltà industriale.

E siamo pur sempre nella sfera non già della rappresentazione, e tanto meno dell'allegoria, ma della simbologia. Anche i vecchi ferri e bronzi di Consagra non erano rappresentazioni di colloqui ma spogli, essenziali simboli di un colloquio; così i suoi ferri «trasparenti» non sono rappresentazioni del cielo, dell'albero, della nuvola, ma simboli formali: e neanche dell'albero o della nuvola, ma di una idea (non necessariamente naturale) di paesaggio. Siamo, in sostanza, pur sempre in una dimensione socio-ambientale, in una dimensione urbanistica, dove sia tuttavia venuta meno la pianificazione e prevalga l'adeguamento organico e psicologico.

Se non c'è, in ultima analisi, la contraddizione che a prima vista rilevavo, c'è tuttavia quell'azzardante vitalità che avevo riscontrato, che è poi dunque una vi-

Inaugurazione della mostra personale alla Galleria Marlborough di New York, 1967

173

talità dell'azzardo: l'azzardo (ogni nascita del resto lo è) è la corrente ascendente che risospinge di continuo questi larghi frammenti di lamine, come di un aliante affidato a un precario planare. Frammenti tenuti insieme da questa alternativa di gravità e di levitazione, non più inchiavardati, cuciti e sprangati come su un uscio medioevale. E se la nuova scultura non è più simile a un uscio sbarrato, lo è invece a un guscio d'uovo che abbia liberato, aprendosi, non si sa quale ectoplasma, quale aereo bozzolo, quale invisbile soffiare di piume subito sparite nel cielo.

Al di là delle crepe traspare la luce, che orla di chiaroscuro i bordi, dando un principio di variazione alle stesure di smalto.

C. Vivaldi, presentazione in catalogo della mostra *Pietro Consagra: dipinti su faesite dal 1959 al 1966*, Galleria Grafica Romero, Roma, giu. 1969

...Per una personalità ricca e complessa come quella di Consagra non è comunque possibile fare una distinzione tra le sue varie forme di attività: quella plastica, quella di scrittore in versi e in prosa, quella di saggista e di polemista, quella pittorica...

e quella architettonica che è venuta maturando in questi ultimi tempi. Tutto confluisce, ogni modo di «fare» di volta in volta adottato rimanda a un altro, lo completa e migliora; sicché problemi proposti in un quadro è facile trovarli poi risolti in una scultura o magari nelle idee di «città frontale».

Ho parlato di «quadro»; e in realtà, anche se il termine è inesatto, non saprei come definire altrimenti i pannelli a smalto su faesite esposti alla Romero. Questo gruppo affascinante di opere, dipinte tra il 1959 e il 1966, non ha nulla dell'appunto dello scultore o del disegno o del bozzetto. Se in gran parte anticipano sculture eseguite più tardi (o contemporaneamente), sono però creazioni in sé perfettamente compiute e concluse; anche le più antiche, cromaticamente squillanti e luminosissime pur se realizzate in bianco e nero. Laddove le recenti sono assai più elaborate dal punto di vista pittorico, con accordi di colore assai fini e una materia preziosa, a volte lieve e come sognata, a volte grossa e alleggerita da rabbiosi colpi di pennello. I mezzi di cui si serve Consagra in questi piccoli capolavori sono, in sostanza, i mezzi tipici del pittore, ed egli li usa con straordinarie capacità ma con estrema rettitudine, rifuggendo da ogni trucco, da ogni effetto meramente piacevole e brillante.

Ne è venuta fuori una serie di pannelli che, nonostante le loro dimensioni ridotte, non esito a porre tra le cose migliori del nostro artista, tra le più poetiche e favolose e intense. È evidente, mi sembra, che Consagra per dipengerle si è impegnato sino allo spasimo; sino a effondere liberamente, anche se non senza sforzo (lui così rattenuto, chiuso e orgoglioso) quelle qualità liriche di cui è sontuosamente dotato e che solo raramente egli sin qui ha lasciato trasparire. Per lo meno con tanta grazia e ironia e danzante dolcezza.

G. Carandente, presentazione in catalogo della mostra *Pietro Consagra*, Palazzo dei Normanni e Galleria Civica d'Arte Moderna, Palermo; Villaggio Rampinzeri, Gibellina, feb. 1973

...Esistono, indubbiamente, vari periodi nell'arte di Consagra, da quel primo astratto-geometrico della fine degli anni Quaranta alle schematiche *Pietre matte di San Vito*, realizzate in Sicilia nell'estate 1972. In ciascuno di essi l'opera dello scultore si condensa intorno ad un motivo e di questo saggia ogni possibile realizzazione formale, nell'appunto disegnato (ma come nervosamente graffito sulla carta) o nel bozzetto scultoreo, nel disegno esecutivo, fino alla scultura di medie o grandi dimensioni che finalmente sembra placare la ricerca piena d'ansia e di passione. Ciascun periodo ha il suo *leit-motiv* che consiste, principalmente, nell'invenzione dell'immagine. Consagra alterna scultura e grafica, pittura ed oggetti, senza un ordine preferenziale. Una sua opera può nascere indifferentemente prima come scultura poi come pittura o viceversa. Ma sempre il suo metodo operativo ha la razionalità di quello dell'architetto: progettazione accurata, logica previsione del punto d'arrivo, analisi e calcolo delle incidenze ideologiche sul prodotto finito. L'invenzione dell'immagine esaurisce, comunque, l'intera problematica dell'artista e ciò - può darsi per certo - perché l'artista ha convinzioni assolute sul suo lavoro. Il *leit-motiv* è stato, come tutti sanno, per anni il *Colloquio*, poi ad un certo momento ha attinto da una particolare idea della natura e dei simboli naturali un repertorio di forme dietro le quali si estende come un orizzonte illimitato. Di nuovo, ha ripiegato su forme simboliche, quintessenze dell'idea di forma ecologica, presenza necessaria in un paesaggio-ambiente non necessariamente fatto di alberi, fiumi e cielo e tuttavia riecheggiante il simbolo di tutte queste cose....

...In effetti, rimaneva costante la frontalità della scultura, ossia quel presupposto insieme teorico e pratico che l'artista non ha mai abbandnato e che era per lui la sola possibilità di un rinnovamento del linguaggio della scultura. Costante è rimasta anche, in tutta l'opera, la derivazione della scultura che si usa definire astratta da elementi naturali e « cioé dal mondo animale, vegetale, minerale». «Tale legame con la natura - scrisse l'Artista nel suo primo saggio dal titolo *Necessità della Scultura* (1952), implicita contestazione dell'asserzione martiniana *Scultura, lingua morta* - o *base di garanzia*, rimane nella dialettica della deformazione del Cubismo e del Futurismo spinta al paradosso e rimanendone un *sottoprodotto*». «Ma l'astrattismo - aggiunse - non è deformazione di qualcosa».

Risulta chiaro, dunque, che tutta l'opera di Consagra corrisponde ad una sola premessa, nel suo variare costante di tematiche ma non di ideologia. Ed è anche evidente come essa si situi, in tutto il suo contesto, come una delle più felici e vitali esperienze dell'arte moderna. Egli stesso l'ha chiarita con numerosi interventi, ora polemici ora più spensierati, sempre tuttavia partecipi di una coerenza di pensiero e di azione. La varietà dei materiali adoperati si è andata arricchendo negli

Mostra alla Galleria dell'Ariete, Milano, 1969

anni, con esiti insospettati. È recentissima, ma anch'essa radicata nelle premesse di origine, la preferenza del marmo, della pietra con vene colorate, delle pietre dure. Mentre data da molto l'amore che l'artista porta al colore.

Le pitture di Consagra, non sempre necessariamente collegate con le ricerche plastiche, danno, è vero, ancora una versione del problema della frontalità, questa volta nel suo ambiente più legittimo della bidimensionalità del *quadro*. Alla loro origine è certamente il disegno più della scultura. E risulterà singolare conoscere che Consagra suole disegnare in modo pressocché indipendente dalla scultura. Né usa disegni come fogli da esibire, da incorniciare, da fruire. I disegni, minutissimi, annotazioni rapide ed in sé concluse, riempiono per lo più album di lavoro, nei quali è come si concentrasse la vivida immaginazione dell'Artista. L'iterazione di un motivo ne costituisce la frequenza, il ritmo, persino il rapporto spaziale *in nuce*. Eppure, per lo più non si tratta di premeditati progetti. La penna corre fluida sulla carta che spesso assorbe una buona parte dell'inchiostrazione, nervosa ed incisiva come una morsura. Le immagini sono fitte, spesso minuscole. Dall'insieme di questi fogli nasce certo l'idea di una scultura ma non di questa o di quella. Il secondo stadio, del disegno esecutivo, persino numerato ed inventariato nelle sue componenti strutturali, appartiene piuttosto a quel metodo operativo che sa dell'architetto, cui abbiamo già fatto cenno. Se il disegno è pur sempre una prima fase, segreta, riservata, diremmo personalissima, del lavoro di Consagra, le pitture non ne costituiscono una risultante nello stretto significato del termine. Pittura, collage od impronta, esse sono un'attività a parte, ugualmente autosufficiente. «Accordi di colore assai fini ed una materia preziosa, a volte lieve e come sognata, a volte grossa ed alleggerita da rabbiosi colpi di pennello» scrisse Vivaldi.

Come nei disegni, tuttavia, Consagra sembra anticipare anche nelle pitture «un ritmo ed una tensione che immagina attuabili solo nella materia» (Volpi). Spesso, la pittura è un'impaginazione di temi secondo il colore più che secondo la forma, in questo evitando la metafora di una scultura dipinta; ma anche può accadere, come è per esempio, in una serie di tecniche miste su tela degli anni recenti, che l'impaginazione non è più di motivi iterati bensì di un'immagine unitaria, di una indipendente composizione cromatica.

A ben diversa categoria apparetengono i simboli di immaginari archetipi che costituiscono gli *Inventari* del 1967, rilievi piatti colorati, semplici come lettere dell'alfabeto e pure carichi di allusivi significati primigeni. Essi sono una specie di catalogo elementare delle possibilità evocative della scultura frontale, quasi la semplificazione delle sue difficoltà e persino del suo limite. Lo ha detto lo stesso artista: «Da qualche anno, anche per sciogliere la densità formale ed espressiva, ho inserito il colore come un alleggerimento della tensione della mia scultura e del senso polemico della frontalità». Dal che si può anche dedurre quanto la pittura serva a Consagra, con le sue prerogative sensoriali, ad esprimere una parte che il credo scultoreo altrimenti gli vieterebbe.

Alla pittura ed al disegno è strettamente connessa l'attività grafica, anch'ssa intensa e varia di sperimentazioni tecniche e di effetti idonei, propri del mezzo adoperato. Alle *pressioni*, ottenute soprattutto in un laboratorio romano, con viva densità plastica (tanto che il colore ne è bandito e l'immagine si staglia con nitido vigore dal foglio candido), alle incisioni bianco-nere, alle punte secche, si aggiungono incisioni colorate e litografie, nelle quali vale soprattutto il rapporto cromatico, per le caratteristiche tipicamente pittoriche nella resa dei segni e delle immagini. Ed è alla serie grafica che va pur riferito il singolare esperimento dell'artista di ridurre le sculture a sottilisimi fogli di acciaio e su di essi incidere, con minuzia di orafo, segni ed intere immagini, per cui il *Millimetro* ed il *Mezzo-millimetro* (le misure degli spessori corrispondendo esattamente ai titoli) sono da un lato il minimale del concetto di scultura, dall'altro fogli *disegnati* con una tecnica più incisoria che grafica. Queste sperimentazioni, così argute e vivaci nella loro carica interna, dissacrante epperò poetica, discendono dall'altro minimale scultoreo che

176

sono le *Sottilissime*, nelle quali lo spessore è inversamente proporzionale alla densità plastica, così fitte esse sono di un potenziale d'immagine nella loro levità quasi intimorente. L'*excursus* di Consagra in territori pressocché limitrofi alla legittimità della scultura dà spesso risultati insoliti. Così, per esempio, nella serie di paracarri, ripresi dai modelli barocchi (chi non ricorda quelli detti del Bernini e del Borromini a Roma?), Consagra, dissentendo dal mito della statuaria, effettua, non senza un'acuta ironia, la priapica celebrazione del mito del Potere nella Città.

Nel 1969, l'artista ha portato a conclsuioni di sorprendente praticità le sue teorie sul problema della frontalità. «L'ubicazione centrale - ha scritto - è l'estensione del fuoco della tridimensionalità». E poiché la sua scultura era nata dalla determinazione di togliere l'oggetto dal centro ideale, in quanto egli non si sentiva «di lasciarla caricare dei significati che l'operazione le acqusiva», di conseguenza scelse l'unica dimensione pertinente, ossia quella della frontalità. Questa teoria - chiarì poco dopo -, nella coscienza dell'ubicazione dell'oggetto, nelle categorie, nei temi, conteneva inserita la Città come argomento delle emozioni umane, sicché l'artista dichiarò di sentirsi giunto ad un imprevisto appuntamento con un tema più vasto, quello della *Città frontale*, che è per Consagra un'estensone provocatoria della sua scultura, «un passaggio obbligato, una forza maggiore». È come se l'artista riuscisse ormai a professare i motivi stessi della sua scultura come motivi vitali, per cui, oltre al dissenso opposto dalla sua scultura a qualsiasi schema tradizionale, egli oppone anche questo costruttivo, non utopistico dissenso sul nostro modo di vivere in una tessitura urbana che si dilania. Qualificare una Città frontale come opera d'arte è anche modificarne l'orizzonte consueto: quello dello scultore sarà trascendentale e quindi infinito, non legato al Potere ma alla infrenabile fantasia creatrice. Il tema della Città frontale è certo un tema in divenire. Tutta l'opera di Consagra dimostra di esserlo con esemplare sincronia.

Mostra alla Galleria Marlborough, Roma, 1972

M. Calvesi, *Un messaggio di concretezza nella scultura di Consagra*, "Corriere della Sera", Milano, 4 mar. 1973

Consagra, scultore persino nel nome, Pietro che sa di pietra, scolpito anche nel fisico, nella struttura del capo, il taglio del volto frontale come la sua scultura, riassunto in un piano da cui spicca un naso puntuto e violento, come in un kouros arcaico; la voce è senza sfumature, quasi stizzosa, l'occhio grigio ferro, spia di una recondita dolcezza che non tirebbe mai fuori, quasi una dolcezza d'apostolo che però va condensandosi come una aureola invisibile, con lo sbiancarsi dei pochissimi capelli, intorno al cranio impavido.

Siciliano, nato a Mazara del Vallo nel 1920, all'incirca negli stessi anni di Guttuso lascia la Sicilia per Roma; subito dopo la polemica tra astrattismo e realismo li schiera su fronti opposti. Non è solo per una scelta formale, tuttavia, che Consagra può essere considerato l'anti-Guttuso; spigoloso e asciutto com'è, persino nella figura e nel comportamento costituisce una drastica alternativa al mondo caldo e dolorosamente avvolgente dell'altro, ma poi soprattutto nel comportamento artistico, nella poetica. Guttuso è all'unisono con il lamento della Sicilia, con il pianto degli sfruttati, Consagra considera deleteria ogni lamentazione.

Forse per questo, non meno che per la sigla astratta, la sua scultura è poco compresa nella sua terra, dove il retaggio di un secolare dolore incanalato nell'arte attraverso la tradizione romantica e verista, ha come fissato per sempre il compito dell'arte, vuoi figurativa vuoi letteraria, e la sua funzione, tra la denuncia, il masochismo e la catarsi.

Tanto più apprezzabile, allora, è stato l'impegno della città di Palermo e della Regione, che hanno voluto, promuovendo la grande mostra di Consagra, proporre al pubblico un materiale per tanti aspetti insolito e stimolante. Non è tuttavia un caso che, nelle ottime parole introduttive del sindaco, rispunti come insopprimibilmente «il segno dei più profondi tormenti, delle più segrete lacerazioni, il mistero dell'essere».

C'è rischio, a cercare queste cose nella scultura di Consagra, di rimanere delusi, come a cercarvi un'appiglio di figurazione, una faccia stravolta, una carcassa, un paesaggio.

Di sé, del suo lavoro, dei suoi agganci culturali Consagra dice: «Il legame più evidente della mia scultura proviene dal costruttivismo. Io ho sempre costruito una scultura, l'ho disegnata, ho preso del materiale - laminati metallici o assi di legno - li ho ritagliati, incollati, saldati, inchiodati». Quanto ai contenuti, «gli elementi plastici dovrebbero essere la sintesi formale delle azioni dell'uomo, a contatto con gli ingranaggi di questa società dove sono necessarie volontà, forza, ottimismo, semplicità, chiarezza».

Chi ha subìto un lutto ha due possibilità: sprofondarsi nell'angoscia o affrontare virilmente il poi, mettersi concretamente al lavoro; questa ultima è la scelta poetica di Consagra, la cui scultura si butta dietro alle spalle le ubbìe e invita a rimboccarsi le maniche: la determinazione, la concretezza la «frontalità» del fare, sono traslate e verificate nella concretezza del fare scultura, nella frontalità del rapporto tra l'uomo e l'opera.

La scultura diviene l'oggetto metaforico e paradigmatico del fare dell'uomo, e costituisce insomma il punto di sutura tra l'uomo «faber» e l'uomo «ludens», dove l'azione gratuita cioé il giuoco, nella sua autonomia di strutture e di funzioni, assume a proprio simbolo il senso pratico di un'azione finalizzata.

Certo è che la mostra di Consagra - così sapientemente orchestrata, dall'allestimento al catalogo, da Giovanni Carandente - finisce per rivelare una personalità tra le più potenti e inventive degli ultimi decenni. Settanta sono le sculture, dal 1947 al 1972, che occupano le «scuderie» del palazzo dei Normanni. Ben martellate dalle luci, le materie rispondono sonoramente, marmi, bronzi, ferri, legni. Dai segmenti seccamente incrociati delle prime composizioni in metallo, che però nulla hanno del patetico arcaismo o dell'ingenuità di certi esperimenti astratti rivisitati a distanza di anni, il discorso evolve verso stratificazioni più complesse, verso accenti più circonflessi, tagli più aperti o spettacolari, tentativi di volo, chiaroscuri più spessi o giuocati; mai però la scultura abdica al principio della «frontalità», vale a dire che il suo spessore di forza - impressa dal gesto alle linee - si comprime o riassume in un unico piano, più o meno frastagliato.

Una scultura come dire di facciata, la cui «vocazione architettonica e urbanistica» m'era sempre apparsa evidente; poi Consagra ha, nel 1969, progettato proprio in termini e in scala di città. La sua «città frontale» è uno schieramento sfalsato, e quindi afferrabile tutto con un colpo d'occhio, di edifici utopici che non cessano di essere sculture, dove i rapporti formali, la dialettica dei profili, aspirano a una concreta verifica nel rapporto degli uomini, nell'intensità e nella libertà di questo rapporto da ritrovare.

La sua città utopica, assieme al progetto di un teatro che si costruirà veramente sul posto, Consagra l'ha esposta nel comune di Gibellina, uno dei paesi terremotati del Belice, a pochi chilometri di distanza dal luogo dove è nato, tra le baracche che sconfortano quasi più per l'anonimia e lo squallore degli allineamenti che non al pensiero stesso degli stenti di chi le abita. In questo modo Consagra ha potuto sottolineare la destinazione del suo messaggio ed affermare un principio che non è affatto blasfémo, anzi ha qualcosa di religioso, nel senso, intendo, dell'attuale religiosità del sociale: l'impulso estetico e dell'immaginazione è un impulso primario, non può essere tacitato neanche nel momento in cui si chiamano a raccolta le forze contro le maggiori catastrofi, perché di queste forze è un legante, un sostegno di speranza.

178

M. Volpi Orlandini, *Pietro Consagra: artificio e immagine sfuggente*, collana "Maestri Contemporanei", Milano 1977

Consagra nello studio di via Cassia, 1979

...La superficie negava ogni carattere assertivo della scultura e permetteva un lavoro di narrativa come nei bassorilievi dei sarcofagi o delle metope. Anche se può risultare ovvio, sembra di poter cogliere subito nella sua passione plastica un altra componente etnica, che contraddiceva nel profondo la vocazione alla classicità della tradizione italiana, un'eco lontana ma viva della cultura araba. Non solo come arte, come ricchezza eccezionale di un artigianato connesso con tutte le manifestazioni di quella cività, dalla scrittura all'architettura, ma anche come attitudine filosofica che determinò insieme alla letteratura, alla scienza, tanti aspetti del medioevo mediterraneo. Se si conosce Consagra profondamente si avverte quanto il suo lavoro manuale amorosamente eseguito, come quello di un antico artigiano, si sviluppi nel tempo della sua giornata con un ritmo naturale, cui si accompagna un pensiero continuo. Mentre intaglia, disegna, lustra, progetta, sceglie marmi diversi, dipinge, salda, e così via, la sua riflessione non cessa di cercar di captare il senso del suo fare. E non solo quello artistico, ma esistenzialmente, metafisicamente che cosa è un uomo, che cosa possiede, che ruolo ha la sua passione per se stesso e quella per il suo lavoro, da dove originano le sue fantasie, i suoi amori.

E tutto con la semplicità appunto di quegli artigiani che ancora oggi per esempio in Marocco intagliato un coltello o lavorano le pelli e insieme conversano, depositari di un'esperienza profonda di vita e di morte.

L'essenza dell'arte di Pietro Consagra è proprio la capacità di raccogliere e trasformare questo operare dell'uomo che in tutte le civiltà si affanna per rendere la sua vita piena di illusioni e di bellezza. I motivi della sua scultura infatti non sono mai legati alla natura né come elementi di vitalità biomorfica, né come allusioni iconiche, né come senso dell'informe che la natura porta con sé.

L'artista dichiara spesso di amare soprattutto l'arte, trova cioé elementi di eccitazione fantastica dagli oggetti manufatti, e dalla testimonianza in essi di un potere inventivo: «L'artificio, - ha scritto recentemente - aiuta a rilevare il messaggio della materia, una evocazione di ciò che non è mai esistito - «L'inesistente». L'arte dunque in opposizione alla morte come permanente forza di individuazione, di designazione.

Così il suo lavoro nasce dall'arte e si confronta con l'arte, al contrario di tutte le correnti che dal surrealismo all'informale hanno dato valore più o meno misticamente al casuale, all'ignoto, all'incoscio...

G. Carandente, presentazione in catalogo della mostra *Pietro Consagra: 1976/77*, Museo di Castelvecchio, Verona, lug. 1977

Scrivevamo nel '73 che se Consagra avesse voluto indicare due ideali parametri di cultura nell'antico, questi avrebbero potuto essere da un lato l'Alberti dall'altro l'Adam. Naturalmente ci riferivano all'inesorabile chiarezza del suo linguaggio e alla complessità di significati che il concetto di storia e il concetto di attualità recingono, inglobando ugualmente il senso del fantastico, dell'inventato, dell'inconfrontabile. Seguivamo in queste idee le idee stesse dello scultore, secondo il quale la scultura è «fantasia, ricerca, esperienza e provocazione».

Niente meglio di queste ultime «muraglie» che si ergono tra le cortine di Castelvecchio ci sembra adeguato a tali parametri critici. In questi marmi si può riconoscere lo svolgersi della storia dell'uomo e il consistere dell'uomo nella storia, l'attualità - dunque la sfida - e il consenso per una civiltà d'immagine che si esprime in modo tanto autonomo da costituire un'opposizione. Tra la scultura d'oggetto e quella senza oggetto esiste questo terzo termine, un medio fra storia e antistoria, dove ancora è un residuo del rispetto per la figura che è stata annullata. Questo termine non è soltanto il ripiego della fantasia sul mero rapporto da soggetto a oggetto ma è soprattutto il modo di valicare l'antitesi ormai troppo semplice fra realtà e non realtà.

Nell'univocità del suo motivo plastico - di scultura a due dimensioni - Consagra dà conferma di una sua costante ideologia. Questi marmi dell'ultimo biennio, nati da un approfondimento critico nell'ambito stesso del suo lavoro e della sua esistenza, sono lo specchio di quella serrata formulazione del pensiero. È vivo constatarlo, perché in quel rigoroso autocontrollo della sua esuberanza siciliana, Consagra ci rivela anche come, tenendo conto della natura, dell'intervento dell'uomo nella natura, di ciò che resta di ineluttabilmente romantico nella natura (colore o forma, *silhouette* o ombra del volume, spazio e suo rifiuto come astratta entità) egli riesca a portarvi un *quid novi*. A misurarlo è ancora il gesto dell'uomo, in qualsiasi tempo, luogo o circostanza, poiché esso è tuttora in polemica con quel che è fuori.

L. Magagnato, presentazione in catalogo della mostra *Consagra 1976/77*, Museo di Castelvecchio, Verona, lug. 1977

Nei disegni Consagra fissa il momento germinale delle sue invenzioni. È uno stadio fondamentale del suo lavoro.

Si tratta di disegni nel significato tipico dell'uso inglese della parola italiana che distingue i designs dai drawings; progetti, ideazioni, sintesi grafiche a priori. Perciò i disegni di Consagra non sono embrioni delle future sculture, se non nel senso che dovranno in un secondo tempo svilupparsi in dimensioni e materiali diversi. Ma già nell'intuizione iniziale è determinata, fin nei particolari, la forma frontale in cui poi l'idea si concreterà.

Da questo punto di vista è interessante precisare che c'è una precisa ragione per cui i suoi disegni nascono di solito a grappolo, su uno stesso foglio, in un processo ininterrotto, in dimensioni di cinque centimetri per cinque, al massimo. A quella dimensione, dice Consagra, la forma è completamente dominabile, il rapporto pensiero-mano-foglio è perfetto, si può controllare il gesto delle dita e il crescere della composizione; mantenendo nello stesso tempo la spontaneità dell'invenzione e quel grado di automatismo cui l'artista aspira. Le parti infatti concrescono insime, determinano i limiti e il contorno del tutto; ne risulta una forma compatta, articolata in chiave coerente e rigorosa, di volta in volta diversa: il segno corre veloce, continuo, equilibrato nei percorsi interni, resta - per così dire - sempre in mano all'artista.

Di qui nasce poi la compattezza finale delle grandi sculture di Consagra, nelle quali nulla è lasciato al gesto, all'improvvisazione finale; e proprio per la ragione che dietro di esse si accumula una fioritura di idee, e una selezione rigorosa. Chi confronta il disegno iniziale e lo sviluppo finale, scopre una sorprendente corrispondenza e concordanza tra di essi; per questo metodo di ideazione dell'opera, folgorante all'inizio, meditato nella fase di scelta dell'archetipo da sviluppare, fedele all'idea embrionale nell'esecuzione, Consagra assicura al suo oggetto finale quei caratteri di freschezza e omogeneità strutturale che gli sono propri.

Sorprendetemente egli controlla durante il processo creativo l'automatismo dello stadio del concepimento e la corrispondenza della fase finale al momento ideativo primo; per quanto ingrandito, il disegno iniziale mantiene fino in fondo l'equilibrio delle parti e dell'intera compagine.

Perciò nei marmi e nelle pietre di Consagra - ma anche nei legni e nei bronzi del passato - manca sempre l'impronta di improvvisazioni informali, o di gestua-

Nembro rosato, 1977, Museo di Castelvecchio

180

lità aggressive; a questo egli allude, io credo, quando dichiara la sua fedeltà alla poetica costruttivista, e il suo rifiuto dell'oggetto «espressivo».

La conoscenza dei suoi disegni non è dunque un utile completamento allo studio dell'intera sua produzione, ma la necessaria introduzione al suo fare. Questa conoscenza rende anzitutto evidente che egli non appartiene all'area dell'espressionismo, proprio perché i suoi disegni nulla concedono al momento della deformazione o del gestuale. Vissuto dai trenta ai quarant'anni nel momento più fervido dell'*action painting*, egli non è mai stato partecipe di quell'esperienza; una *immagine*, al contrario, sintetica e compatta, è sempre stata il nucleo elementare, ben definito nelle sue parti e nel suo complesso, dei suoi disegni.

Mostra a Palazzo dell'Arengo, Rimini, 1981, con Guido Ballo e Giuseppe Appella

G. Ballo, presentazione in catalogo della mostra *Consagra*, Palazzo dell'Arengo, Rimini, giu. - lug. 1981

...Del siciliano antico, forse fenicio, Consagra ha la tenacia chiusa, fino all'idea che diventa fissa, in una specie di fedeltà primaria a un concetto di origine ancestrale, che sarà sviluppato durante tutta la vita: da qui, la necessità dello scavo dentro l'idea stessa, e l'ansia tesa, lo stupore di portare tutto alle estreme conseguenze. Quando il siciliano ha un'idea così chiusa e ostinata (e nel fondo, candida) non ama il compromesso: o tutto o niente, sì o no. È questo, in sostanza, un aspetto del temperamento affettivo, appassionato. Eppure, per chi non lo conosce, o si ferma a certi fatti esteriori, Consagra può sembrare, anche per questo scavo dentro di sé, tutt'altro che affettivo: ma la sua è un'affettività introflessa, indurita in apparenza, con radici che alla fine a tratti, sprofondano nel bisogno assoluto di comunicare: con un sentimento panico, delle origini, opposto a ogni sentimentalismo. È chiaro che in una indole così, pronta all'autocritica, anche se - come in tuti i poeti e gli artisti - pervasa da un'ambizione sempre al limite del narcismo, i giudizi sono severi, duri: tanto da sembrare cattivi perché «di parte ». Non può avvenire altrimenti: essere «di parte», per uno scultore, significa credere fermamente in una strada e non in un'altra; significa anche portare questa «parzialità» verso una fantasia ossessonata.

Nella storia dell'arte di questo secolo, le avanguardie e le nuove ricerche si sono sviluppate da idee «di parte»: Boccioni, Brancusi, Tatlin, Rodcenko, Gabo, Vantongerloo, Calder, per fare solo alcuni esempi.

Questa premessa può chiarire lo sviluppo parabolico dell'opera di Consagra: e anche la necessità, per comprendere i vari monumenti delle sue ricerche plastiche, di non fermarsi al primo sguardo: se c'è uno scultore che richiede un dialogo con il pubblico nel mondo più approfondito è proprio Consagra. Sfuggirebbe questo suo fuoco interno, risolto con lucidità anche mentale. Ma l'intervento della mente - è bene notarlo - non soffoca, né tanto meno elimina, il calore della intuizione, che però si sviluppa con una tensione mentale, solo in apparenza fredda, con vigile controllo non esterno, ma interno all'operare steso. L'idea fissa di partenza diventa così intuizione fantastica e sviluppo con tensione mentale, che non distrugge il fuoco di origine...

...Sono fin troppo note le vicende in Italia, soprattutto a Roma, che negli anni del dopoguerra, attorno al '50, svilupano un aperto contrasto tra neorealismo, considerato miticamente dai dirigenti del Partito Comunista di quel tempo come l'unica via verso un'arte sociale adatta al popolo, e astrattisti, tra cui molti in quel periodo aderenti al Comunismo, ma dall'altro emarginati perché mal visti o comunque considerati su vie false: questo contrasto,come narra lo stesso Consagra con calore anche polemico in *Vita mia* (Feltrinelli, Milano, 1980) divise amici di un tempo, creò forzature ideologiche,esasperò molti artisti che nelle nuove ricerche, proprio ponendo in crisi l'oggetto di rappresentazione, credevano fermamente in un'arte nuova, per tutti, di origine anche etica per la partecipazione totale del pittore o dello scultore. Questo mito, che l'unica arte dovesse essere di rappresentazione, opposta a quella afigurale, è stato superato dai nuovi dirigenti comunisti italiani solo in questi ultimi anni, con un'apertura verso tutte le nuove ricerche d'arte: criticamente, tale mito di una divisione assoluta tra figurativo e non oggettivo, si è già da tempo rivelato fonte di molti inganni, perché i limiti di divisione non sempre sono netti: comunque il cosiddetto astratto (termine equivoco, come in altre occasioni - specialmente nella mostra «Origini dell'astrattismo» 1885-1919, ho spiegato) mentre rinunzia al singolo oggetto di rappresentazione, può aprirsi in modo nuovo verso altri orizzonti del reale.

Proprio in Consagra, questa eliminazione dell'oggetto figurativo non è rinunzia alla totalità dell'espressione e al dialogo con il reale: diventa un dialogo indiretto, che mira ai rapporti di tutto il reale. Insomma l'arte afigurale ha radici profonde: e alla fine esprime la vita, la società, il tempo in cui è sorta, ma senza motivo di rappresentazione figurativa (che alcuni artisti possono sentire ancora oggi, altri no, senza costrizioni di vie uniche)....

C. Belli, presentazione in catalogo della mostra *Consagra a Celano*, Castello di Celano, Celano ago. 1981

Superficie, profondità, altezza: siamo prigionieri in questa scatola che chiamiamo *spazio*. Il tempo? Ahimé!, un limite atroce. Il «tempospazio» della fisica moderna? Astrazione stupenda che nulla può tuttavia sulla condizione dell'uomo, inchiodato come è alle tre dimensioni entro le quali vive. È la sua croce, e ce n'è fin troppo per fare insorgere in Pietro Consagra una rabbia sorda, un bilioso rodimento interno, destinato a durare quanto lui, perchè l'utopia che lo mobilita, il *frontalismo*, non ha soluzioni pratiche, almeno per ora, nonostante gli espedienti ingegnosi ch'egli propone per una possibile evasione: il *frontalismo*, appunto come spiraglio attraverso il quale potrebbe attuarsi la fuga dell'uomo dalla propria condizione. Dice che la tridimensionalità ha un peso centrale. Dice che un oggetto posto su un tavolo ha un potere di accentramento tanto più forte quanto più grande sarà il suo volume. Nascono da questa constatazione conseguenze inquietanti che investono l'essenza stessa dell'uomo fino a coinvolgerne la coscienza, proiettando al di sopra e dentro allo spazio umano l'ombra del Potere.

P. Bucarelli, presentazione in catalogo della mostra *Pietro Consagra: opere 1982-1984,* ex Convento S. Carlo, Erice, ago.-set. 1984

Inaugurazione della mostra personale alla Galleria Il Millennio, con Roberta du Chene, Roma 1981

...La volontà di demitizzazione, tanto più forte di quanto l'artista era consapevole della propria genesi e della propria vocazione mediterranea, si è concretata in una sorta di lucido determinismo: lo spazio, per noi che viviamo in un mondo moderno, è città e campagna. Dunque la scultura ha una funzione intrinsecamente urbanistica ed ecologica.

Naturalmente Consagra sa bene che città e campagna sono le definizioni culturali, e specificamente moderne, della realtà. Con queste l'artista, sapendo di essere uomo del proprio tempo assai più che un demiurgo o un profeta, deve confrontarsi.

Oggi città e campagna sono considerati due diversi ma complementari sistemi d'informazione, cioé due apparati riceventi e trasmittenti segni. Il proposito di Consagra è evidentemente d'inserirsi nel processo di trasformazione del sistema culturale facendo dell'arte un fattore di chiarificazione e di strutturazione dell'ambiente, sia della città sia del territorio.

Come nella sua prima fase aveva ridotto la forma plastica a schermo, così nella seconda fase trasforma lo schermo in diaframma: lo si vede specialmente nelle "sottilissime", dove la materia è poco più che un velario oscillante, sul quale si scrive tutto un discorso di segni captati nel vuoto. Nel pensiero dell'artista lo spazio urbano moderno ha bisogno del fattore chiarificazione dell'arte perché l'arte ha avuto una parte estremamente importante nella formazione e nell'evoluzione della concezione dello spazio: la crisi dell'arte, di cui non si può negare l'esistenza, è per conseguenza una crisi nella coscienza del valore dello spazio.

Lo scoraggiante spettacolo delle città storiche deformate da un'edilizia di sfruttamento intensivo è la prova evidente che l'industrialismo ha avuto come conseguenza la confusione e la corruzione dello spazio.

Per diminuire il potere alienante delle città e delle campagne alterate dall'industrialismo edilizio ed agricolo bisogna rigenerare la spazialità urbana e territoriale: intervenire, cioé, nel sistema di informazione che forma il tessuto dell'esistenza sociale mediante fattori disalienanti che possono essere soltanto artistici in quanto l'arte ha concorso al formarsi e all'evolvere della città e costituisce in certo senso la sintesi di natura e storia.

Con Fausto Melotti alla Galleria Il Millenio, 1981

L. Trucchi, presentazione in catalogo della mostra *Consagra: opere recenti*, Galleria Editalia "Qui arte contemporanea", Roma, mar.-apr. 1985; ripubblicato in catalogo mostra *Consagra*, Galleria Duchamp, Cagliari, ott.-nov. 1985

Con la sua salutare e provocatoria sincerità, con la sua ferocia dolce, con la sua lucidità immaginifica, con quel modo di arrivare al cuore delle cose e all'essenza dei problemi, per rapidi paradossi e folgoranti intuizioni poetiche, Consagra ha finito per essere il migliore commentatore e critico di se stesso. I suoi scritti sono sempre illuminanti; bastano talvolta poche parole, come queste che in "Vita mia" aprono il sintetico "percorso" della sua scultura: «È stato più facile per me avere creta da modellare che colore per dipingere. La creta era a portata di mano mentre il colore, esauribile, bisognava comprarlo. Mi sono sentito perciò dentro il destino di scultore più che di pittore. Ma la pittura mi è sempre piaciuta. Se avessi avuto colori a volontà sarei impazzito per l'insopportabile attrazione a dipingere. Avere paura della spesa è stato un freno utile per la mia emotività. La scultura, con la sua lentezza, mi tranquillizzava».

L'arte di Consagra è un sistema totalizzante, unificato sebbene mai uniforme, basato su un unico concetto che non è solo formale ma critico-ideologico: la frontalità. Concetto che l'artista elabora, sviluppa, assume, vive, così da ritrovarne, giorno dopo giorno, il senso immanente. Alla frontalità della scultura Consagra arriva agli inizi degli anni Cinquanta, dopo una sofferta crisi di identità, che investe alla pari l'uomo e l'artista. Da allora egli fa una scultura orizzontale, appiattita, quasi un "rilievo schiacciato", che ha una dichiarata ispirazione grafica, inizia cioé da un progetto disegnato sul foglio e, quindi, sviluppato lasciando integri alcuni valori gestuali, segnici, cromatici e luministici. Ma questa frontalità che sul piano linguistico si ricollega tanto al Costruttivismo quanto all'Informale, e che Consagra ha via via elaborato ed applicato anche ai suoi straordinari progetti architettonici, ha un risvolto simbolico. La frontalità è infatti mezzo e strategia per uscire dal centrismo celebrativo del monumento e per creare un rapporto più diretto non solo tra artista e opera ma tra opera e spettatore. In tal senso, per circa dieci anni, Consagra ha battezzato le proprie sculture «colloqui». Oltre a credere al progetto, alla costruzione, al colloquio, tre costanti che rispettivamente fanno capo alla sua razionalità, alla sua vitalità e alla sua socialità, Consagra non ha mai cessato di concepire l'opera d'arte come espressione estetica e oggetto di alta decorazione.

Consagra riprende a dipingere sistematicamente nel 1964 quando ormai perfettamente inserito e protetto nel proprio universo frontale, non teme più le dirompenti, laceranti sensazioni del colore.

All'opposto egli avverte subito che ora la pittura serve a "riequilibrarlo". È da questa pratica intenzionale della pittura che nascono infatti la serie delle sculture girevoli in ferro colorato e, più tardi, le sculture "bifrontali" in marmo, dove il colore «da complementare diventa parallelo e poi autonomo e primario»: un modo quasi di fare del colore una materia scultorea e della scultura una pittura.

In questo felicissimo gruppo di dipinti recenti, Consagra vive la pittura in maniera ancora più autonoma, come una sollecitazione gioiosa e irrefrenabile, come un bisogno di espansione, libera ed emozionata. Le immagini sono fitte; campite su fondi di colore puro hanno un ritmo incalzante ma non affannoso, imprevedibile e, tuttavia, esatto; non ammettono scatti,cesure, interruzioni. Pur separata e autosufficiente nella vibrante compiutezza di segno, colore, luce, ogni immagine è complementare alla successiva. Saldate da una agitazione reciproca queste immagini si configurano infatti come versi sciolti di un unico poema che ha un principio ed una fine. Dice Consagra di queste sue pitture che ama: «Sono sospese in una voglia di magnifico».

Il risvolto pauperistico delle neoavanguardie che tanto spesso hanno sconfinato nell'antiarte non ha mai interessato Consagra. La sua scultura, la sua architettura, la sua pittura, espressioni diverse ma speculari, tendono sempre più alla qualità e alla bellezza. Bellezza nel senso, così solare e mediterraneo, di Matisse, che fin dal 1907 dichiarava ad Apollinaire: «Dare ordine al caos, ecco la creazione...È necessario un ordine di cui l'istinto deve essere la misura».

G. Carandente, presentazione in catalogo della mostra *Pietro Consagra: la città frontale, 1968-1985*, Salone Renault, Roma, nov.-dic. 1985; ripubblicato in catalogo mostra *Pietro Consagra: la città frontale e interferenze, 1968-1985*, Galleria Lorenzelli, Milano, mag. 1986

Torna di attualità, e con ulteriore innesto provocatorio, la *Città Frontale* che Pietro Consagra ideò nel 1968 come espressione del suo dissenso per quella che egli chiamava la "repressione urbanistica". Allora e oggi, il progetto utopistico dello scultore siciliano risultava ed è un'estensione istigatrice della scultura, ora incentivo per l'artista a nuovi modelli di opere frontali - gli *Spessori* e oggi le *Interferenze* - ora sua diretta aggressione polemica nei confronti dell'archiettura urbana contemporanea.

Il discorso di Consagra sulla *Città Frontale*, delineato del resto chiaramente nel volumetto omonimo (De Donato editore, febbraio 1969), è rigido ma coerente: l'architettura odierna è di radice industriale, è consumistica, è fatta per essere fruita e non per essere contemplata come un tempo era stato a Venezia, a Pienza, sulla piazza del Campidoglio o a Noto. Proviene dal *design* e non dichiara altra paternità culturale se non quella del Cubismo. Non lascia tempo, nella sua totale assenza di follia, all'assorbimento dell'intelletto, all'estasi. E siccome il contrario della contemplazione è la noncuranza, sta a dimostrare che, secondo Consagra, gli architetti contemporanei, forse pochi maestri esclusi, sono tutti indifferenti, negligenti alla fantasia.

L'insofferenza dello scultore a subire la città "come ce l'hanno fatta digerire gli architetti", soltanto contenitori - case o veicoli - scatole, cofani,astucci, non dimore e scenografie come sono ad esempio i romani *Burrò* del Raguzzini, è più che palese.

184

La polemica di Consagra riemerge oggi in un tempo diverso per le sorti dell'architettura e in un mutato dibattito urbanistico, dopo svolte decisive nel linguaggio e nella funzione dell'architettura delle città. La *Strada Novissima* - per dirne una - alla Biennale di Venezia non fu che uno scenario, al modo degli apparati barocchi per le feste e l'ultimo grattacielo di Philip Johnson su Madison Avenue che i newyorkesi sarcasticamente chiamano "l'armadio *Chippendale*", ha un timpano da ebanista e un arcone d'ingresso che arieggia il S. Andrea di Mantova. Il *Post-moderno*, dunque pur aspirando a una qualità dell'immagine, attinge a tutto il campionari degli stili accademici.

Per Consagra, manca ancora dell'invenzione primaria, formale, che è prerogativa dell'artista, manca dell'esperienza plastica che è propria dello scultore.

La posizione di Consagra è persino più drastica: egli vuole che nell'architettura subentri anche il pizzico di stravaganza che solo l'artista sa proporre e vi sia una fantasia di forme esterne del tutto indipendente dalla funzione interna. Si potrebbe dire che la *Città Frontale* sia la faccia opposta dell'architettura funzionale e razionale e che di conseguenza il disegno dell'*Unité d'habitation* sia ormai da riporre nel cassetto per sempre.

Consagra non è nuovo all'intrigante dibattito (una delle tante forme dei suoi *colloqui*) tra l'arte che egli inventa e la società nella quale l'immette. Nella mostra delle sue opere nel Museo e di Castelvecchio a Verona, presentò un disegno per un prospetto alla chiesa fiorentina di San Lorenzo che non l'ha mai avuto malgrado vi avessero pensato il Brunelleschi prima e poi Michelangelo (del quale esiste il modello ligneo). E, più recentemente, in una polemica controversia con gli amministratori della sua città natale, Mazara del Vallo, ha proposto una bella e singolare facciata - una parete traforata da ventuno sculture - per quel palazzo comunale che oggi ne ha una squallida e insipida, nel genere "moderno" che Consagra aborrisce, in uno stile che egli definisce "altoatesino".... in Sicilia!

È stato, a questo proposito, definitivo nella condanna (in *Giornale di manovra* 1983): "Gli architetti fanno *design* con cui elaborano forme per oggetti di consumo nel corrente mercato che stimola il rinnovamento del prodotto unitamente allo sviluppo tecnologico e l'architettura si considera contemporanea da quando ha cancellato la facciata come tema inconsistente. Gli architetti viventi sono stati tutti educati al coordinamento di volumetrie organiche, alla funzionalità dello spazio minimo, all'uso approriato dei materiali, ai canoni industriali della prefabbricazione e nessuno perciò può esibirsi nel mondo plastico di una facciata senza cadere nell'improvvisazione".

Il discorso non fa una grinza, la dignità dei diritti dell'artista è dichiarata in modo esplicito, la libertà e, se si vuole, il *primato* del creatore di forme sono vivacemente e fieramente rivendicati.

La *Città Frontale* era nata come opposizione all'architettura che costruisce edifici per chi li adopera e che considera lo spettatore dei loro esterni, quegli cioé che voglia coglierne la bellezza nel contesto della città, sullo sfondo del paesaggio o dell'orizzonte, come un estraneo e un intruso. Poiché l'esperienza dello scultore fondava invece proprio sulla fruizione dall'esterno dell'oggetto, tolto dal centro ideale, i progetti della *Città Frontale* trasformano gli edifici in opere d'arte che colloquiano con il fruitore.

Nella *planimetria* progettuale si sono ora inseriti altre edifici che sono assai prossimi alle sculture che Consagra è venuto creando negli anni recenti in tutti i materiali possibili, compresi quelli più preziosi. Egli, li chiama *Interferenze*, intromissioni che portano ancora più in là l'impatto polemico. È indubbio, infatti, che questi nuovi modelli frontali di fantasiosi edifici realizzerebbero una città di sogno, vera *imagination au pouvoir*, una città moderna degna dei fasti antichi di Versailles.

Consagra, che rispetta l'architetura della città storica, disdegna l'altra dai connotati siderurgici e cementizi, la città industriale. Avoca all'artista il diritto di

Cristallino di Naxos, 1977

crearne una nuova che oggi risulti veramente moderna e fantastica, partecipe della storia attuale delle forme, inventata e non compitata, generata dall'invenzione formale e non dal calcolo, sia esso statico, ingegneristico o matematico.

Con chi stare? Con l'utopia dell'artista che ci propone edifici con i problemi creativi dell'opera d'arte individuale o con l'architettura del consumismo soggetto alle esigenze tecnologiche e manageriali?

Il dilemma resta. Consagra lo porge come tema di una mostra, ma è chiaro che l'implicazione ne sia ben più vasta. È il legittimo interporsi dell'artista in uno dei maggiori problemi contemporanei, il problema della città e della qualità della vita.

Altrove, Consagra ce lo ha già fatto toccare con mano. Intendo dire a Gibellina, dove il suo *Meeting*, o stazione degli autobus, e la grande *Stella* che fa da porta d'ingresso alla nuova città dallo svincolo dell'autostrada, sono le prime realtà trasgressive della *Città Frontale* a aver visto la luce.

Stella del Belice, 1981-82, Gibellina

F. Menna, presentazione in catalogo della mostra *Pianeti*, Galleria dei Banchi Nuovi, Roma, dic.-gen. 1988, pp. 8-10

... Infine la pittura. O, meglio, anzitutto. Consagra, come Braque, sa che ha bene le sue ragioni la pittura. E sono ragioni che egli condivide pienamente proprio perché è in essa che si è potuta celebrare la riconquista moderna della superficie. E ancora una volta dobbiamo ammettere che *tout se tient* se è vero che Braque (dopo Matisse) ha tentato anche lui la via difficile di una scultura ricondotta alla frontalità. La pratica della pittura nel percorso di Consagra ha quindi un significato determinante nel senso che essa rappresenta il luogo della sperimentazione e della verifica, una sorta di laboratorio dove vengono messe a punto le idee intorno al tema della frontalità, ricorrente come una *metafora ossessiva.* Certo, i dipinti di Consagra tendono a una propria autonoma definizione e attingono, per loro conto, il valore di opera; ma è pur vero che l'artista non ha mai smesso di considerare la pittura una pratica più disponibile all'avventura della lingua, all'azzardo esplorativo, allo scandaglio nel *terrain vague* dell'ignoto. La scultura si giova di questa spericolatezza sperimentale e ne utilizza spregiudicatamente i risultati, restituendo alla pratica sorella ciò che è più propriamente suo, la stabilità, la forza plastica.

Questo gioco delle parti che si instaura nel lavoro di Consagra tra pittura e scultura mi ha fatto pensare a una osservazione di Michel Seuphor contenuta in un saggio del 1959 pubblicato nella rivista "Préuves", con il titolo *Argomenti per la scultura*: «Sembra che l'arte odierna, come l'uomo, avanzi su due piedi, il sinistro che conquista e il destro che conserva». Al primo, prosegue Seuphor, corrisponde la pittura, che concede di più alla foga romantica e al gesto rivoluzionario; al secondo, la scultura, che, anche nei suoi tentativi più arditi, conserva sempre un accento di classicità. E questo perché la scultura è legata a una maggiore misura stilistica a causa degli stessi mezzi che è costretta a impiegare.

La serie dei «Pianeti» nasce proprio dalla conciliazione di queste due esigenze complementari e si situa appunto in quel luogo liminare, di confine, che divide e unisce al tempo stesso la pittura e la scultura. Il termine di riferimento dei «Pianeti» è il piano, la superficie a due dimensioni su cui la pittura lascia i propri segni, distende i suoi colori, racconta per immagini le sue storie. Consagra chiede alla pittura appunto questo, la possibilità di una incessante esplorazione nel regno dell'immagine, una immagine mobile, che appare e scompare, che non si lascia mai sorprendere in un punto definito in quanto gioca, per così dire, a rimpiattino con il fondo, ora staccandosene ora identificandosi con esso, oppure si lascia sedurre dalla continuità dei contorni e si fa trascinare in un movimento di continue metamorfosi. Lo stesso piano sfugge a una definizione spaziale precisa contribuendo a una definizione dell'opera come forma fluida, mobile, metamorfica.

La serie dei «Pianeti» sfugge quindi a una identificazione stabile, di natura strutturale (rapporto tra figura e fondo, tra discreto e continuo) o di genere (pittura o scultura) e può essere compresa solo se si accetta una logica della contraddizione. E chi sa se il nome della serie non sia legato proprio a questa logica degli opposti: come i corpi celesti che ruotano intorno al sole i «pianeti» di Consagra non vivono di luce propria, sono sculture che vivono della energia cromatica e luminosa della pittura; nello stesso tempo sono pittura che rende visibile e tangibile la propria energia solo nel corpo della scultura.

Ma c'è di più: i «pianeti» di Consagra, visti nel loro insieme (e non c'è dubbio che questa è la loro condizione ottimale per essere compresi appieno) ruotano anch'essi intorno a un centro, un punto ancora una volta mobile, indeterminato, immateriale, che può essere anche un pensiero, un'idea, l'idea di un cambiamento possibile dell'ambiente e degli stessi oggetti che lo abitano.

I «pianeti» di Consagra ci parlano, in definitiva, di un luogo inesistente, di un *nowhere*, da dove ci indicano una possibilità diversa rispetto al presente (non solo il presente della pittura, della scultura): i «pianeti» assumono così il significato di oggetti utopici e nella famiglia di oggetti bizzarri e inquietanti che l'arte moderna di tanto in tanto ci ha dato si apparentano in qualche modo ai «planeti» malevichiani.

PIETRO CONSAGRA
Biografia cronologica

a cura di Giuseppe Appella

1920

Nasce a Mazara del Vallo (Trapani) il 4 ottobre alle ore 3, da Maria Lentini e da Luigi, ma viene dichiarato all'anagrafe solo il 6.

Il padre, dall'età di cinque anni, va in giro per le strade dei paesi che guardano l'Africa, con una cassettina di legno, a vendere aghi e filo. Vive del guadagno della giornata, come i nonni che di porta in porta cercano di sistemare ricami, coperte, maglie. È proprio con il nonno paterno, lettore dell'unico libro in suo possesso (*I Paladini di Francia*), che si reca per la prima volta all'Opera dei Pupi.

La madre, figlia di un *soprastante* nel feudo dei Conti di Burgio, rispettosa di regole sociali basate sul lavoro e sulla famiglia, rimasta orfana, sposa il padre, «Don Luigi», perché vestiva differente, perché viaggiava e parlava con la cadenza palermitana, nello strascico opulento della Capitale" (cfr. *Vita mia*, Feltrinelli, Milano, 1980, pag. 11).

La casa «era vicina al passaggio al livello sulla strada che portava fuori dal paese verso Castelvetrano, dove abitavano manovali e contadini... Due stanze più cucina e cortiletto... dormivamo nella stanza interna e nella stanza sulla strada c'erano il tavolo tondo al centro, quattro sedie incordate e una chaise-longue. Nella stanza da letto, appese ai muri, due oleografie. Una faceva la pubblicità ai treni americani: la locomotiva con lo spazzaneve, i vagoni in prospettiva nella curva e la gente elegantissima alla stazione in attesa, in primo piano. Al centro una scritta in inglese che garantiva qualcosa. Nell'altra c'era un lago di acque straripate con in mezzo un albero dal tronco semisommerso, tra i rami una lepre impaurita e un ragazzino in piedi sulla barca che si protendeva per prenderla, certamente volendola salvare. Su queste oleografie si posavano i miei occhi affascinati dalla graziosità dell'enigma». (op. cit., pag. 14).

1923

Mazara del Vallo, 6 marzo, nasce sua sorella Carmela.

Mazzara dal mare

Mazara del Vallo nel 1920

1926-30

Frequenta a Mazara le scuole elementari dimostrando una spiccata attitudine per il disegno.

1931-38

Finite le Scuole Elementari vuole fare il macchinista di treno. Suo padre si informa da un amico cieco, suonatore ambulante di chitarra, che gli suggerisce la Scuola Professionale Marittima di Mazara. Si iscrive a quella Scuola, al Corso di Capitano, (o padrone Marittimo), in modo da poter comandare un bastimento fino a 700 tonnellate entro il Mediterraneo. La scuola però è troppo limitata per i suoi pensieri. Bocciato per diversi anni, senza gli amici che cominciano ad essere immessi nei lavori di manovalanza o della campagna, prende un'altra strada. Bazzica le botteghe di falegnameria dove incontra Peppino, un ragazzo che scolpisce, con le sgorbie, delle teste di legno. Continua a disegnare sul cartone bianco delle scatole che il padre non utilizza.

Lascia definitivamente il Corso della Scuola Marittima e frequenta, in Mazara, una classe serale di disegno tenuta da un professore di Castelvetrano che gira per i paesi a intagliare mobili per i clienti occasionali.

Si intrattiene nel Circolo Commercianti in Piazza per ascoltare musica alla radio. Va al cinema quando può, nella sala del paese dove si proiettano storie (*La Signora del mondo*, ...) che durano più sere.

Scrive lettere alla Regina, al Principe, alla moglie del Duce per una probabile borsa di studio.

Comincia a lavorare con la creta e si esibisce facendo ritratti. In una di queste occasioni, mentre fa posare un ragazzino della strada, davanti alla porta di casa, conosce Francesco Catania, «un uomo alto con baffi grigi attorcigliati e gli occhi celesti, ex fotografo poi commerciante di vino. Elegante, con il cappello chiaro a falde larghe e il fiocco nero al posto della cravatta, portava un bel bastone al braccio e camminava calmo e diritto come se passeggiasse, fermandosi con conoscenti per fare due battute, un buffetto, un apprezzamento.

Lo chiamavano «Professore» perché era stato fotografo e un patito del ritratto fatto in posa, con una vera passione per tutto ciò che era genialità... In paese era un'autorità in fatto d'arte. Era riuscito a mandare un giovane all'Accademia di Belle Arti di Napoli coinvolgendo un po' tutti nell'entusiasmo per la sua scoperta.

Il «Professore», la fama di scopritore di talenti la reggeva con qualche fastidio, poiché ogni tanto veniva interpellato per dei giudizi su giovani dai quali egli capiva subito che non v'era da aspettarsi molto. Aveva in mano la situazione del paese senza scivolare mai nelle lusinghe. Era molto esigente come per il suo mestiere di fotografo e infallibile nel giudicare sulle somiglianze e sulla tecnica.

Gli aveva parlato di me con insistenza uno che lui stimava poco quanto alle cose dell'arte, Pasquale, quello che gestiva il fondaco. Le insistenze del fondacaro lo irritavano e non veniva a trovarmi. Ma la sua curiosità quel giorno aveva vinto per me.

Si affacciò davanti alla porta e mi chiese di vedere i lavori che avevo fatto. Poi mi disse: «Mio caro ci siamo. Vieni la settimana prossima nel mio ufficio con tuo padre». (op. cit., pag. 20-22).

Il Professore, il giorno fissato, è nel suo studio, in piedi, davanti a un cavalletto di legno con della creta sopra. Dice: «Eccomi, fammi il ritratto. Poi lo farò fotografare e invierò la foto ai miei amici di Roma». Il ritratto viene benissimo. Comincia a studiare per prepararsi agli esami di ammissione al Liceo Artistico di Palermo.

1938-44

Ammesso, in settembre, al Liceo Artistico di Palermo, lo frequenta studiando e disegnando come un forsennato, mantenuto dai contributi, purtroppo insufficienti, degli amici del paese. Al termine del I anno di scuola, si ammala di turbecolosi ed entra in un Dispensario. Per mezzo di cure intensive, di grandi sacrifici familiari e di un contributo della Camera di Commercio di Trapani, si rimette in sesto e ritorna a scuola, avendo perduto solo qualche mese.

Si diploma nel 1941, un anno prima, col «salto di guerra», ed entra, con una Borsa di studio, all'Accademia di Belle Arti la cui cattedra di Scultura è tenuta da Archimede Campini. Vi rimane fino al 1944, tra un susseguirsi drammatico di avvenimenti.

Il padre, ammalato, viene ricoverato a

I genitori di Consagra

I nonni di Consagra, Carmela e Giuseppe

La casa di Mazara del Vallo in via Castelvetrano 4

Trapani, dove muore allo sbarco degli americani in Sicilia. La madre e la sorella Carmela si trasferiscono a Palermo. La casa del paese viene venduta. Nuovo rientro in Sanatorio, mentre gli aerei bombardano a tappeto la città. Finalmente arriva l'America. Vengono rimosse le macerie dalle strade, diventa impellente la necessità di lavorare. Si reca al Club della Croce Rossa Americana, accanto al Teatro Massimo, in seguito a un'inserzione per un lavoro di caricaturista. Fa le prove davanti ai soldati e viene accettato. Conosce Helena Day, una crocerossina del Club che si interessa d'arte e gli parla di Picasso e di Parigi. A lei mostra le 10 incisioni fatte in Accademia (*Mia sorella*, 1942, puntasecca; *Antico*, 1942, puntasecca; *Visione triste*, 1942, puntasecca; *Mercato*, 1944, acquaforte; *Rane*, 1944, acquaforte; *Lo sfacelo*, 1944, acquaforte; cfr. G. Appella, *Pietro Consagra Opera grafica*, Scheiwiller, Milano, 1977, nn. 1-2-3-4-5-6), subito esposte al Club e subito acquistate da un sottufficiale di New York.

Si iscrive al Partito Comunista. Frequenta la Galleria d'Arte Moderna al Politeama. Incontra Mario Rutelli, autore della Fontana di Piazza Esedra e del Monumento ad Anita Garibaldi sul Gianicolo a Roma.

Pensa sempre più spesso di trasferirsi nella capitale. Sa, ormai, che esiste un'arte moderna che lui non conosce ancora. Scrive: «La Sicilia è una regione al guinzaglio, un ingorgo storico che la paralizza come problema meridionale» (op. cit., pag. 35).

"Ubicazione dimensione e forma sono combinate per disintegrare la voglia di autodeterminazione. Sempre preceduti da altri, i siciliani non sono mai stati protagonisti, la spontaneità è rimasta incolta, tutte le vocazioni sono state rimorchiate e non è nata l'avventura. Al centro del Mediterraneo, è stata dominio di eserciti vittoriosi altrove. Base di sostentamento per guerre che non la riguardavano, con la schiena sulla zappa, non è nata la provocazione. Di siciliano non esiste niente nella storia. Alla Sicilia tutto è stato portato e tolto. Non si è mai avuta una cultura siciliana, un'arte siciliana, una politica siciliana. Le grandi architetture testimoniano momenti di lusso dei poteri continentali. Senza rimpianti e senza eroi i siciliani sono rimasti a guardare o a eseguire ordini altrui. Non ha avuto gloria chi vi ha rimesso la pelle. Il siciliano quando si allontana dalla sua terra si presenta da solo, alle spalle non ha niente che gli appartiene, giunge altrove per prendere dando in cambio se stesso come un ladro senza cauzione. Oltre alla disponibilità a rendersi utile per ciò che è di altri non ha un prestigio a sé. Non provie-

Con i compagni del Liceo Artistico. Gli è accanto Antonio Sanfilippo, Palermo 1941

Francesco Catania, 1938

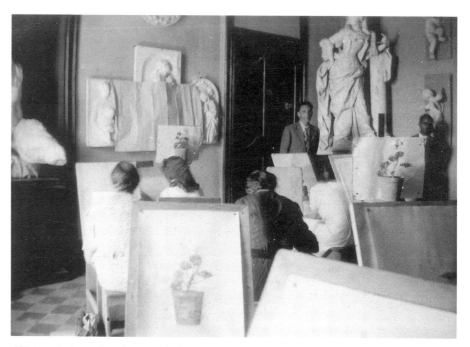

Al Liceo Artistico di Palermo nel 1938

190

ne da un oggetto privilegiato.
Sulla facciata della cattedrale del mio paese c'è una bella scultura in marmo dell'epoca barocca: rappresenta Ruggero il Normanno a cavallo che scaccia l'Arabo: un monumento a due estranei che si davano il cambio» (op. cit., pag. 7-8).
Se è vero che «i sedentari subiscono la violenza del malocchio», è pur vero che «i siciliani partono non per curiosità ma per necessità». Con in mano una lettera di presentazione di un ufficiale che attesta del suo ottimo lavoro svolto per circa un anno a Palermo, parte per Napoli. «Avevo voglia di raggiungere il massimo, di arrivare al cuore pulsante della creatività, ai ricchi serbatoi della cultura dove ogni gesto prende eco. Volevo conoscere le facce, pronunciare bene i nomi, stare dove chi dice qualcosa trova la misura giusta in quell'esatto momento del significato. Avere le carte in mano e non stare dietro le spalle di qualcuno per puntare sulle scelte di altri. Nel rimescolio della guerra partire fu automatico» (op. cit., pag. 35).
Alla Croce Rossa Americana di Napoli l'attende un'altra lettera con la quale dovrebbe presentarsi a Roma. Invece, lavora due mesi al Club dell'Acquario di Via Caracciolo e si reca alla Federazione Comunista dove conosce il pittore Paolo Ricci che, sul primo numero del quotidiano «La voce», pubblica, in prima pagina, un suo disegno.
Verso la fine dell'agosto del 1944 parte per Roma. «Scesi dall'autobus a piazza Esedra e mi avviai per Via Nazionale col mio bagaglio, poi entrai nel traforo e uscito alla luce svoltai a sinistra verso la Fontana di Trevi in cerca di un alloggio. Trovai un piccolo albergo in quel cuore di Roma. Ero vicino a Piazza di Spagna. Sarò stato il primo ad arrivare pensando all'arte e alla vita». (op. cit., pag. 40-41).
Si presenta al Direttore del Club della Croce Rossa Americana e incomincia a lavorare facendo ritratti ai soldati, di profilo (1/2 dollaro) e di fronte (1 dollaro). «Chissà quante centinaia di quei ritrattini sono ancora conservate nelle case americane».
Incontra, in un laboratorio di Via del Babuino dove si preparano scenografie cinematografiche, Concetto Maugeri proveniente da Catania ma da diversi anni a Roma. Attraverso lui, da Cesaretto, in Via della Croce, conosce Guttuso «cordiale e simpatico, caloroso e ospitale»; in Federazione: Turcato, Afro, Mirko, Leoncillo, Omiccioli e Mazzacurati, che

Un angolo dello "studietto" di Mazara, 1938

lo ospita a casa sua, gli mostra il suo modo di lavorare la cera bianca iniziandolo a quella materia con piccole figure.
Gli incontri in Federazione, le serate in trattoria, le riunioni tra artisti e comunisti portano di continuo a discutere della situazione dell'arte in quegli anni e di quale arte considerare «nuova». Courbet o Picasso? Cézanne? Ognuno dice la sua, mentre Mafai e Guttuso inizano la loro battaglia.
La guerra non è ancora finita e già si pensa al dopoguerra, ai turisti americani che avrebbero sostituito i soldati. Si attrezzano fucine, si improvvisano atelier, l'arte applicata diventa la risorsa di quanti devono sbarcare il lunario. Partecipa «facendo bicchieri e piastrelle per piccoli pavimenti, per tavolinetti da té», impara il mestiere della ceramica, modellando subito un balcone con un fregio tutto galline, armi medioevali e oggetti da rigattiere.
Guttuso apre studio a Via Margutta 48, int. 16, nello stesso cortile dove Mazzacurati ha il suo. Questo studio diventa un punto di riferimento per chi è o arriva a Roma. «Era come un battistero delle botteghe oscure dove tutto diventava troppo impegnativo. Ci si arrivava per un corridoio lungo e contorto, per scale e pianerottoli con salite e discese, in parte coperto in parte a cielo aperto, alle pendici del Pincio, sotto Villa Medici, tra Piazza del Popolo e Piazza di Spagna. Molti studi di Via Margutta erano occupati da vedove di artisti, da corniciai, da pittori di Via del Tritone. Prima di terminare, il cortile aveva uno slargo quadrato dove confluivano i finestroni dei cessi aggettanti di quattro studi. Poi un fico selvatico nella strettoia successiva e infine la porta del «battistero».
Questa porta era senza vetri e al loro posto furono appuntati dei compensati e pezzi di stoffa damascata. Chiunque spingesse con la mano gli ostacoli posticci poteva tirare lo scatto della serratura ed entrare.
Aperta la porta si era già nello stanzone con il cavalletto, quadri, un tavolo, un grande letto, il lucernario al soffitto e un finestrone alla parete, una stufa di cotto, l'alcova che serviva da legnaia, un cucinino che portava a un cessetto e a uno stanzino». (op. cit., pag. 47).
Nel settembre del 1944 si iscrive al IV anno dell'Accademia di Belle Arti di Roma la cui cattedra di scultura è tenuta da Michele Guerrisi, ma si ritira, prima della fine dell'anno, perché si accorge dell'inutilità di questi studi.

1945
Stabilitasi, con Guttuso, una fraterna amicizia, si trasferisce nello stanzino del suo studio. In questo studio passano Dorazio, Guerrini, Perilli, Attardi, Sanfilippo e Accardi; quando è a Roma viene Severini a parlare del Futurismo, del Cubismo e della sua vita a Parigi, Emilio Sereni si dilunga sulla cultura popolare...
Roma, 6 dicembre, inaugurazione della Galleria «Il Cortile» (Via dei Prefetti, 46). Espone per la prima volta, nella collettiva di «opere dei pittori e degli scultori», insieme a Guttuso, Mafai, Omiccioli, Pirandello, Purificato, Scordia, Cannilla, Franchina, Greco, Mazzacurati, Mazzullo. (*Disegno*).

1946
Roma, 20-30 aprile. Galleria «Il cortile», «Mostra del disegno» con Turcato e Vedova.
Aprile. Studio d'arte «Palma», «Prima Mostra di artisti artigiani» con Leoncillo, Mirko, Guttuso, Afro, Scordia, Gentilini, Tamburi.

Estate. In casa di Mimise assiste alla riunione per la formazione del «Fronte Nuovo delle Arti». Sono presenti Treccani, Birolli, Morlotti, Pizzinato, Corpora, Fazzini, Franchina, Vedova, Leoncillo, Santomaso e Giuseppe Marchiori. Viene escluso dal «Fronte» perché, a dire di Guttuso, è troppo giovane. In seguito Marchiori, Vedova e Santomaso con una lettera gli comunicano la sua inclusione. Consagra non dà seguito all'invito. Settembre. Visita, con interesse, alla Galleria Nazionale d'Arte Moderna, la mostra di «Pittura francese d'oggi» con, tra gli altri, Braque, Delaunay, Dufy, Gischia, Léger, Manessier, Matisse, Picasso, Singier, Villon.

Ottobre. Inizia la sua carriera di insegnante al Liceo Artistico, come assistente di Valente, titolare della Cattedra di Ornato disegnato.

Natale-Capodanno 1947. Per uno scambio internazionale di studenti della Gioventù Comunista, insieme a Turcato, Sanfilippo, Accardi, Maugeri e Attardi, si reca a Parigi. Caputo, Direttore della Galerie Billier a Rue de la Boethie, dove si dà appuntamento la Nuova Scuola di Parigi (Pignon, Gischia, Manessier ecc.), dopo l'incontro romano in occasione della mostra di pittura francese, è il punto di riferimento. Da lui riceve gli indirizzi di Gischia, Magnelli, Giacometti, Adam e Hartung. Con Turcato, visita i loro studi. Nello studio di Hartung, fuori Parigi, vede le sculture in ferro di Gonzales. Con Adam visita lo studio dove Picasso conserva gran parte delle sculture in gesso create con l'aiuto dello stesso Adam. Tramite Magnelli incontra Brancusi, Pevsner, Arp, Laurens e Léger. Dall'Impressionismo a Cézanne, da Matisse e Kandinskij, a Klee è «un concentrato esplosivo di gioia creativa. Era un meraviglioso sentirsi comunisti e artisti d'avanguardia... diventare provocatori della libertà di pensare dentro il partito». (op. cit., pag. 52). Il suo entusiasmo, rientrato a Roma, è alle stelle. «Eravamo la generazione aperta all'Europa. I problemi di Guttuso non erano più nostri».

Esce il volume di Arturo Martini *Scultura lingua morta*.

Contadino impiccato, 1945, bronzo

1947

Milano, gennaio-febbraio, Palazzo Reale, «Mostra Internazionale d'Arte Astratta e Concreta», a cura di Max Bill, Max Huber e l'architetto Bombelli. Come dichiarato in catalogo è «la prima a carattere internazionale tenuta in Europa dopo la recente guerra, e la prima in senso assoluto in Italia». Sono presenti opere di Arp, Herbin, Kandinskij, Klee, Vantongerloo, Licini, Munari, Radice, Veronesi ecc. In occasione della redazione di «Forma 1» questa mostra è un punto di riferimento.

Roma, 15 marzo. Mentre Guttuso è a Parigi, nel suo studio, con Accardi, Attardi, Dorazio, Guerrini, Perilli, Sanfilippo e Turcato firma il Manifesto e progetta la rivista «Forma 1» che esce in aprile. Ognuno paga il proprio cliché. Le spese del tipografo le paga un amico di Guttuso. Sulla rivista Consagra pubblica *Teorema della scultura*. In copertina, su suo suggerimento, figurano l'ovale, la sfera e il cubo fotografati da Raffaele Rossi. Guttuso, rientrato da Parigi e visto il giornale che porta come indirizzo quello del suo studio, si adombra.

«Forma 1 era nata perché volevamo fare un'arte fuori dal picassismo. La deformazione espressiva della figurazione ci sembrava negasse lo spirito del rinnovamento, il senso di festa che doveva avere la

nostra partecipazione come giovani comunisti in una società tesa verso la giustizia e le avventure del costruire il piacevole». (op. cit., pag. 52).

Nello stesso periodo Guttuso si trasferisce nei grandi studi dell'Accademia Tedesca di Villa Massimo messi a disposizione degli artisti dal Ministero della Pubblica Istruzione. Da quel momento iniziano le polemiche e gli attacchi sulla stampa di partito.

Aprile, Galleria «Il Cortile», «Prima Mostra dei Collaboratori di Alfabeto» con, tra gli altri, Sanfilippo.

Maggio. Christian Zervos, editore e direttore dei Cahiers d'Art, insieme a Benedetta Marinetti visita il suo studio per incontrare altri giovani artisti.

Milano, 12 giugno-12 luglio, Galleria della Spiga di Stefano Cairola. Si apre la I Mostra del «Fronte Nuove delle Arti». Partecipano Birolli, Corpora, Fazzini, Franchina, Guttuso, Leoncillo, Morlotti, Pizzinato, Santomaso, Vedova, Viani.

Praga, luglio, «Esposizione d'arte giovane italiana», organizzata dal «Fronte Nazionale della Gioventù», con, tra gli altri, Dorazio.

Roma, 20 ottobre-5 dicembre, Galleria-Ritrovo dell'Art Club. Prima mostra d'arte non figurativa del dopoguerra, con Dorazio, Maugeri, Perilli, Turcato, introduzione di E. Villa. Prampolini sul «Bollettino dell'Art Club», gennaio 1948, annota: «Lo scultore Consagra nella sua grande composizione verticale è l'unico,

Con la madre e la sorella Carmela, durante uno dei suoi ritorni estivi a Mazara, 1946

ad esempio, tra i suoi colleghi che abbia raggiunto un'autonomia d'espressione integralmente astratta».

Ottobre. La rivista «Alfabeta» (nn. 19-20) pubblica un suo articolo sulla *Scultura astratta* con riproduzioni di sue opere.

Novembre, Galleria «Palma» (P.zza Augusto Imperatore), mostra di Corrado Cagli presentato da Massimo Bontempelli e Antonello Trombadori. Nella presentazione di Trombadori si parla di Cagli come del maestro dell'arte moderna che deve insegnare ai giovani italiani come dipingere. Consagra, capitato nella Galleria dove Emilio Villa collabora con Bardi, legge la presentazione e nel suo studio di Via Margutta, punto di riferimento del gruppo, prepara, insieme agli altri, un Manifesto, «Da Cagli a Cagli» che, poi, con Attardi, attacca di fronte alla Galleria. All'inaugurazione, la sera, alcuni, intravedendo il Manifesto, pensano ad un omaggio al pittore. La sorella di Cagli, al contrario, legge e avverte i presenti, tra i quali Mirko ed Afro, che escono e trovano tutto il gruppo schierato a difesa del Manifesto. Guttuso li minaccia a dito alzato: «Vi toglieremo il saluto». Scoppia una rissa. Arriva la polizia. Consagra e Carla Accardi vengono portati in Commissariato. Spiegano che la rissa è scoppiata per un tipo di pittura che a loro non piace. L'indomani, Attardi incontra Afro in Via della Croce e scoppia un litigio con calci e pugni. La sera, Palma Bucarelli racconta a Togliatti la vicenda. Togliatti ride di gusto.

Il 13 novembre, su «La Fiera Letteraria», Perilli in una lettera spiega le ragioni del litigio tra il gruppo di «Forma» e i sostenitori di Cagli. Riporta due frasi di Trombadori: «Cagli fu sempre immune dalla retorica imperialista del tempo...», «... il lavoro di Cagli è stato sempre improntato a una ricerca di contenuti».

Sempre il 13 novembre, sotto il titolo *Gli astrattisti*, «L'Unità» pubblica una lettera firmata da Attardi, Accardi, Consagra, Dorazio, Guerrini, Manisco, Maugeri, Mirabella, Peirce, Perilli, Sanfilippo, Turcato. «... Una rivoluzione di contenuti è possibile soltanto se definita da un linguaggio formale dialetticamente evoluto rispetto alla cultura che lo precede...». L'arrivo di un pittore da anni assente dall'Italia ed estraneo allo svolgimento della nostra pittura, ha creato degli equivoci. Sicché chi già aveva parlato di realismo non ha oggi esitato a concedere l'avallo morale ad una tendenza fino a ieri rinnegata come arbitraria. Qual è l'esatta posi-

Lo studio di Guttuso, in Via Margutta 48

zione di questo artista nei confronti degli astrattisti italiani? Forse la ricerca della linea logaritmica e della sezione aurea vantata dal Bontempelli? Tutta una decadenza borghese sembra confluire invece in questa pittura dalla sorgente romantica di un De Chirico ormai sfatta e decomposta alla palude stagnante del surrealismo europeo nella sua ultima metamorfosi americana. L'arbitrio automatico prevale in una prospettiva abusata e metafisica. Come è facile vedere un mondo vecchio che attraverso la pittura di Cagli si cerca di rivalutare come anticipazione del nuovo linguaggio. L'astrattismo non ha nulla a che vedere con posizioni di questo genere. La forma ha valore in se stessa senza alcun richiamo freudiano o evocativo. I putridi umori della borghesia non hanno spazio nei quadri astrattisti, dove un controllo continuo della linea e del colore e il non richiamarsi naturalisticamente ad una realtà visiva costringono il pittore ad essere presente con la propria razionalità e non già con sfoghi vanamente letterari. Quale delle due posizioni sia veramente progressiva lasciamo il giudizio al pubblico ed ai critici». Antonello Trombadori risponde accusando di «spirito borghese» i «formalisti» e conclude: «Io sono d'accordo con la loro ribellione ai pesanti residui surrealistici e metafisici che esistono nella pittura di Cagli. Ma devo al tempo stesso avvertire che mentre dietro l'astrattismo francesizzante - e per nulla italiano - dei giovani firmatari vive il caos dell'improvvisazione teorica, dell'incapacità grammaticale e dell'assenza dei principi elementari del linguaggio figurativo (ad eccezione di Turcato che è pittore di talento e malgrado lui così lontano dell'a-

Nello studio di via Margutta con Mauge-ri, 1948

Con Nella Rossi a Villa Borghese, Roma 1946

193

strattismo quanto tutti gli altri suoi colleghi della pittura), dietro l'astrattismo di Cagli v'è tutto un fondamento teorico che si riallaccia alle esperienze della geometria non euclidea e comunque a una serie di problemi matematici che fanno parte della cultura moderna». (cfr., per un resoconto cronachistico dei fatti, M. Venturoli, *Pugni, schiaffi e pennelli*, «La Voce Repubblicana», Roma, 6 novembre).

14-31 dicembre, Galleria-Ritrovo dell'Art Club, «II Esposizione Annuale dell'Art Club». Viene premiato insieme a Guerrini.

15-28 dicembre, Galleria Mola (Via Margutta, 54), «Mostra di disegni e di plastici dello scultore Pietro Consagra».

1948

Roma, febbraio. Da un incontro con Sottsass jr. nel suo studio di Via Margutta nasce l'idea di una mostra dell'arte astratta in Italia. Con Turcato si reca a Milano e a Venezia in cerca di adesioni. Incontra Fontana, Munari, Reggiani, Soldati, Dova, Dorfles, Pizzinato e Viani. Nessuno gli parla di Melotti.

Marzo. Saletta Tazza d'oro (V. del Babuino), «Arte astratta», insieme agli artisti di "Forma".

Firenze, marzo. Palazzo Strozzi, «Arte d'oggi», con, del Gruppo Forma, Accardi, Dorazio, Guerrini e Turcato.

La ballerina, 1946, legno

Il Manifesto di "Forma I", Roma 15 marzo 1947

Roma, marzo-aprile. Galleria di Roma (V. Sicilia), «Arte astratta in Italia», con, tra gli altri, Fontana, Licini, Magnelli, Prampolini, Reggiani, Soldati, Spazzapan, Vedova, Viani (*Plastico verticale*). Ettore Sottsass jr. in catalogo scrive: «Poi, che si dica astratta o concreta questo non è molto importante anche se sotto a queste due parole sta una precisa polemica tra le idee di quelli che le hanno inventate. Perché i concreti dicono che gli uomini hanno da sparire e da annientarsi nella pura concretezza dei mezzi espressivi e gli astratti violentano quella concretezza dei mezzi espressivi per lasciargli dentro la traccia della loro presenza. Noi abbiamo messo alla mostra il nome degli astratti perché non crediamo ad un mondo ideale dove ogni cosa diventi ferma e trasparente e dove gli uomini dovrebbero arrivare

La copertina del cataloghino della mostra alla Galleria Sandri, 1948

sublimandosi in puri ordini matematici e geometrici. Noi non siamo degli idealisti». M. Venturoli, ne «La Repubblica» del 19 marzo commenta: «Consagra scultore folle, con una scala-foglia dal basamento di chiavica».
Marzo-maggio. Galleria Nazionale d'Arte Moderna, «V Rassegna nazionale d'arti figurative» (*Figura verticale*).
Venezia, giugno. XXIV Biennale Internazionale d'Arte. Partecipano Turcato, Accardi e Sanfilippo. La scultura di Consagra non viene accettata perché Manzù, in giuria con Marchiori e Guttuso, afferma: «Se entra quella scultura esco io». Peggy Guggenheim vuole comprare la scultura per inserirla nella Collezione presentata in Biennale da Argan. Consagra rifiuta. Cacciato dalla porta, non vuole entrare dalla finestra.
Venezia, 24 giugno-8 luglio, Galleria Sandri (Campo Manin), «Pietro Consagra» (6 profili in ferro e 36 disegni) presentato da Giuseppe Marchiori che, per un senso di colpa, vuol riparare alla mancata presenza della scultura di Consagra in Biennale.
Parigi, luglio-agosto, Palais des Beaux Arts de la Ville de Paris, «Salon des Realites nouvelles», con Dorazio, Perilli e Turcato.
Bologna, ottobre, Alleanza della Cultura, «I Mostra Nazionale d'Arte Contempo-

La lettera di Marchiori del 5 maggio 1948 relativa alla mostra alla Galleria Sandri

ranea» (Birolli, Turcato, Morlotti, Moreni, Pizzinato, Vedova, Guttuso). La scultura di Consagra non viene esposta perché confusa con un puntello delle casse (Pajetta ricorda l'episodio in un articolo). Togliatti, sul n. 12 di «Rinascita», dello stesso mese, siglando «R.» (Roderigo di Castiglia) scrive: «È una raccolta di cose mostruose: riproduzioni di cosiddetti quadri, disegni e sculture che a cura dell'"Alleanza della Cultura" di Bologna sono stati esposti in quella città in una "Prima (sic!) Mostra Nazionale d'Arte

(resic!) Contemporanea". Come si fa a chiamar "arte", e persino "arte nuova" questa roba, e come mai hanno potuto trovarsi a Bologna, che pure è città di così spiccate tradizioni culturali e artistiche, tante buone persone disposte ad avvalorare con la loro autorità, davanti al pubblico, questa esposizione di orrori e di scemenze come un avvenimento artistico? Diciamo la verità: queste brave persone la pensano come noi tutti, nessuno di loro ritiene o sente che sia opera d'arte uno qualsiasi degli scarabocchi qui ripro-

dotti, ma forse credono che per apparire "uomini di cultura" sia necessario, davanti a queste cose, darsi l'aria di superintenditore e superuomo e biascicare frasi senza senso. Su via! Abbiate coraggio! Fate come il ragazzino della novella di Andersen, dite che è nudo il re; e che uno scarabocchio è uno scarabocchio. Ci guadagnerete voi perché sarete stati sinceri, e gli artisti o pretesi tali certo si arrabbieranno sulle prime, ma poi farà bene anche a loro». Gli artisti rispondono con una lettera, pubblicata su «Rinascita» del 12 dicembre: «Trattare i problemi attraverso semplicistiche *tabulae rasae* vuol dire buttar via il bambino assieme all'acqua sporca, cioè «fare un salto all'indietro».
Questa situazione, politica e psicologica, trova la sua valvola di sfogo nella trattoria dei Fratelli Menghi in Via Flaminia dove si recano artisti, cineasti, ex partigiani, politici e giornalisti. Con Turcato, Mafai e Balestra è di casa. Ogni tanto la frequentano De Sanctis e Zavattini, Natoli, Negarville, Pajetta, Amendola con sua moglie, Sonego, Pirro, Solinas, Pontecorvo, Ferreri, Perilli, Lulli, Gatto, Chilanti, D'Arrigo, Penna, Petroni, Bernari, Marinella e Giovanni Pirelli, ecc. «Menghi fu la base strategica dell'attesa di tanti noi giovani. Il passaggio dalla sconfitta ideologica e politica alla ripresa per l'inserimento personale. La trattoria divenne alla moda come era diventata alla moda il Re degli Amici di Via della Croce. Mentre il Re degli Amici ci teneva buoni con qualche credito e con l'acquisto di disegni e quadretti nell'attesa che arrivassero i clienti ricchi e lo spazio per noi andava sempre restringendosi, da Menghi fu sempre lo stesso ritmo registrato dai conti di Naride, conti che si assommavano tutte le sere per mesi e mesi con cifre dell'accidente. Naride fu sempre paziente e amichevole. Capiva tutto quello che succedeva e capiva che eravano persone che prima o poi ce l'avrebbero fatta. A Naride importava sedersi con noi, ascoltare, ridere e la sera consegnare al fratello i contanti che riusciva a incassare. Non erano ansiosi di arricchirsi. Era brava gente venuta da poco dalla campagna e la nostra condizione era la loro miniera d'oro» (op. cit. pagg. 74-75).
Milano, dicembre, Libreria Salto, «Gruppo Forma».

Una lettera di Fontana del 4 luglio 1948

1949
Roma, 2-15 febbraio, Galleria del Secolo, «Consagra, Corpora, Turcato» (*Plastico in ferro, plastico in ferro, scultura in legno, gesso, plastico verticale, composizione in lamiera, plastico in ferro, plastico in rosso, scultura, plastico*).
5 marzo-5 aprile, Galleria Nazionale d'Arte Moderna, «III Mostra annuale dell'Art Club», con, oltre agli artisti di Forma, Burri, Capogrossi, Mirko, Rotella, Savelli, Franchina, L. Guerrini, Mannucci.
1 maggio. Esce su «Vie Nuove» l'articolo *I quindici giorni dell'arte*.
Torino, maggio-giugno, Palazzo Carignano, «I Mostra internazionale dell'Art Club».
Firenze, giugno, Galleria La Strozzina, «III Mostra internazionale d'arte d'oggi».

196

Catania, luglio, Circolo artistico, «Mostra di pittura astratta».

Roma, 20 settembre. Nello studio di Via Margutta, per l'anniversario della breccia di Porta Pia, grande festa mascherata. Ci sono Matta, Mafai, Leoncillo, Franchina, Turcato, Corpora, Nino Santangelo, direttore del Museo di Palazzo Venezia, Scarpitta, A. Cascella, Titina Maselli, Ugo Pirro, Dorazio, Savelli, Monachesi, Clotilde, Oretta Fiume, e tanti altri. In questa occasione incontra Sofia. «Sofia, afferrata di passaggio, era una ragazza con la voglia di uscire dalla sua famiglia, entusiasta di vivere l'avventura nell'occhio del ciclone, americana tra comunisti in un paese pieno di problemi, con un giovane artista pieno di problemi. Veniva a cercare da me un conforto alla sua fragilità nella speranza di farcela a superare i tabù della cultura del suo gruppo sociale. E si allontanava da un benessere che le pesava e veniva a condividere con me un avvenire incerto.

Non fu facile per lei fare accettare alla sua famiglia quello che aveva deciso, dati i seri rischi che avrebbe corso con il maccartismo nell'America degli anni cinquanta.

Sofia per me era anche il mito dell'America, il mito degli emigranti del mio paese, il mito della sufficienza» (op. cit., pagg. 72-73).

Venezia, settembre, Giardino di Palazzo Venier dei Leoni, «Mostra di Scultura Contemporanea», con Arp, Brancusi, Calder, Giacometti, Hare, Lipchitz, Marini, Mirko, Moore, Pevsner, Salvatore, Viani (*Scultura in alluminio*, 1949). La stessa scultura viene esposta in una personale alla Sala della Cultura di Latina. Poiché la scultura si è graffita, viene incaricato un verniciatore per il restauro. In seguito, per l'impossibilità di pagare, la scultura non viene più ritirata.

Vienna, 10 dicembre-10 gennaio 1950, Akademie der Kunst, «Italienische Malerei der Gegenwart».

Roma. Per le Edizioni Nicola pubblica *È trascurabile esprimere se stessi*, cartella con 10 linoleum.

Il murale nella trattoria Menghi, Roma 1949

La copertina del cataloghino della mostra alla Galleria del Secolo, Roma 1949

La festa del 20 settembre 1949, nello studio di via Margutta. Da sinistra: Savelli, Sophie Chandler, Franchina che balla con la moglie di Scarpitta, la pittrice croata Kosac, Consagra

197

1950
Roma, 22 aprile-15 maggio, Galleria Nazionale d'Arte Moderna, «IV mostra annuale dell'Art Club».
Venezia, giugno-settembre, XXV Biennale Internazionale d'Arte (*Costruzione in legno*).
Torre Pellice (Torino), agosto-settembre, Collegio Valdese, «II mostra d'arte contemporanea».

1951
Roma, 8 gennaio-2 febbraio, Galleria di Roma, «L'arte contro la barbarie».
3-28 febbraio, Galleria Nazionale d'Arte Moderna, «Mostra dell'Arte astratta e concreta».
Göteborg, febbraio, Konsthallen, «Italian Artist of today»; Helsinki, marzo, Konsthallen; Oslo, aprile, Kunsternes; Copenhagen, maggio, Frie Udstilling.
Roma, marzo, Galleria del «Pincio» (P.zza del Popolo, 19), «Consagra-Turcato».
Parigi, aprile, Galerie Henriette Niepce, «Artistes italiens».
Roma, 11 luglio, su «Noi donne» esce l'articolo *Saluto a Maugeri*.
Cortina d'Ampezzo, 28 luglio-10 settembre, Circolo Culturale, «Premio Parigi» (*Plastico in marmo, Eroe Greco, Plastico in bronzo*).
Luglio. Sfrattato, lascia lo studio che era stato di Guttuso e si sposta, per alcuni mesi, in quello di Turcato che era già stato di Mazzacurati trasferitosi, a sua volta, a Villa Massimo.
Milano, autunno-inverno 1952, Palazzo Reale, «II Mostra nazionale d'arte contemporanea» (*Plastico in metallo*, 1949).

1952
Roma, 22 marzo-22 aprile, Galleria Nazionale d'Arte Moderna, «VI Mostra annuale dell'Art Club».
Marzo. Alla ricerca d'uno studio, dopo i mesi trascorsi con Turcato, finisce al 4° piano, in un sottotetto di Piazza del Popolo, 18. Diventa amico dell'arch. Lapadula.
Giugno. Henry Moore va a trovarlo nello studio di Piazza del Popolo nel momento in cui, per ragione di spazio, fa sculturine con il fil di ferro e la carta.
Venezia, giugno-settembre, XXVI Biennale Internazionale d'Arte (*Eroe greco*, 1951, bronzo; *Autoritratto*, 1952, bronzo;

Spirito di Sofia, 1952, ottone).
18 settembre. Si sposa con Sophie Chandler e va ad abitare in Via Archimede 201 dove adatta a studio il garage.
Milano, settembre, esce sul «Calendario del Popolo» l'articolo *In difesa dell'astrattismo*.
Firenze, novembre-dicembre, Palazzo Strozzi, «Esposizione nazionale del prigioniero politico ignoto».
Chicago, primavera-estate, The Art Institute, «Contemporary Drawings from 12 Countries, 1945-1952»; Toledo, Museum of Art; Hartford, Wadsworth Atheneum; San Francisco, Museum of Art; Colorado, Springs Fine Arts Center; Los Angeles, County Museum of Art; Louisville, The J. B. Speed Art Museum (2 *Disegni per scultura*, 1952, ottone).

1953
Londra, febbraio. Partecipa al Concorso per il Monumento a «The Unknow Political Prisoner» e alla relativa mostra che si tiene alla Tate Gallery (14 marzo-13 aprile).
Milano, 21-27 marzo, Galleria del Naviglio, «Pietro Consagra» (*maquettes*).
Roma, 15 aprile. Nasce la figlia Maria.
22 aprile-22 maggio, Galleria Nazionale d'Arte Moderna, «Arte Astratta in Italia e in Francia».

Il matrimonio con Sophie Chandler in Campidoglio, Roma 28 settembre 1952

Nello studio di via Archimede 54

Anversa, 20 giugno-30 settembre, Parc Middheleim, II Biennale de la Sculpture (*Affection*, 1953, ferro; *Plastico in bronzo*, 1953, bronzo; *Anti-opportunismo*, 1953, bronzo; *Piccolo favore*, 1953, bronzo).
Zurigo, 21 novembre-10 gennaio 1954, Kunsthaus, «Junge italienische Kunst» (*L'eore greco*, 1951, bronzo; *La migliore scultura*, 1952, ferro; *Braccio di ferro*, 1953, bronzo; disegni e tempere).
Pescia, dicembre, Sala del Conservatorio di S. Michele, «Mostra di Bozzetti per il monumento nel Giardino di Collodi».
Stoccolma, autunno, Museo d'Arte Moderna, «Nutida Italiensk Konst».

1954
Firenze, 10 febbraio. Esce, su «Il Nuovo Corriere» l'articolo *La risposta di Pietro Consagra*.
Torino, marzo. Esce su «I Quattro Soli» l'articolo *Le sculture di Consagra* firmato Vito Buffa.
Roma, maggio, dibattito tra artisti e intellettuali nella sezione del P.C.I. di Via Emilia. A Velso Mucci, che lo chiama in causa parlando di «Guernica e l'astrattismo», risponde: «Se io sapessi di morire domani, questa sera correrei a casa a disegnare un uomo».
Venezia, giugno-settembre, XXVII Biennale Internazionale d'Arte (*Figure*, 1954, ferro; *Colloquio*, 1954, legno; *Figure*, 1954, legno).
Roma, 24 luglio. Esce, su «Il Contempo-

raneo» l'articolo *Lo squallore della Biennale*.

Roma, 18 settembre. Nasce il figlio Pierluigi.

1955

Londra, gennaio, Collettiva alla New Burlington Gallery.

Roma, marzo. Trova, finalmente, un terreno adatto sulla Cassia e incomincia a costruirvi il nuovo studio dove si trasferirà a metà del 1956.

20 maggio-20 giugno, Galleria Nazionale d'Arte Moderna, «92° Mostra dell'Art Club. Le arti plastiche e la civiltà meccanica». Introduzione di L. Sinisgalli, con, tra gli altri, Mirko, Prampolini, Perilli, Munari, Vedova, Franchina, Dorazio, Magnelli, Bloch, Capogrossi, Arp, Gorin, Veronesi (*Eroe greco, Colloqui*).

San Paolo (Brasile), giugno, Museu de Arte Moderna, III Bienal, a cura di U. Apollonio, con, tra gli altri, Burri, Capogrossi, Magnelli, Prampolini, Reggiani, Mirko, Viani (*Colloquio*, 1955, bronzo; *Figure*, 1955, bronzo; *Colloquio pubblico*, 1955, bronzo). Riceve il Premio Metallurgica.

Saint Louis (USA), 1-23 dicembre, University of Minnesota, «Contemporary Italian Art» (*Desiderio d'amore*, 1952-53, bronzo; *Aggressione*, 1952-53, bronzo).

Padova. Maggio-giugno, XI Biennale d'Arte Triveneta. Primo concorso nazionale del bronzetto. Gli viene assegnato, ex-aequo, il primo premio.

Roma, dicembre-aprile 1956, VII Quadriennale d'Arte.

1956

Roma, 7 maggio. Esce su «L'Architettura» l'articolo *Uno scultore giudica l'architettura*.

Venezia, giugno-settembre, XXVIII Biennale Internazionale d'Arte, Sala XII, presentazione di U. Apollonio. Ottiene il Premio Einaudi. (1 *Manifesto per l'avvenire*, 1948, ferro, Sori, Coll. Emilio Iesi; 2 *Omaggio a Boccioni*, 1948, ottone, Sori, Coll. Emilio Iesi; 3 *Colloquio pubblico*, 1956, legno; 4 *Grande colloquio*, 1956, bronzo; 5 *Colloquio alto*, 1956, bronzo; 6 *Colloquio*, 1956, bronzo; 7 *Figure*, 1956, bronzo; 8 *Omaggio a Paisiello*, 1956, bronzo; 12 *Composizione piccola*, 1956, bronzo). Tutte queste sculture vengono vendute a collezionisti di Chicago.

Roma, 1 settembre. Esce, su «L'Unità»,

Alla Biennale di Venezia del 1956, nella sala personale, insieme al collezionista Maremont di Chicago

Alla Biennale di Venezia del 1956 con, da sinistra, Chadwich, Cesar, Germaine Richier.

La copertina del volume curato da Umbro Apollonio e pubblicato da De Luca, Roma 1956

l'articolo *Obiettivi veri e falsi nella lotta culturale*.

Zagabria, 3-21 ottobre, Umjetnicki Pavillon, «Izlozba», con, tra gli altri, Basaldella, Mafai, Magnelli, Melli, Morandi, Severini, Spazzapan, Vedova (*Colloquio*, 1956, bronzo).

Roma, Pubblica, nel volume di U. Apollonio, *Pietro Consagra*, Edizioni De Luca, il testo «Appunti»: «La vera storia di piazza del Popolo incomincia con la vita di un gruppo di artisti arrivati a Roma nel dopoguerra. Alcuni sono arrivati da pittori e poi sono diventati giornalisti, fotografi, cinematografari; altri si sono presentati come pittori e quello che era veramente il loro mestiere non si sa. Comunque l'arte è stata il passaporto per piazza del Popolo.

L'ospitalità era illimitata. Denaro regalato, pranzi, alloggio, donne. Prima di saper dipingere bisognava avere una certa prestanza fisica o la parola facile, sapere canzoni popolari o avere un passato eroico politico da raccontare.

Chi non aveva di queste doti fuori del lavoro dell'arte passava in seconda categoria nel rango degli scagnozzi. Alcuni perciò si inventavano quelle doti. La storia di piazza del Popolo è ricca della vita di artisti che hanno lottato per non passare per scagnozzi.

Per l'artista si tratta di questo: di trovarsi già dal di dentro nella direzione giusta per capire la realtà. Non di raccontare un fatto esterno, già reale e particolare, dove solo la scena indica il contenuto della realtà (o magari il contenuto si troverebbe in elementi formali presi a prestito). Il contenuto si conquista: è un racconto da costruire.

I realisti, in qualsiasi modo si muovono, fanno delle concessioni e non delle conquiste. Infatti la loro istanza, invece di essere un punto di partenza, è già un punto di arrivo.

L'astrattismo in se stesso è l'espressione del fascino inumano che investe noi stessi in questa società che è diventata immensa ed inafferrabile.

La poetica dell'insolubile credo che sia l'espressione più attuale dell'arte moderna.

1957

New York, 1-23 marzo, World House Galleries, «Italy: the New Vision» (*Colloquio*).

9 aprile-26 maggio, The Brooklyn Mu-

seum, «Trends in Watercolors Today in Italy and United States» (*Studio per «Colloquio»; Studio per «Omaggio a Paisiello»; Studio n. 2 per «Colloquio»*).

Messina, 1 agosto-15 settembre, Villa Mazzini, «Mostra all'aperto della scultura italiana del XX secolo» (*Eroe greco*, 1949, bronzo; *Figure*, 1945, bronzo).

Como, estate-autunno, «Mostra nazionale di artisti siciliani» (poi: Viareggio, Trento, Sanremo, Milano, Catania, Palermo) (2 sculture dal titolo *Composizione*).

Darmstadt, 5 ottobre-10 novembre, «Neue Darmstädter Sezession» (*Colloquio*, 1957, bronzo; *Muro del suono*, 1956, bronzo; *Piccolo colloquio*, 1957, bronzo).

Roma, ottobre-novembre, Galleria Nazionale d'Arte Moderna, «Scultura italiana del XX secolo» (*Eroe greco*, 1949, bronzo; *Figure*, 1955, bronzo).

Chicago, 10 dicembre-23 gennaio 1958, The Arts Club, «Italian Sculptors», con Marini, Manzù, Minguzzi, Mirko, Fazzini. (*Colloquio; Comizio*, 1956, bronzo; *Colloquio*, 1955, bronzo; *Due figure in piedi*, bronzo; *Piccolo comizio*, bronzo).

New York, 10 dicembre-25 gennaio 1958, World House Galleries, «1957-1958 World House Annual» (*Colloquio*, 1956, bronzo).

Roma, 20 dicembre-10 gennaio 1958, Galleria La Bussola, «Scultura Italiana 1911-1957» (*Colloquio romano*, 1957, bronzo).

Dicembre, Galleria Odissya, «Mostra del Bronzetto».

Zagabria, autunno, Galerija Suvremene Umjetnosti, «Italijnska Umetnust».

Roma, autunno. Dopo aver a lungo atteso decisioni da parte del direttivo comunista, rimasto al suo posto nonostante i fatti d'Ungheria, insieme all'intero gruppo di Via Margutta abbandona il PCI inviando una lettera in Federazione.

1958

Berlino, 11 gennaio-16 febbraio, Haus am Waldree, «Junge Italienische Plastik» (*Muro del suono*, 1956, bronzo; *Colloquio*, 1957, bronzo; *Piccolo colloquio*, 1957, bronzo).

Bruxelles, gennaio, Palais des Beaux-Arts, a cura di M. Giron, introduzione di G. C. Argan (1. *Meeting*, 1956, bronzo; 2. *Omaggio a Paisiello*, 1956, bronzo; 3. *Muro del suono*, 1956, bronzo; 4. *Conversazione*, 1956, bronzo; 5. *Conversazione pubblica*, 1956, bronzo; 6. *Conver-*

Una delle sale della mostra personale al Palais des Beaux Arts, Bruxelles 1958

sazione con il tempo, 1957, bronzo; 7. *Conversazione la speranza*, 1957, bronzo; 8. *Piccola conversazione romana*, 1957, bronzo; *Muro H*, 1957, bronzo; 10. *Grande conversazione*, 1957, bronzo; 11. *Conversazione davanti lo specchio*, 1957, bronzo; 12. *Incontro al sole*, 1957, legno bruciato; 13. *Incontro incantato*, 1957, legno bruciato; 14. *Conversazione romana*, 1957, bronzo; 15. *Conversazione decisiva*, 1957, bronzo; 16. *Conversazione notturna*, 1957, bronzo. Il catalogo è pubblicato dalle Editions de la Connaissance S.A., Bruxelles. La mostra riscuote un grande successo. Riceve il premio dei critici d'arte belgi per la scultura.

Parigi, 6 febbraio-marzo, Galerie Claude Bernard, «Sculpture», con, tra gli altri, Arp, Duchamp, Chadwick, Calder, Chillida, Butler, Gonzales, Gabo, Pevsner, Laurens.

Oberlin (Ohio), 14 febbraio-17 marzo, Oberlin College, «Sculpture 1950-1958» (*Incontro*, 1956, bronzo).

Duisburg, 1-30 marzo, Städtisches Kunstmuseum, «Bildhauer-Zeichnungen des 20. Jahrnunderts» (2 *Studi per sculture*, 1956).

Bruxelles, 17 aprile-21 luglio, Palais des Beaux-Arts, «Expo '58,50 Ans d'art modern».

Houston, 25 aprile-1 giugno, Museum of Fine Arts, «Ten Contemporary Italian Sculptors» (*Colloquio*, bronzo).

Pasadena (California), Pasadena Art Museum, «The New Renaissance in Italy».

Roma, maggio-giugno, Galleria La Tartaruga, Disegni su pannelli di faesite. Questi disegni fanno parte del lavoro preparatorio che Consagra conduce prima di accingersi alla realizzazione di ogni singola opera; così, attraverso il loro esame, è possibile rendersi conto delle linee direttrici del suo lavoro ed avere un'idea della fisionomia della sculture.

Milano, 14 giugno, esce su «L'Avviso», l'articolo *Teste*.

Venezia, giugno, XXIX Biennale Internazionale d'Arte. Enorme scandalo per il Gran Premio per la Scultura non assegnato a Pevsner.

Roma, luglio-ottobre, Galleria La Tartaruga, con Afro, Capogrossi, De Kooning, Kline, Marca-Relli, Matta.

8 agosto, nasce la figlia Francesca.

Pittsburg, dicembre, Carnegie Institute, «The 1958 Pittsburg International Exhibition». Riceve l'Honorable Mention of «Pittsburg International».

Roma, autunno Rome-New York Art Foundation, «Nuove tendenze dell'arte italiana» (*Incontro nel sole*, 1957, legno bruciato).

1959

Roma, gennaio-febbraio, Galleria La Tartaruga, «Sculture recenti».

Parigi, 17 marzo-15 aprile, Galerie de France, «Consagra» (*Coro impetuoso*, 1958, bronzo; *Tête a tête*, 1958, legno a bronzo; *Colloquio pomeridiano*, 1958, bronzo; *Colloquio umano*, 1958, legno bruciato; *Coro*, 1958, legno bruciato).

New York, 1 aprile-2 maggio, World House Galleries, «1959 Sculpture Annual» (*Colloquio pubblico*, 1956, legno; *Piccolo comizio*, 1956, bronzo; *Piccolo colloquio*, 1956, bronzo).

Aprile. Si reca in America per conoscere i parenti della moglie.

Parigi, 25 giugno-luglio, Galerie Claude Bernard, «Sculpture».

Davanti al manifesto della mostra personale alla Galerie de France, Parigi 1959

Kassel, 11 luglio-11 ottobre, «II Documenta: Skulptur nach 1945», a cura di E. Trier (*Coro impetuoso*, 1958, bronzo; *Colloquio a S. Angelo*, 1958, bronzo; *Colloquio umano*, 1958, legno bruciato).

Rimini, 15 luglio-30 agosto, Palazzo dell'Arengo, «Premio Morgan's Paint. II Biennale per la pittura, scultura e bianco e nero» (*Colloquio impossibile*, 1957, bronzo; *Piccolo coro*, 1958, bronzo). Riceve il I Premio Morgan's Paint.

San Paolo (Brasile), settembre-dicembre, Museu de arte moderna, «Artistas Italianos de Hoje, V. Bienal» (*Colòquio essencial*, 1957, bronzo; *Conversação com o tempo*, 1957, bronzo; *Colòquio ao sol*, 1957, legno bruciato; *Colòquio em S. Angelo*, 1958, bronzo; *Brincadeira n. 1*, 1959, pietra e bronzo; *Colòquio firme*, 1959, legno e bronzo; *Madeira queimada*, 1959, legno).

Minneapolis, settembre 1959-ottobre 1960, The Minneapolis Institute of Art, «European Art Today: 35 Painters and Sculptors». Mostra itinerante: Los Angeles, County Museum of Art; San Francisco, Museum of Art; Ottawa, The National Gallery of Canada; New York, French and Company Inc. Baltimora, Museum of Art. (*Piccolo colloquio*, 1956, bronzo; *Coro*, 1958, legno).

Anversa, Parc Middheleim, «5 Biennale de la Sculpture».

Blois, «Peintres ed sculpteurs italiens du futurism à nos jours». Mostra itinerante: Charleroi, Digione, Lione, Saint-Etienne (*Colloquio pomeridiano*, 1958, bronzo).

1960

Johannesburg, 4-23 aprile, «Exhibition of Italian Contemporary Art».

Chicago, 23-27 maggio, Illinois Institute of Technology, Institute of Design, «Contemporary Italian Art» (Scultura in bronzo).

Parigi, giugno, Galerie de France, mostra personale, presentazione di N. Ponente.

Giugno. Musée Rodin, «Sculpture Italienne Contemporaine. D'Arturo Martini à nos jous» (*Colloquio romano*, 1957, bronzo; *Piccolo colloquio romano*, 1957, bronzo).

Venezia, giugno-settembre, XXX Biennale Internazionale d'Arte, sala XXV, Introduzione di G.C. Argan (1 *Colloquio duro*, 1958, bronzo; 2 *Colloquio fermo*, 1959, legno; 3 *Colloquio abulico*, 1960, bronzo; 4 *Colloquio definitivo*, 1959, bronzo; 5 *Colloquio con la moglie*, 1960,

Un particolare della mostra personale alla Biennale di Venezia del 1960

PIETRO CONSAGRA

L'AGGUATO C'E'

La copertina del volume L'agguato *c'è, 1960*

legno; 6 *Colloquio con la luna*, 1960, travertino; 7 *Colloquio felice*, 1960, bronzo; 8 *L'oracolo di Chelsea Hotel*, 1960, bronzo; 9 *Colloquio diabolico*, 1960, bronzo). Riceve il Gran Premio della Scultura. Gli altri premi vengono vinti da Franz Kline, Fautrier, Hartung, Vedova. "La notte della premiazione fu celebrata all'Antico Martini. Una nottata, fino alla mattina, nata dalla festa per la mia assegnazione, dove si riversarono tutti gli umori accumulati nei giorni di attesa. Parole insultanti volarono fra Kline e Fautrier e l'atmosfera si surriscaldava: Caputo minacciò Tarica, mercante di Fautrier, che aveva fatto delle insinuazioni sulla sua strategia. Quella era la più bella festa e la più animata per la Biennale di Venezia. Venti bottiglie di whisky.

Parigi aveva resistito. I collezionisti americani compravano in Europa e i galleristi di New York volevano ancora fare delle mostre con europei» (op. cit., p. 91).

Roma, ottobre, Galleria Odyssia, «Italian Sculptors of Today», selezionati da Douglas Macagy, Direttore del Dallas Museum for Contemporary Arts. Introduzione di Lionello Venturi. (1 *Colloquio impossibile*, 1960, bronzo; 2 *Incontro al sole*, 1957, legno; 3 *Tête a tête*, 1958, legno e bronzo; 4 *Senza titolo*, 1958, tempera su legno);

Ottobre-novembre, Galleria La Tartaruga, espone con Burri, De Kooning, Matta, Rothko (*Scultura*, bronzo).

Parigi, 2-31 dicembre, Galerie XXe Siécle, «Le relief» (*Colloquio abulico*, 1960, bronzo).

Roma. Pubblica per le Edizioni della Tartaruga, *L'agguato c'è*, con 2 serigrafie nelle prime 60 copie. «Per amare un'opera d'arte moderna bisogna avere il gusto della cospirazione verso i propri sentimenti».

1961

Roma, 12 gennaio-febbraio, Libreria Einaudi, «Mostra di disegni di Pietro Consagra», introdotta da Marisa Volpi.

Milano, gennaio, Galleria Blu, «Consagra». Introduzione di Guido Ballo (1 *Pannello di legno bruciato*, 1959; 2 *Colloquio fermo*, 1959, legno e bronzo; 3 *Colloquio diabolico*, 1960, legno e bronzo; 4 *Colloquio senza la moglie*, 1960, legno e bronzo; 5 *Colloquio con la moglie*, 1960, legno e bronzo; 6 *Colloquio a S. Angelo*, 1958, bronzo; 7 *Colloquio definitivo*, 1960, bronzo; 8 *Colloquio duro*, 1958, bronzo; 9 *L'oracolo di Chelsea*, 1960, bronzo; 10 *Coro impetuoso*, 1958, bronzo; *Il Colloquio abulico*, 1960, bronzo; 12 *Colloquio segreto*, 1960, bronzo).

Wilmington, 28 febbraio. Nasce il figlio Giorgio.

Roma, febbraio, Galleria Odyssia, espone con Dorazio, Perilli, Novelli, Turcato (*Colloquio decisivo*, 1960, bronzo; *Oracolo di Chelsea Hotel*, 1960, bronzo).

New York, febbraio, World House Galleries, «Venice Biennal Prize Winners 1960». Mostra itinerante: Milkwaukee, Milkwaukee Art Center; Minneapolis, Walker Art Center; Chicago, Mc Cornick Place Art Gallery; Syracuse, Everson Museum of Art. (*Colloquio felice*, 1960, bronzo).

Düsseldorf, 3 marzo-9 aprile, Kunsthalle, «Aktuelle Kunst: Bilden und Plastiken aus der Sammlung Dotremont» (*Colloquio decisivo*, 1957, bronzo).

Chicago, 5-30 aprile, Illinois Institute of Technology, Institute of Design, «The Maremont Collection at the Institute of Design» (*Colloquio*, 1956, bronzo; *Colloquio con la luna*, 1959, pietra e bronzo).

Hartford (Connecticut), 21 aprile-28 maggio, Wandsworth Atheneum, «Salute to Italy» (*Colloquio decisivo*, 1957, bronzo).

Chicago, 5-30 aprile, Illinois Institute of Technology, Institute of Design, «The Maremont Collection at the Institute of Design» (*Colloquio*, 1956, bronzo; *Colloquio con la luna*, 1959, pietra e bronzo).

Hartford (Connecticut), 21 aprile-28 maggio, Wandsworth Atheneum, «Salute to Italy» (*Colloquio decisivo*, 1957, bronzo).

Oslo, 9 maggio-11 giugno, Kunstnernes Hus, «Italiensk kunst I Dag» (*Scherzo n. 1*, 1959, travertino e bronzo; *Oracolo a Chelsea*, 1960, bronzo; *Impronta solare*, 1960, bronzo).

Anversa, 15 luglio-15 ottobre, Parc Middheleim, «6 Biennale de la Sculpture»

Alfredo Bonino e Victor Bossart alla mostra nella Galleria Bonino di Buenos Aires, 1961

(*Colloquio pomeridiano*, 1958, bronzo).

Rimini, luglio-agosto, «Premio Morgan's paint». Mostra itinerante: Lubiana, novembre, Moderna Galerija, «Premio Morgan's Paint» (*Coro impetuoso*, 1958, bronzo).

Stoccolma, 5 agosto-10 settembre, Svea-Galleriet, «Italiensk Kultur I Dag» (*Scherzo n. 1*, 1959, travertino e bronzo; *Oracolo a Chelsea*, 1960, bronzo; *Impronta solare*, 1960, bronzo).

Zurigo, agosto, Galerie Charles Lienhard (Steinwiesplatz-Zürich 7), «Consagra». Introduzione di A. Kuenzi (1 *Colloquio con la moglie*, 1960, legno; 2 *Colloquio senza la moglie*, 1960, legno; 3 *Colloquio diabolico*, 1960, legno; 4 *Colloquio fermo*, 1959, legno; 5 *Colloquio romano*, 1957, bronzo; 6 *Colloquio a S. Angelo*, 1958, bronzo; 7 *Colloquio segreto*, 1960, bronzo; 8 *Colloquio definitivo*, 1960, bronzo; 9 *Colloquio davanti lo specchio*, 1958, bronzo; 10 *Colloquio duro*, 1958, bronzo; 11 *Oracolo di Chelsea Hotel*, 1960, bronzo; 12 *Colloquio abulico*, 1960, bronzo).

Parigi, autunno. Incontra Carla Lonzi. Di una generazione più giovane, pacata e sicura, «con tutto il senno fresco di chi era entrata nel mondo dell'arte senza i travagli strutturali e le implicazioni politiche del dopoguerra. Faceva la critica d'arte e si occupava delle proposte dei giovani artisti» (op. cit. 103-104). Con lei, allontanatosi pian piano dalla famiglia, affronterà la crisi dell'informale, il postinformale, l'invasione della pop-art in Europa, con l'euforia americana diventata cultura egemonica, e tutti i fatti e le vicende del femminismo di cui Carla Lonzi diventerà un autentico leader.

Roma, dicembre-gennaio 1962, Galleria Odyssia, «Legni di Pietro Consagra» (1 *Pannello*, 1959, legno bruciato; 2 *Figure*, 1954, legno colorato; 3 *Legno ferrato*, 1961, legno e ferro; 4 *Incontro incantato*,

1957, legno bruciato; 5 *Colloquio*, 1956, legno bruciato; 6 *Colloquio con la moglie*, 1960, legno e bronzo; 7 *Colloquio fermo*, 1959, legno e bronzo; 8 *Colloquio senza la moglie*, 1960, legno e bronzo; 9 *Colloquio umano*, 1958, legno bruciato; 10 *Coro*, 1958, legno bruciato; 11 *Colloquio diabolico*, 1960, legno e bronzo; 12 *Incontro al sole*, 1957, legno bruciato; 13 *Tête a tête*, 1958, legno e bronzo).

Dallas, New Orleans, St. Louis, Minneapolis, Boston, «Italian Sculptors of Today».

Tokyo, Takashimaya Department Store, «Italian Contemporary Sculpture».

Danimarca, Louisiana Museum, Arte Italiana Contemporanea.

Pubblica, per le Ed. Madrid-Palma de Mallorca il libro *No habia visto*.

1962

New York, 2-20 gennaio, Staemplfli's Gallery, (47 East 77 Street), «Twenty Sculptors» (*Colloquio Segreto*, 1960, bronzo).

13 febbraio-10 marzo, Staempfli's Gallery, «Consagra - Recent Sculpture». Introduzione di Charlotte Weidler.

Roma, 26 marzo-aprile, Galleria Passeggiata di Ripetta, «Disegni di scultori» (*Disegno*, 1960).

Buenos Aires, 10-21 aprile, Galerìa Bonino (Maipù, 962), «Exposicion Indice 1962».

Le Havre, 6 maggio-17 giugno, Musee Maison de la Culture, «Sculpture Contemporaine» (*Impronta solare*, 1961, bronzo; *Colloquio libero*, 1962, bronzo).

Buenos Aires, 10 giugno-12 agosto, Torquato di Tella Foundation, mostra collettiva.

Venezia, giugno, Ca' Pesaro, «I grandi premi della Biennale».

Spoleto, giugno-luglio, Galleria Toninelli, «Mostra internazionale di scultura» (*Colloquio segreto*, 1962, bronzo).

Estate. Esegue, per conto dell'Italsider, in occasione della Mostra internazionale di Scultura all'aperto, *Colloquio col vento*, oggi al Museum of Fine Art di Houston nel Texas, e la sequenza di 5 sculture in ferro *Colloquio col demonio*, proprietà privata.

New York, 3 ottobre-6 gennaio 1963, The Solomon R. Guggenheim Museum, «Modern Sculpture from The Joseph H. Hirshhorn Collection».

Buenos Aires, 12-24 novembre, Galerìa Bonino, «Pietro Consagra Esculturas».

Presentazione di Jorge Romero Brest (1. *Specchio ulteriore*; 2. *Lettera clochard*; 3. *Colloquio definitivo*; 4. *Colloquio duro*; 5. *Oracolo di Chelsea Hotel*; 6. *Diario*; 7. *Ritratto*; 8. *Biglietto*; 9. *Racconto di marinaio*).

New York, autunno, Galleria Odyssia, «Sculture di Pietro Consagra». Questa mostra, organizzata senza la collaborazione di Consagra, provoca la rottura del contratto con Staempfli firmato nel 1961. Esce, nelle Editions du Griffon, Neuchatel, la monografia a cura di G.C. Argan. La Pop-art invade l'Europa, sostenuta dalla politica. L'euforia americana diventa cultura egemonica.

1963

Boston, marzo, The Pace Gallery (125 Newbury Street), «Pietro Consagra». Introduzione di S. Hunter. (Vari *colloqui; Il sogno dell'eremita*, 1961, bronzo; *Specchio alienato*, 1961, bronzo).

Roma, estate. La crisi dell'informale, il post-informale, un articolo di Argan che spiega le sue «ragioni del gruppo» agita la generazione di Forma 1. In casa sua per tre sere consecutive, si prepara, insieme a Turcato, Corpora, Dorazio, Scialoja, Franchina, Perilli e Novelli, una risposta ad Argan da far leggere al Convegno di Verucchio. Aderiscono Angeli, Accardi, Festa, Afro, Santomaso, Mastroianni, Fazzini e altri. Vedova e Burri si rifiutano di aderire. La seconda sera interviene anche Rosemberg. La protesta precisa: «Noi pittori e scultori dichiariamo di non volere intervenire sui temi del convegno ma di prendere posizione contro le ragioni del convegno stesso. Consapevoli del valore e della qualità dell'arte italiana d'oggi, noi abbiamo il dubbio che ancora una volta ci si trovi di fronte ai segni di quella volontà di sopraffazione impiegata da qualche tempo a forzare il corso della realtà, ad alterare la sostanza e la prospettiva dell'arte attuale, utilizzando gli artisti come strumenti di una politica personale e non rispettandoli come protagonisti del processo creativo» (op. cit., p. 94).

Settembre. Realizza le 14 sculture per il Giardino di Pinocchio a Collodi.

Vermont, ottobre, Bundy art Gallery, «Sculpture Exhibition» (*Colloquio libero*, bronzo).

Roma, 2 novembre. Esce su «Avanti!», l'articolo *Interviene Consagra*.

Vieux-Lyon, novembre, Atelier Soph Decorateur, «Sculptures de Consagra et

Con Calder nel suo studio, 1962

de Jacobsen».

Lubiana, «V Esposizione internazionale dell'incisione».

Houston (Texas), Museum of Fine Arts, mostra collettiva

Ivrea Centro Culturale Olivetti, «Disegno italiano moderno".

Firenze, Palazzo Strozzi, «Mostra mercato nazionale d'arte moderna».

1964

Roma, 1-6 febbraio, Aca Gallery, «Vendita di opere d'arte pro casa italiana di Anna Frank» (*Miraggio*, 1961, bronzo).

New York, 25 febbraio-5 luglio, Staempfli-s Gallery, «Stone Wood Metal» (*Colloquio libero*, 1961, bronzo).

Londra, 22 aprile-28 giugno, Tate Gallery, «Painting and Sculpture of a Decade 54-64» (*Impronta solare*, 1961, bronzo).

New York, maggio-giugno, Galleria Odyssia, espone con Viani, Ghermandi, Somaini, Leoncillo.

Venezia, 20 giugno-18 ottobre, XXXII Biennale Internazionale d'Arte, «Arte d'oggi nei Musei» (*Coro impetuoso*, 1958, bronzo).

Kassel, giugno, «III Documenta, 1954-1964» (*Colloquio libero*, 1961, bronzo; *Colloquio buffo*, 1961, bronzo).

Mazara del Vallo, agosto, «Consagra '64» Mostra delle 25 tavole dipinte in Mazara.

Presentazione di G.C. Argan. (*Collage n. 1, Tavola n. 2, Colloquio col vecchio amico, Tavola n. 4, Tavola n. 5, Collage n. 2, Tavola n. 7, Tavola n. 8, Tavola n. 9, Tavola n. 10, Collage n. 3, Tavola n. 12, Tavola n. 13, Tavola n. 14, Tavola n. 15, Tavola n. 16, Tavola n. 17 Tufi di Mazara, Tavola n. 19, Tavola n. 20, Tavola n. 21, Tavola n. 22, Tavola n. 23, Tavola n. 24, Tavola n. 25*).

Si inaugura la grande fontana di Mazara del Vallo. Rientrato a Roma, Sophia ritorna in America con i figli.

Torino, 19 settembre-18 ottobre, Galleria Civica d'Arte Moderna, «Sculture in metallo» (*Totem della liberazione*, 1948, ferro; *Monumento al Partigiano*, 1948, ferro).

Roma, IX Quadriennale.

1965

New York, 5-30 gennaio, Galleria Odyssia, «Sculture in legno di Pietro Consagra» (1 *Colloquio*, 1956, legno; 2 *Incontro al sole*, 1957, legno; 3 *Colloquio umano*, 1958, legno; 4 *Tête a tête*, 1958, legno e bronzo; 5 *Colloquio fermo*, 1959, legno e bronzo; 6 *Impronta*, 1959, legno; 7 *Colloquio con la moglie*, 1960, legno e bronzo; 8 *Colloquio diabolico*, 1960, legno e bronzo; 9 *Colloquio senza la moglie*, 1960, legno e bronzo; 10 *Racconto della* strega n. 1, 1960, legno e bronzo; *Il Buco senza pretese*, 1960, legno e bronzo; 12 *Racconto della strega n. 2*, 1960, legno e bronzo; 13 *Racconto della strega n. 3*, 1960, legno e bronzo; 14 *Legno ferrato*, 1961, legno e ferro).

Roma, 31 marzo. Muore Mario Mafai. «Al funerale eravamo presenti tutti gli amici della trattoria Menghi e la direzione del partito con Longo e quelli del Realismo Socialista di Roma che lo avevano osteggiato. Nel giardino della clinica, davanti alla camera mortuaria, c'erano i due schieramenti con il carro funebre in mezzo. Antonietta Mafai piangeva e il padrone del Realismo, abbracciandola per andarsene, disse: «Se hai bisogno di qualcosa telefonami». Antonietta non aveva bisogno di niente e stranamente stava dalla parte nostra. La bara la presi per primo io dalle spalle dei becchini e poi vennero Sacripante e altri due amici. Non avevo mai fatto un gesto così appassionato per un amico. Il Realismo non si mosse: Mafai non era dei loro (op. cit., pag. 88-90).

Milano, giugno-luglio, Galleria dell'Ariete, «Consagra». Introduzione di G. Dorfles. (1 *Muro del suono*, 1956, bronzo; 2 *Colloqui a S. Angelo*, 1958, bronzo; 3 *Coro impetuoso*, 1958, bronzo; 4 *Colloquio abulico*, 1960, bronzo; 5 *Racconto*, 1961, bronzo; 6 *Miraggio*, 1961, bronzo; 7 *Biglietto*, 1961, bronzo; 8 *Colloquio buffo*, 1961, bronzo; 9 *Colloquio libero*, 1961, bronzo; 10 *Colloquio ultimo*, 1961, bronzo; 11 *Racconto del demonio n. 1 e 3*, 1962, bronzo; 12 *Racconto del demonio n. 4 e 5*, 1962, bronzo).

Essen, 19 settembre-7 novembre, Museum Folkwang, «12 Italienische Bildhauer». Mostra itinerante: Rotterdam, Museum Boymans van Beuningen, «Twaalf Itaanse Beeldhouwers», 26 novembre-16 gennaio 1966 (*Racconto del demonio 1*, 1962, bronzo; *Racconto del demonio 4*, 1962, bronzo; *Racconto del demonio 5*, 1962, bronzo; *Coro impetuoso*, 1958, bronzo).

Auckland, Wellington, Christchurch, Dunedin, settembre-gennaio 1966, «Contemporary Italian Sculpture - a Queen Elizabeth II Arts Council exhibition» (*Miraggio mediterraneo*, 1961, bronzo).

Roma, 19 novembre-7 dicembre, Galleria Arco d'Alibert, mostra storica di «Forma 1» (*Colloquio del demonio*, 1962, bronzo; *New York*, 1962, bronzo e acciaio).

Con la moglie Sophie e i figli a Tor San Lorenzo, 1964

1966
Città del Messico, febbraio-marzo, Museo de Arte Moderno, "Arte Italiano Contemporaneo desde 1910" (*Specchio alienato*, 1961, bronzo).

Roma, marzo-aprile, Galleria Nazionale d'Arte Moderna, "Aspetti dell'arte italiana contemporanea".

Dortmund, 7-25 maggio, Fritz-Heussler Haus, "Moderne Kunst aus Italien" (*Colloquio libero*, 1961, bronzo; *Colloquio buffo*, 1961, bronzo saldato).

Roma, dicembre, Galleria Marlborough, "Consagra: ferri trasparenti" (*Ferro bianco I; Ferro rosa; Ferro turchese; Ferro giallo; Ferri trasparenti; Ferro blu "Addio Cimabue"; Ferro bianco II; Ferro violetto; Serie giardini; Piano sospeso bianco*, 1965, legno).

1967
Rotterdam, 4 marzo-9 aprile, Museum Boymans-van Beuningen, "Pietro Consagra - Recenti ferri colorati". Presentazione di M. Calvesi. (1 *Trasparenze*, 1965; 2 *Trasparenze*, 1965; 3 *Ferro bianco I*, 1966; 4 *Ferro turchese*, 1966; 5 *Ferro blu-addio Cimabue*, 1966; 6 *Ferro bianco II*, 1966; 7 *Ferro violetto*, 1966; 8 *Ferro lilla*, 1966; 9 *Ferro grigio*, 1966; 10 *Giardino nero*, 1966; 11 *Giardino arancio*, 1966; 12 *Giardino carminio*, 1966; 13 *Ferro bianco (modello)*, 1966; 14 *Ferro arancio (modello)*, 1966; 15 *Ferro carminio (modello)*, 1966; 16 *Ferro verdino (modello)*, 1966; 17 *Scultura*, 1966; 18 *Scultura*, 1966; 5 *dipinti*, 1966).

Milano, giugno-luglio, Galleria dell'Ariete, "Consagra. Ferri trasparenti". Intervista in catalogo di Carla Lonzi (*Piani appesi 1966-1967; Alluminio verde «Saluto alla pittura», Allumio rosa scuro, Alluminio scuro, Alluminio celeste, Alluminio giallo, Alluminio rosa chiaro, Alluminio.*
Inventario n. 1: *Alluminio quadrato, Alluminio rettangolo verticale, Alluminio stella, Alluminio triangolo, Alluminio rettangolo orizzontale, Alluminio spirale.*
Inventario n. 2: *Acciaio e ottone - triangolo, Acciaio - cerchio, Ottone - cerchio, Acciaio - rettangolo*).

Guatemala, giugno-dicembre, "Arte italiano contemporaneo". Mostra itinerante: Honduras, El Salvador, Nicaragua, Costarica. (*Giardino violetto*, 1966, ferro).

Settembre. Si trasferisce in America per insegnare nella "School of Art" di Minneapolis dove rimane fino al maggio del '68. Carla Lonzi lo raggiunge per Natale.

La copertina del catalogo della mostra al Boymans Museum di Rotterdam, 1967

Un angolo della mostra al Boymans Museum di Rotterdam, 1967

New York, 20 ottobre -4 febbraio 1968, The Solomon R. Guggenheim Museum, "Sculpture from twenty Countries". Mostra itinerante: Toronto, Art Gallery of Ontario, febbraio-marzo 1968; Ottawa, The National Gallery of Canada, aprile-maggio 1968; Montréal, Museum of Fine Arts, giugno-agosto 1968. (*Ferro turchese*, 1966, ferro colorato).

Ottobre, Marlborough-Gerson Gallery Inc. (41 East 57th Strett), "Consagra: ferri trasparenti". Intervista in catalogo di Carla Lonzi. (Piani sospesi 1965; *Piano sospeso bianco*, 1965, legno colorato 1966: *Ferro trasparente lilla*, 1966; *Ferro trasparente violetto*, 1966; *Ferro trasparente turchese*, 1966; *Ferro trasparente arancio*, 1966; *Ferro trasparente rosa*, 1966; *Ferro trasparente grigio*, 1966; *Ferro trasparente bianco I*, 1966; *Ferro trasparente bianco II*, 1966; *Ferro trasparente blu (Addio Cimabue)*, 1966; Giardini 1966: *Giardino arancio*, 1966, ferro colorato; *Giardino carminio*, 1966, ferro colorato; *Giardino nero*, 1966, ferro colorato; Piani appesi 1966-1967: *Alluminio verde "Saluto alla pittura"*, 1966-67; *Alluminio rosa scuro*, 1966-67; *Alluminio scuro*, 1966-67; *Alluminio celeste*, 1966-67; *Alluminio celeste*, 1966-67; *Alluminio giallo*, 1966-67; *Alluminio rosa chiaro*, 1966-67; *Alluminio oro*, 1966-67; Inventario n. 1, 1967: *Alluminio quadrato*, 1967; *Alluminio rettangolare verticale*, 1967; *Alluminio stella*, 1967; *Alluminio triangolo*, 1967; *Allumi-*

Con Carla Lonzi all'inaugurazione della personale alla Galleria Marlborough di New York, 1967

205

nio rettangolo orizzontale, 1967; *Alluminio spirale,* 1967; Inventario n. 2, 1976: *Acciaio e ottone triangolo,* 1967; *Acciaio disco,* 1967; *Ottone anello,* 1967; *Acciaio rettangolo,* 1967).
Pittsburg, Carnegie Institute, "Pittsburg International Exhibition".
Montréal, Expo 67, "Exposition Internationale de Sculpture"
Roma. Esce, nelle Edizioni "2RC" e Galleria Marlborough, la cartella di 6 litografie *MGA*.

1968
New York, 24 maggio-2 settembre, The Jewish Museum, "Recent Italian Painting and Sculpture" (*Alluminio scuro*, 1966-67; *Alluminio rosa scuro*, 1966-67; *Alluminio celeste*, 1966-67). Parigi, novembre-dicembre, Musée d'Art Modern, "Sculpteurs Italiens" (*Colloquio col demonio n. 5*, 1962, bronzo).
Esce, nelle Edizioni dell'"Institut of Art" in Minneapolis, l'album di 5 serigrafie "Minneapolis".

1969
Roma, marzo-aprile. Pubblica su "Civiltà delle Macchine" l'articolo *La città frontale*.
Milano, marzo-aprile, Galleria dell'Ariete, "Consagra. Città frontale", con una lettera di Pietro Consagra a Beatrice Monti. (*80 Edifici generici*, 1968, bronzo e alluminio; *40 Edifici embrionali*1968, ottone; Tris trasparenti: *Tris n. 1*, 1968, acciaio inox; *Tris n. 2*, 1968, acciaio inox; *Tris n. 3*, 1968, acciaio inox; Tris tamburati medi: *Tris n. 1*: *Edificio n. 10*, 1968, acciaio inox; *Edificio n. 11*, 1968, acciaio inox e ottone; *Edificio n. 12*, 1968, acciaio inox; *Tris n. 2*: *Edificio n. 13*, 1968, acciaio inox e ottone; *Edificio n. 14*, 1968, acciaio inox; *Edificio n. 15*, 1968, acciaio inox; Tris tamburato grande: *Tris n. 1*: *Edificio n. 16*, 1969, acciaio inox e ottone; *Edificio n. 17*, 1968, acciaio inox e ottone; *Edificio n. 18*, 1968, acciaio inox).
Roma, maggio-giugno, Marlborough Galleria d'Arte, "Consagra-La città frontale" con le stesse opere già esposte a Milano.
Tokyo, 12 giugno-17 agosto, Museum of Modern Art, "Dialogue between the East and the West" (*Impronta solare*, 1962, bronzo).
Roma, giugno-luglio, Grafica Romero, "Consagra. Dipinti su faesite, 1959-

La copertina del catalogo della mostra alla Galleria Marlborough di Roma, 1969

1966". Introduzione di C. Vivaldi.
Hakone, 1 agosto-31 ottobre, The Hakone Open - Air Museum, "The First International Exhibition of Modern Sculpture" (*Scultura frontale*, 1968, legno).
Amburgo, 9 agosto-21 settembre, Kunstverein, "Zwölf Italienische Bildhauer" (*Tris trasparenti*, 1968, acciaio inox; *Tris tamburati medi*, 1968, inox: *Tris tamburato medio*, 1968, inox).
Torino, 5-20 novembre, Sala Bolaffi, "Iª Rassegna del gioiello d'arte firmato" (3 spille eseguite in oro 750 guarnite con 26 brillanti).
Il Cairo, novembre, "Scultura italiana di oggi", organizzata dalla Quadriennale di Roma. Mostra itinerante: Firenze, Galleria La Gradiva, "Scultori italiani contemporanei", 21 novembre-10 dicembre; Milano, Palazzo Reale, "Scultori italiani contemporanei", marzo-aprile; Buenos Aires, Museo Nacional de Bellas Artes, "Esculturas Italiana contemporanea", giugno-luglio (*Colloquio col demonio n. 1 e n. 2*, 1962, bronzo; nell'esposizione di Buenos Aires sono presenti anche *Colloqui col demonio 2° Senza titolo*, 1970).
Napoli, 1-15 dicembre, Rampa-Galleria d'Arte (via C. Poerio, 31), "Consagra-Città frontale".
Roma, 1 dicembre-7 gennaio 1970, Galleria Editalia Qui Arte Contemporanea, "Grafiche e piccole sculture".

Pubblica nella collana "Dissensi" dell'Editore De Donato di Bari, *La Città frontale*. Pubblica, in AAVV, "Momenti del Marmo", *Interviste con gli scultori*, Bulzoni, Roma.

1970
Roma, maggio, Grafica Romero, "Esposizione di incisioni italiane contemporanee". Mostra itinerante: Haifa, Museo d'Arte Moderna, novembre; Ein-Harod, Museo d'Arte, dicembre; Petah-Tiqua, Memoriale e Museo "Yad le Banim', gennaio 1971; Beer-Sheva, Museo del Negev, febbraio-marzo 1971; Gerusalemme, Centro culturale internazionale, aprile 1971; Ashdot-Yaakov, Museo "Beit uri e rami nechustan", maggio 1971). Roma, maggio-giugno. Pubblica su "Civiltà delle Macchine" l'articolo *Una lezione di scultura*. Hannover, Kunstverein; Würzburg, Städtische Galerie; Kiel, Warleberger Hof; Köln, Italienischeeneische Bildhauer" (*Colloquio col demonio n. 1, Colloquio col demonio n. 2*).
Roma, 12-22 dicembre, Gioielleria Fumanti, "Gioielli di artisti contemporanei" (Spilla in oro con brillanti).
Madrid, Museo Español de Arte Contemporaneo, "III Exposicion Internacional del Pequeño Bronce: escultores europeos" (2 *Senza titolo*).

1971
Milano, aprile, Galleria dell'Ariete, "Consagra-L'oggetto", con un testo di Pietro Consagra ripreso dalla prima parte di *Lezione di scultura* pubblicato da "Civiltà delle Macchine" (maggio-giugno 1970). (TOTEMICHE anni 1947-49: *Totem della Liberazione*, 1947-48, bronzo; *Monumento al partigiano*, 1947, bronzo; *Omaggio a Christian Zervos*, 1948, bronzo; *Sicania*, 1949, bronzo; *Fronte popolare*, 1948, bronzo; *Plastico in marmo*, 1949, marmo; *Plastico in ferro*, 1948, ferro;
GEOMETRIE: *Geometria in legno n. 1*, 1947, legno; *Geometria in legno n. 2*, 1947, legno; COLLOQUI: Colloquio mitico, 1959, bronzo;
SOLIDE: *Solida n. 1, 1966*, bronzo; *Solida n. 2, 1966*, bronzo; *Solida n. 3, 1967*, bronzo; *Solida n. 4, 1966*, bronzo;
RIFLESSE: *Riflessa n. 1*, 1965, bronzo; *Riflessa n. 2*, 1966, bronzo; *Riflessa n. 3 «obosocolomoalio»* 1967, bronzo;

FERRI TRASPARENTI: *Ferro turchese, 1966*, ferro; *Ferro blu «addio Cimabue», 1966*, ferro; *Ferro rosa, 1966*, ferro; *Ferro violetto, 1966*, ferro;
OPACHE: *Opaca n. 1, 1956-71*, zinco rame-stagno; *Opaca n. 2, 1957-71*, zinco rame-stagno.
Liverpool, 22 luglio-11 settembre, Walker Art Center, "New Italian Art, 1953-1971" (*Piano sospeso bianco*, 1964, legno; *Piano sospeso rosso*, 1964, legno; *Piano sospeso carminio*, 1964, legno; *Piano sospeso viola*, 1964, alluminio; *Ferro trasparente turchese*, 1966).
Fano, Rocca Malatestiana, "Multipli".
Parigi, Musée Rodin, "VIᵉ Exposition Internationale de Scultpure Contemporaine" (*Riflessa n. 5*, 1967, bronzo).
Takashimaya, Art section (*Impronta solare*, bronzo; *Solida n. 4*, bronzo; *Colloquio col tempo*, bronzo).

1972

San Quirico d'Orcia, Villa Chigi, "Forme nel verde. II Mostra nazionale di scultura" (*Muro del suono*, 1956, bronzo).
Roma, febbraio, Marlborough Galleria d'Arte, "Consagra", con una poesia di Pietro Consagra, "Avere di me". (Grandi: *Riflessa n. 2*, 1966-71, bronzo; *Riflessa n. 3*, 1967-71, bronzo; *Muro del suono*, 1956-71, bronzo; *Racconto del demonio n. 4*, 1962-71, bronzo;
Medie: *Solida n. 4*, 1966-70, bronzo; *Solida n. 7*, 1971, bronzo; *Piana n. 2*, 1971, bronzo; *Piana n. 3*, 1971, bronzo; *Mira n. 1*, 1971, bronzo; *Mira n. 2*, 1971, bronzo;
Intermedie: *Solida n. 3*, 1967, bronzo; *Solida n. 8*, 1971, bronzo; *Solida n. 9*, 1971, bronzo; *Riflessa n. 4*, 1966, bronzo; *Riflessa n. 7*, bronzo 1966
Maquettes: *Riflessa n. 1*, 1965, bronzo; *Solida n. 5*, 1971, bronzo; *Solida n. 11*, 1971, bronzo; *Piana n. 4*, 1971, bronzo; *Piana n. 5*, 1971, bronzo; *Piana n. 6*, 1971, bronzo; *Piana n. 8*, 1971, bronzo
Multipli: *Cassetta*, 5 sottilissime inox, 1971, *Un millimetro*, libro di 12 sculture inox, 1971; *Esibizione 3*, bronzo 1971).
Genova, 8 aprile-11 giugno, Palazzo dell'Accademia e Palazzo Reale, "Immagini per la città" (*Edifici trasparenti della città frontale*, 1968).
Milano, aprile-maggio, Studio Nino Soldano (C.so di Porta Ticinese, 65), "Pietro Consagra.Giardini perduti" (Cartella di 6 litoserigrafie tratte da dipinti).
Hakone, 27 maggio-39 novembre, The Hakone Open-Air Museum, "Italian

Con Ludovico Corrao alla Galleria Editalia, Roma 1973

La copertina del catalogo dell'antologica di Palermo, 1973

Una delle sale del Palazzo dei Normanni, Palermo 1973

Contemporary sculptors" (*Colloquio col demonio n. 2*, 1962, bronzo; *Senza titolo*, 1970, bronzo).
Venezia, 11 giugno-1 ottobre, XXXVI Biennale Internazionale d'Arte, Padiglione centrale, "Aspetti della Scultura Italiana Contemporanea" (*Un millimetro*, 1971, acciaio inossidabile, Milano, Coll. Fratelli Fabbri; *Trama 1/7*, 1972, legno).
Roma, luglio-settembre, Galleria Lo Spazio, espone con E. Colla, U. Mastroianni, A. Pomodoro, J. Raphael Soto, A. Martini.
22 settembre-ottobre, Galleria Lo Spazio, "I grandi scultori" (*Solida n. 8*, 1971, bronzo.
Livorno, settembre, Galleria Peccolo-Arte Contemporanea, "Consagra". Introduzione di L. Lambertini. (12 opere, smalti su masonite, del 1972).
Roma, 13 dicembre-18 gennaio 1973, Galleria Editalia Qui Arte Contemporanea, "Artisti della Galleria".

1973

Palermo, 24 febbraio-24 aprile, "Mostra di Pietro Consagra", a cura di Giovanni Carandente. Palazzo dei Normanni, SCULTURE (*Scultura*, 1947, bronzo; *Le geometrie 1 e 2*, 1947, legno, *Monumento al Partigiano*, 1947, ferro; *Totem della liberazione*, 1947, ferro; *Plastico in ferro*, 1947-48, ferro; *Plastico in ferro*, 1948, ferro; *Omaggio a Christian Zervos*, 1948, bronzo; *Fronte popolare*, 1948, bronzo; *Eroe greco*, 1949, bronzo; *Plastico in ferro*, 1949, ferro colorato; *Plastico in marmo*, 1949, marmo; *Sicania*, 1949, bronzo; *Omaggio a Boccioni*, 1949, ottone; *Il prigioniero politico ignoto*, 1952, bronzo; *Colloquio*, 1952, ferro; *Plastico in ferro*, 1953, ferro; *Omaggio a Paisiello*, 1955, ottone; *Colloquio*, 1955, bronzo; *Muro del suono*, 1956, bronzo; *Opaca n. 1*, 1956, zinco, rame e stagno; *Opaca n. 2*, 1957, zinco, rame e stagno; *Colloquio decisivo*, 1957, bronzo; *Colloquio davanti lo specchio*, 1957, bronzo; *Colloquio col tempo*, 1957, bronzo; *Colloquio a Sant'Angelo*, 1958, bronzo; *Colloquio pomeridiano*, 1958, bronzo; *Tête a tête*, 1958, legno e bronzo; *Coro impetuoso*, 1958, bronzo; *Colloquio impossibile*, 1959, bronzo; *Colloquio mitico*, 1959, bronzo; *Colloquio definitivo 1*, 1960, bronzo; *Oracolo di Chelsea Hotel*, 1960, bronzo; *Specchio ulteriore*, 1961, bronzo; *Racconto di marinaio*, 1961, bronzo; *Miraggio*, 1961, bronzo; *Colloquio buffo*,

1961, bronzo; *Impronta solare*, 1961, bronzo; *2 studi per la fontana di Mazara del Vallo*, 1962, bronzo; *Racconto del demonio n. 4*, 1962, bronzo; *New York City*, 1963-64, acciaio inossidabile e bronzo; *Alluminio viola*, 1965; *Legno rosso, Legno bianco e Legno rosso*, 1965; *Alluminio celeste*, 1965; *Alluminio giallo*, 1965; *Alluminio verde*, 1965; *Riflessa n. 3*, 1965, bronzo; *Solida n. 4*, 1966, bronzo; *Ferro violetto*, 1966; *Ferro bianco I*, 1966; *Ferro blu, Addio Cimabue*, 1966; *Riflessa n. 7*, 1966-67; *Ferro viola scuro*, 1966; *Ferro bianco 1 e 2*, 1966; *Ferro turchese*, 1966; *Ferro blu, Addio Cimabue*, 1966; *Ferro rosa*, 1966; *Ferro lilla*, 1966; *Inventario n. 1*, 6 allumini, 1967; *Riflessa n. 1*, 1966, bronzo; *Sottilisima n. 1-2-3-4*, 1968, acciaio inossidabile; *Sole do vinagre*, 1970, bronzo; *Piana n. 2*, 1971, bronzo; *Piana n. 3*, 1971, bronzo; *Solida n. 11*, 1971, bronzo; *Mira n. 2*, 1971, bronzo; *La trama*, 1972, 7 sculture in legno colorato; *Pietre matte di San Vito*, 1972, 13 sculture in pietra tagliata); MULTIPLI (*Cassetta*, 1970, 5 sculture in acciaio inossidabile; *Il millimetro*, 1972, 12 sculture in acciaio inossidabile; *Mezzo millimetro*, 1972, 8 sculture in acciaio inossidabile). Galleria Civica d'Arte Moderna, PITTURE, DISEGNI, GRAFICA (*Eroe greco*, 1950 c., olio su tela; *Città*, 1951 c., olio su tela; *Progetto per scultura*, 1960, tecnica mista su faesite, come le altre opere che seguono; *Progetto per scultura*, 1960; *Progetto per scultura*, 1960; *Studi per sculture*, 1960; *Studi per 2 sculture*, 1960-63; *Progetto per scultura*, 1961; *Progetto per scultura*, 1961; *Collage*, 1962; *Progetto per scultura*, 1962; *Immagine su fondo bianco*, 1963; *Due immagini su fondo bianco*, 1963; *Studi per sculture*, 1963; *Studi per scultura*, 1963; *Studi per la fontana di Mazara del Vallo 1-2-3*, 1963; *Studi per sculture*, 1964; *Collage*, 1964; *Studi per tre sculture*, 1964; *Progetto per sculture*, 1965; *Immagine rosso-bleu su fondo bianco*, 1965; *Immagine*, 1966; *Due immagini*, 1966; *Progetto per scultura*, 1968; *Due immagini su fondo grigio*, 1968; *Due immagini su fondo lilla*, 1968; *Immagine*, 1968; *Immagine*, 1968; *Progetto per scultura*, 1970; *Immagine bianca su fondo celeste*, 1970; *Immagine*, 1971; *Due immagini viola su fondo bruno*, 1971; *Immagini viola su fondo bruno*, 1971; *Due figure su fondo nero*, 1971; *Due figure rosse su fondo grigio*, 1972; *Due figure bianche su fondo lilla*, 1972; *Due figure su fondo giallo*, 1972; *Immagine su fondo rosso bruno* 1972; *Progetto*

per scultura, 1972; *Due immagini su fondo grigio*, 1972; *Due immagini su fondo rosa*, 1972, *Due immagini su fondo grigio-rosa*, 1972; *Due immaini su fondo lilla*, 1972; *Quattro imamgini su fondo grigio*, 1972; *Cinque immagini su fondo grigio*, 1972; *Due immagini su fondo lilla*, 1972; *Due immagini su fondo bruno*, 1972; *Due immagini su fondo bianco*, 1972; *Figure su fondo lilla*, 1972; *Immagine su fondo viola*, 1972; *Immagine su fondo lilla*, 1972; *Due immagini su fondo rosa*, 1972; *Figure su fondo grigio*, 1972; *Due figure su fondo celeste*, 1972; *Figure su fondo rosso-blù*, 1972; *Due figure su fondo grigio*, 1972; *Immagine su fondo rosa*, 1972; *Immagini su fondo grigio*, 1972; *Immagini su fondo blu*, 1972; *Immagini su fondo celeste*, 1972; *Immagini su fondo lilla*, 1972; *Immagini su fondo lilla*, 1972; *Immagini su fondo lilla*, 1972; *Immagini su fondo bruno*, 1972; *Immagini su fondo rosa*, 1972; *Immagini su fondo grigio*, 1972; *Immagini su fondo grigio 1-2-3*, 1972; *Immagini su fondo nero*, 1972; *Inventario rosso*, 1972; *Inventario bleu viola*, 1972; *Inventario blu*, 1972; *Inventario bianco*, 1972; *Inventario grigio*, 1972; *Inventario*, 1972; Inventario celeste, 1972; *Disegno 1 e 2*, 1948; *Disegno 1 e 2*, 1954; *Disegno*, 1959; *Disegno 1-2-3*, 1960; *Disegno 1 e 2 per la fontana di Mazara del Vallo*, 1962; *Disegno*, 1963; *Disegno per i ferri trasparenti*, 1966; *Disegno*, 1971; *Disegno 1 e 2*, 1972; *Tanti giardini per noi*, 1968, acquaforte; *Americana*, 1968, 6 piombi; *Città frontale*, 1969, acquaforte; *Senza titolo*, 1970, litografia; *Colloquio*, 1970, acquatinta; acquaforte; *6 pressioni*, 1970; *Morra cinese*, 1971, acquaforte; *Gibellina*, 1972, acquaforte; *Palermo*, 1972, acquaforte; *Cartagine*, 1972, acquaforte; *San Antonio, Texas*, 1972, litografia; *New Orleans*, 1972, incisione). Gibellina, Villaggio Rampinzeri (LA CITTÀ FRONTALE: *Edifici generici*, 1968, bronzo e alluminio; *Edifici embrionali*, 1968, ottone; *Tris trasparentti n. 1-2-3*, 1968, acciaio inossidabile; *Tris tamburati medi, Edifici 10-11-12*, 1968, acciaio inossidabile; *Tris n. 2, Edificio 13-14-15*, 1968, acciaio inossidabile e ottone; *Tris tamburato grande, Edificio 16-17-18*, 1968-69, acciaio inossidabile).
Palermo, marzo, galeria Quattro Venti-Proposte d'Arte Contemporanea, "Pietro Consagra. Poema frontale". Per l'occasione esce il volume di Vanni Scheiwiller, *Poema frontale*.
Roma, 23 maggio-16 giugno, Galleria Editalia Qui Arte Contemporanea,

"Consagra: pitture dal 1968 al 1973". Presentazione di Marisa Volpi Orlandini.
Milano, 5-27 giugno, Salone Annunciata, "Omaggio a Ugo Mulas", in occasione dell'uscita del libro *Fotografare l'arte*, con introduzione di U. Eco e un colloquio Consagra-Mulas, F.lli Fabbri Editori, Milano.
Rimini, 28 luglio-7 ottobre, "Città Spazio Cultura" (*Muro del suono*, bronzo; *Riflessa n. 2*, bronzo).
Bruxelles, 26 ottobre-2 dicembre, Musée Royaux d'Art et d'Histoire, "Sculptores italiennes Contemporaines" (*Riflessa n. 3*, 1965, bronzo; *Mira n. 2*, 1971, bronzo).
Roma, ottobre. Pubblica su "Iniziativa Europea" l'articolo *Mi sento in colpa*.
Bologna, ottobre, Galleria La Loggia, "Dieci Scultori Italiani'", con, tra gli altri, Cascella, Franchina, Ghermandi, G. Pomodoro, Somaini e Viani (*Intercontinentale*, 1973, metallo argentato).
Pubblica, per le Edizioni "2RC" di Roma, il volume *Euforia-I Poema Frontale*, 10 acqueforti su rame - stampa a secco.

1974
Palermo, 16 marzo-2 aprile, Galleria La Robinia, "Omaggio alla Sicilia di Pietro Consagra". (Sculture, pitture e grafica) Introduzione di G. Carandente.
Firenze, 30 marzo-30 aprile, Galleria Michaud, "Consagra: un moderno umanista".
Roma, marzo-aprile, Grafica Romero, "Pietro Consagra - Omaggio alla Sicilia", cartella di 6 incisioni con uno scritto di G. Carandente.
Aprile, Marlborough Galleria d'Arte, "Pietro Consagra" (PIETRE DELLA VERSILIA: *Rosso levanto*, 1973; *Verde Alga*, 1973; *Bleu Brasile*, 1973; *Granito Rosso sud Africa*, 1973; *Skiros Africano*, 1973; *Giallo di Siena*, 1973; *Onice di Montalcino*, 1973; *Bianco Statuario*, 1973; *Nero Angola no. 1*, 1973; *Grigio Bardiglietto*, 1972; *Rosso Orientale*, 1972
PIETRE MATTE DI SICILIA: *Libeccio verticale*, 1972; *Libeccio orizzontale*, 1972; *Rosso Sant'Agata*, 1972
PICCOLE PIETRE DURE: *Lapislazzulo*, 1973; *Diaspro n. 1*, 1973; *Diaspro n. 2*, 1973; *Sodalite Brasile n. 1*, 1973; *Sodalite Brasile n. 2*, 1973; *Sodalite Sud Africa n. 1* (bleu forte), 1973; *Sodalite Sud Africa n. 2* (bleau forte), 1973; *Calcedonio n. 1*, 1973; *Calcedonio n. 2*, 1973; *Grossolarite n. 1* (verde), 1973; *Grossolarite n. 2* (ver-

de), 1973).

In catalogo, una precisazione: "Il colore, in questi marmi, da complementare alla scultura diventa parallelo e poi un elemento staccato, autonomo e perciò primario tanto da interferire, contrastare, travolgere la struttura che diventa un campo di battaglia senza più un fronte, dove il conflitto è da pari e patta o da paralisi distruttiva totale.

Dalle "Pietre Matte" realizzate in Sicilia l'anno scorso alle ultime prese nei depositi della Versilia, il colore, il naturale sornione colore della scultura diventa sfrenato intrattabile prevaricatore da prendere con le buone maniere".

Viene presentata per la prima volta una documentzione dei più significativi paracarri italiani mai rilevati nei testi di architettura. Riprodotti in scala ridotta, una sezione di 10 opere concentra, anche geograficamente, da Como a Palermo, il senso della diffusione del simbolo fallico. I 10 multipli (50 esemplari più 4 prove) sono da considerarsi un unicum irripetibile perché eseguito quasi sempre con marmi diversi. I luoghi presi ad esempio: *Napoli*, via Chiatamone; *Siena*, Palazzo Chigi; *Como*, centro storico; *Roma*, Palazzo Barberini (Bernini); *Roma*, Cortile della Sapienza (Borromini); *Roma*, San Luigi dei Francesi; *Roma*, Piazza S. Pietro; *Palermo*, Centro Storico (Edificio privato); *Roma*, San Carlo al Corso; *Milano*, Vecchio Seminario (Corso Venezia).

Milano, 28 maggio-30 giugno, Galleria dei Bibliofili, "Pietro Consagra-Welcome to Italy" (10 paracarri e piccole sculture in pietre dure).

Genova, 9-19 novembre, Sileno Libreria-Editrice (Galleria Mazzini 13R), "I paracarri di Consagra". Presentazione di C. Romano e A. Passadore.

Treviglio (Bergamo), 16-39 novembre, Galleria Ferrari, "Consagra" (piccole sculture, faesiti e grafica).

Milano, inverno, Multicenter Grafica (via Verri, 1), "Pietro Consagra" (4 lenzuola dipinte a mano: *Variazione* n. 1, n. 2, n. 3 e n. 4, 30 esemplari; *Bifrontale n. 1, n. 2 e n. 3*, bronzo, marmo bianco, onice, 30 esemplari).

Parma, aprile, Galleria Niccoli, "Consagra" (bronzi, marmi, dipinti).

Pubblica, per le Edizioni Scheiwiller, *Malumore 1948-1974.*

1975

Roma, 28 febbraio-marzo, Galleria Marra, con E. Baj, A. Cascella, E. Colla, G.

La sala dei marmi alla Galleria Marlborough, Roma 1974

La copertina del volume dedicato ai paracarri, Welcome to Italy, 1974

Colombo, L. Del Pezzo, L. Fontana, A. Pomodoro (*Paracarro*, 1974, marmi).

Milano, 2 novembre, pubblica su "IL Giorno" l'articolo *Come si rinnoverà.*

Capo d'Orlando (Messina) dicembre-gennaio 1976, "Gli artisti siciliani 1925-1975: cinquant'anni di ricerche" (*Piana n. 2*, 1971, bronzo; *Piana n. 3*, 1971, bronzo).

1976

Milano, 8 febbraio. Esce sul "Corriere della Sera" l'articolo *Realizzare una nuova città contro i cattivi amministratori.*

20 febbraio-30 marzo, Salone Annunciata, "Consagra/Progetti marmi pietre".

26 marzo. Esce su "L'Europeo" l'articolo *Consagra contro Guttuso.*

Roma, aprile-maggio, Marlborough Galleria d'Arte, "Pietro Consagra. Maquettes 1947-1976" (*Manifesto per l'avvenire*, 1947; *Manifesto elettorale*, 1948; *Manifesto al partigiano*, 1947; *Fronte popolare*, 1948; *Omaggio a Boccioni*, 1949; *Eroe greco*, 1949; *Plastico*, 1949; *Colloquio*, 1955; *Piccolo comizio 1 e 2*, 1955; *Omaggio a Paisiello*, 1955; *Colloquio pubblico*, 1955; *Piccolo comizio*, 1956; *Muro del suono*, 1956; *Incontro*, 1956; *Colloquio*, 1957; *Incontro*, 1957; *Piccolo colloquio*, 1957; *Muro H*, 1957; *Colloquio decisivo*, 1957; *Colloquio maggiore*, 1957; *Colloquio notturno*, 1957; *Piccolo colloquio romano*, 1957; *Colloquio davanti lo specchio*, 1957; *Colloquio romano*, 1957; *Colloquio col tempo*, 1957; *Colloquio con la* speranza, 1957; *Colloquio duro*, 1958; *Coro impetuoso*, 1958; *Colloquio pomeridiano*, 1958; *Colloquio a Sant'Angelo*, 1958; *Colloquio impossibile*, 1959; *Colloquio fermo*, 1959; *Colloquio mitico*, 1959; *Telegramma I*, 1960; *Telegramma II*, 1960; *Colloquio segreto*, 1960; *Chelsea Hotel*, 1960; *Colloquio felice*, 1960; *Colloquio definitivo*, 1960; *Nana*, 1960; *Muro dei premi*, 1960; *Impronta solare*, 1961; *Specchio alienato*, 1961; *Racconto*, 1961; *Lettera a Clochard*, 1961; *Diario*, 1961; *Biglietto*, 1961; *Sogno di eremita*, 1961; *Colloquio buffo*, 1961; *Piccolo colloquio*, 1961; *Racconto del marinaio*, 1961; *Festa americana*, 1961; *Ritratto*, 1961; *Miraggio*, 1961; *Miraggio mediterraneo*, 1961; *Colloquio libero*, 1961; *Specchio ulteriore*, 1961; *Colloquio col demonio n. 1-2-3-4-5*, 1962; *Wilmington*, 1964; *Sole do vinagre*, 1965; *Riflessa n. 1*, 1965; *Riflessa n. 2-3-6-7-9*, 1966; *Solida n. 1-2-3*, 1966; *Solida n. 4*, 1969; *Solida n. 5*, 1970; *Solida n. 6-7*, 1971; *Piana n. 2-3-5-6-8-9*, 1971; *Solida n. 8-9-10-12-14-15*, 1972; *Solida n. 16*, 1974, *Controluce n. 1-2-3-4*, 1976).

Todi, luglio-agosto, Palazzo del Popolo, "Forma 1" (*Totem della liberazione*, 1947, ferro; *Plastico in ferro*, 1949, ferro colorato; *Piana n. 8*, 1971, bronzo; *Plastico*, 1947, bronzo; *Solida n. 4*, 1969, bronzo; *Solida n. 15*, 1971, bronzo).

Milano, luglio-agosto. Pubblica su "Casa Vogue" l'articolo *Lo spazio della vita*.

Roma, 10 dicembre-22 gennaio 1977, Galleria Editalia Qui Arte Contemporanea, "Dieci anni".

Milano, 15 dicembre-30 gennaio 1977, Galleria Stendhal, "Pietro Consagra. Maquettes 1947-1976" già esposte a Roma in aprile. In questa occasione esce, per Scheiwiller, il volumetto: Pietro Consagra, *La ruota quadrata*.

Esce la cartella "Forma 1" con una poesia di Angelo Maria Ripellino, "Symphonie Fantastique" e 6 incisioni di Accardi, Consagra, Dorazio, Perilli, Sanfilippo e Turcato. Edizioni "2RC", Roma.

1977
Roma, giugno. Pubblica, su "Qui Arte Contemporanea", l'articolo *Io faccio parte della moda*.

Verona, 16 luglio-30 ottobre, Museo di Castelvecchio, "Pietro Consagra: sculture 1976/77". Presentazione di G. Carandente e L. Magagnato. (*Disegni 1975-1977*; *Nembro rosato*, 1977; *Verde alpi*, 1974; legno; *Verde alga*, 1976, legno; *Avori*, 1977; *Onice addossato*, 1977; *Granito blu*

Con Carlo Grossetti al Salone Annunciata, Milano 1976

Con Cisco Magagnato, Sem e Giovanni Carandente a Pietrasanta per la preparazione della mostra di Verona, 1977

MUSEO DI CASTELVECCHIO
CONSAGRA 1976/77
VERONA · 1977

La copertina del catalogo della mostra al Museo di Castelvecchio, Verona 1977

del Brasile, 1977; *Giallo mori*, 1977; *Muraglia, Botticino*, 1977; *Granito giallo e granito blu del Brasile*, 1977; *Bianco macedonia e Diaspro nero e rosso*, 1977; *Verde alga 2*, 1976; *Granito grigio*, 1976; *Onice*, 1977; *Bianco macedonia e nero del Belgio*, 1977; *Pietra di luna del Caucaso*, 1976; *Muraglia, Giallo mori e verde Alpi*, 1977; *Bianco macedonia e ossidiana*, 1977; *Bianco cristallino di Nasso*, 1977; *Basalto nero del sud Africa*, 1975; *Muraglia "Congrande", rosso magnaboschi*, 1977). In questa occasione esce nelle Edizioni Scheiwiller il volumetto *Approssimativamente*.

Roma (Luoghi diversi di Roma antica), ottobre, "Rassegna della scultura italiana in ferro", in occasione dell'XI Congresso dell'IISI (*Ferro violetto*, 1966, sistemato nei resti di una villa romana, all'Acquedotto Appio Claudio).

30 novembre-14 gennaio 1978, Galleria Editalia Qui Arte Contemporanea, "Grafica e piccolo formato: dipinti disegni sculture".

30 novembre. Esce su "La Repubblica" l'articolo *Consagra a Trombadori*.

Novembre. Si inaugurano le Porte per il Cimitero di Gibellina.

Roma, 13 dicembre - 30 gennaio, l'Arco-Studio Internazionale d'Arte Grafica (via Mario de' Fiori, 39/A), "Opera grafica di Consagra, 1942-1977". In questa occasione esce il volume di Giuseppe Appella, *Pietro Consagra Opera grafica*, per le Edizioni Scheiwiller di Milano.

13 dicembre-30 gennaio, Galleria Il Disegno (via della Dogana Vecchia), "Disegni di Consagra 1945-1977". In questa occasione esce, presso Scheiwiller, il volume *Pietro Consagra Disegni 1945-1977*, a cura di Giuseppe Appella. "Disegnare è come pensare lasciando le tracce: riprendi, rifai, ti spingi avanti, ricongiungi, rafforzi una parte, che diventa portante, una parte resta secondaria, una parte di appoggio; puoi in ogni momento cancellare tutto e mettere da parte. Chi disegna sta sempre sul filo del buttare via o insistere, come chi sta pensando passa ad altro o rimane a elaborare lo stesso argomento".

Milano, 20 dicembre-20 gennaio 1978. L'Agrifoglio (via Montenapoleone, 21), "Pietro Consagra - disegni e pressioni".

Roma, Galleria Seconda Scala, "Area 60/61".

Esce, per le Edizioni Vanessa, nella collana "Maestri Contemporanei" la monografia *Consagra* con una introduzione di Marisa Volpi Orlandini.

Una delle sculture in ferro fatta finestra sui Sassi, Matera 1978

Uno dei disegni preparatori della mostra di Materia, 1978

La guida della mostra "Consagra a Matera", 1978

Il ferro che si staglia accanto al campanile della Cattedrale, Matera 1978

1978

Bari, 10-25 marzo, mostra perosnale alla Galleria La Panchetta (grafica e multipli in marmo, onice, bronzo, lamina d'argento).

Roma, 20 marzo. Esce, nelle Edizioni L'Arco, Roma-Scheiwiller, Milano, *L'ora prima dell'alba*, di W.B. Yeats con 2 acqueforti di Consagra. Il libro viene esposto, con tutti gli altri al Centre Pompidou, Parigi, in una mostra dedicata a Scheiwiller.

Bari, 4-11 aprile, Fiera del Levante, Galleria Editalia Qui Arte Contemporanea, "Afro, Consagra".

Charleston S.C., 25 maggio-11 giugno, Festival Spoleto-USA 1978, "Pietro Consagra Iron Sculptures" (*Bifrontale bianco*, 1977; *Bifrontale gialla*, 1977; *Bifrontale rossa*, 1977, *Bifrontale arancio*, 1977).

Bologna, 1-6 giugno, Arte Fiera, Galleria Editalia Qui Arte Contemporanea, "Accardi, Afro, Consagra, Mastroianni, Sadun, Scordia".

Milano, 6-30 giugno, Galleria dei Bibliofili (via Morone, 6), "Pietro Consagra" (5 gouaches, 30 disegni e 4 libri).

Matera, 18 giugno-30 settembre, "Consagra a Matera", a cura di G. Appella, Sasso Caveoso e Sasso Barisano, Piazzale Belvedere, (11 sculture in ferro); Circolo La Scaletta (Sculture e disegni). In occasione della mostra esce presso Scheiwiller il volumetto *Consagra a Matera*, con una "Lettera agli amici di Matera".

Pietrasanta, 10 luglio-20 agosto, Chiostro di S. Agostino, "Il passato e la presenza: bozzetti e fotografia" (*Bozzetto per scultura grande*, 1977).

Termoli, estate, Castello Svevo, "XXIII Rassegna Nazionale d'Arte".

Milano, 11-31 ottobre, Galleria dei Bibliofili, "Poeti & pittori; pittori & poeti", 23 cartelle di grafica e poesia delle Edizioni dell'Arco di Roma.

Lecce, 21 ottobre-20 novembre, Centro Polivalente Salesiani, "III Rassegna Internazionale della Grafica Città di Lecce".

Roma, 6 dicembre-20 gennaio 1979, Galleria Editalia Qui Arte Contemporanea, "Forma 1 trent'anni dopo".

1979

Milano, 15 marzo-30 aprile, Galleria Stendhal, "Consagra" (*Maquettes dei ferri di Matera*, 1978; *Maquettes delle Muraglie*, 1977; *4 sbilenche*, 1978; *Ferro trasparente rosa*, 1966).

15 marzo-30 aprile, Salone Annunciata, "Consagra" (ALABASTRO ADDOSSATO:

Con Carla Lonzi nello studio di Milano in via Monte di Pietà, 1979

Celeste e violetto, 1978; *Acquamarina e rosso*, 1978; *Cinabro chiaro e grigio chiaro*, 1978; *Bianco ghiaccio e verde scuro*, 1978; *Verde e rosa*, 1978; *Viola*, 1978; *Rosso carminio e giallo chiaro*, 1978; *Verde e paglierino*, 1978.
MARMI: *Nero Atlantide*, 1978; *Rosa del Portogallo*, 1978; *Cristallino blu*, 1978; *Bianco inserito*, 1978; *Verde e giallo*, 1977.
PIETRE DURE: *Quarzo rosa*, 1979; *Occhio di tigre*, 1979; *Verde ranocchia*, 1979; *Sodalite*, 1979; *Diaspro erratico*, 1979; *Diaspro Cina*, 1970, *Diaspro grigio Madagascar*, 1979; *Diaspro melograno*, 1979; *Diaspro del Sahara*, 1979. 5 dipinti del 1979).

Atlanta, 25 maggio-31 luglio, Ann jacob Gallery, "Pietro Consagra Sculptures".

Roma, maggio. Viene nominato Accademico di San Luca.

Bologna, 5-10 giugno, Arte Fiera, Galleria Editalia Qui Arte Contemporanea, "Afro, Bonalumi, Calò, Consagra, Padovan, Sadun".

Milano, 25 giugno. Pubblica, sul "Corriere della Sera illustrato" (supplemento del "Corriere della Sera") l'articolo *Per lui l'arte non è che un inciampo*.

Spoleto, 30 giugno-15 luglio, XXII Festival dei Due Mondi, Chiostro di S. Nicolò, "Opere di Pietro Consagra (1948-1978)". (*Ferro girevole grigio*, 1966; *Skiros africano*, 1974; *Granito Ligiona 1 e 2*, 1974; *Legno sospeso bianco*, 1964; *Allumini appesi giallo, celeste, nero, rosa*, 1966; *Colloquio pubblico*, 1955, bronzo; *Colloquio mitico*, 1959, bronzo; *Colloquio definitivo*, 1960, bronzo; *Colloquio buffo*, 1961, bronzo; *Muro H*, 1957, bronzo; *Telegramma II*, 1960, bronzo; *Ritratto*, 1961, bronzo; *Riflessa n. 1*, 1965, bronzo; *Solida n. 2*, 1966, bronzo; *Impronta solare*, 1961, bronzo; 3 bronzi nuovi, 1978; 5 ferri vuoti, 1978, dipinti,

grafica).

Firenze, ottobre-novembre, Galleria Il Ponte, "Pietro Consagra. Scultura e grafica".

Palermo, luglio, muore sua madre.

1980

Reggio Calabria, 1-30 marzo, Centro Studi "Il Messaggio", "Omaggio a Pietro Consagra" (sculture, in bronzo e in marmo, disegni, incisioni, multipli), a cura di G. Appella. In mattinata, conferenza al Liceo Artistico "Mattia Preti" su "Arte e Architettura".

Veksolund, 17 maggio-13 luglio, "Pietro Consagra, Walter Dusenbery, Erling Frederiksen, Soren Georg Jensen, Sonja Ferlov Maneoba, Gert Nielsen, Bent Sorensen, Jorgen Hangen Sorensen (*Granito blu*, 1977; *Granito grigio chiaro*, 1977; *Granito blu e giallo*, 1978; *Verde alga*, 1977; *Multiplo Bifrontale*, 1974, marmo; *Bifrontale*, 1974, bronzo).

Roma, 19 maggio-10 giugno, L'Arco-Studio Internazionale d'Arte Grafica, Disegni-Collage e incisioni recenti. In questa occasione C. Belli e G. Turcato presentano il volume *Vita mia*, Feltrinelli Editore, Milano. Allo stesso libro viene

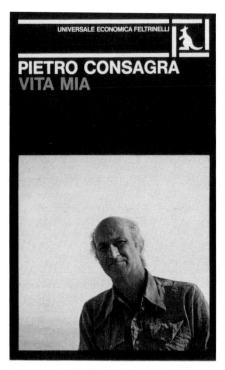

La copertina di "Vita mia", 1980

assegnato, in giugno, il Premio Speciale della Giuria al Premio Mondello, Palermo.

Milano, maggio-giugno, Studio Grossetti, "Pietro Consagra: spazio ideale" (alabastri e marmi).

Lecco, giugno-luglio, Villa Manzoni, "Trent'anni d'arte italiana, 1950-1980: I, il segno sensibile".

Milano, luglio, Galleria Stendhal, "Pietro Consagra" (maquettes, piccoli marmi, bronzi)

Bergamo, 30 ottobre-30 novembre, La Bottega del Quadro, "Pietro Consagra acquarelli-sculture-multipli".

Torino, ottobre. Esce su "Bolaffi Arte" l'articolo *Io, Consagra*.

1981

Roma, 14 febbraio-15 aprile, Palazzo delle Esposizioni, "Linea della ricerca artistica in Italia, 1960-1980".

Bari, 24-29 marzo, Fiera del Levante, Galleria Editalia Qui Arte Contemporanea, "Sanfilippo, Accardi, Afro, Bussi, Calò, Capogrossi, Consagra, Conte, Fontana, Mastroianni, Prampolini, Sadun, Turcato".

Palermo, 15 aprile-20 maggio, Galleria Arte al Borgo (via Mazzini), "Omaggio a Serpotta". Disegni preparatori e piccole sculture in occasione dell'uscita del volume edito da L'Arco Edizioni d'Arte, Roma.

Roma, 13 maggio-13 giugno, Galleria Editalia Qui Arte Contemporanea, "Consagra: Dipinti e sculture".

Gibellina, 24 maggio-2 giugno, Museo d'Arte Grafica, "Omaggio a Serpotta".

Rimini, 30 giugno-30 settembre, Palazzo dell'Arengo, "Consagra", a cura di G. Ballo

Opere dal 1947 al 1981, sculture-dipinti-multipli.

Gibellina, giugno. Viene inaugurata la Porta di Gibellina, scultura in acciaio inox alta 26 metri.

Celano, 8-30 agosto, Castello, "Consagra a Celano" (SCULTURE: *Plastico*, 1952, ferro, *Plastico*, 1952-53, bronzo; *Plastico*, 1952-53, bronzo; *Plastico*, 1952-53, ottone; *Colloquio notturno*, 1957, bronzo; *Colloquio*, 1960, bronzo; *Colloquio*, 1960-81, bronzo; *Colloquio*, 1960-81, bronzo; *Colloquio col demonio*, 1962, bronzo; *Racconto del demono n. 4*, 1962, bronzo; *Riflessa*, 1965, bronzo; *Riflessa n. 1*, 1966, bronzo; *Schema città frontale*, 1968, ottone; *Edificio trasparente n. 1*, 1968, acciaio inossidabile; *Edificio trasparente n. 2*, 1968, acciaio inossidabile; *Edi-*

Le due sculture nella piazza centrale di Rimini per la mostra antologica del 1981

ficio n. 18, 1968, acciaio inossidabile; *Edificio n. 16*, 1969, acciaio inossidabile e ottone; *Edificio n. 17*, 1969, aciaio inossidabile e ottone; *Solida*, 1970, bronzo; *Piana n. 2*, 1971, bronzo; *Piana n. 3*, 1971, bronzo; *Solida n. 15*, 1972, bronzo; 6 multipli in onice, bronzo o marmo, 1970-1980; Multiplo in argento, 1975.

DIPINTI: 8 dipinti del 1981, olio su tela.

OPERA GRAFICA: Incisioni, litografie, xilografie, serigrafie dal 1958 al 1981.

Per l'occasione esce il volumetto *Consagra a Celano* con un testo di C. Belli, per le Edizioni Scheiwiller di Milano.

Cerrina Monferrato, 1-28 ottobre, Galleria Adriano Villata, "Pietro Consagra. Opere recenti" (Sculture, maquettes e disegni).

Milano, 2 dicembre-17 gennaio 1982, Castello Sforzesco, "Il materiale delle arti: processi tecnici e formativi dell'immagine" (*Disegno*, inchiostro e pennarello, 1976; *Bianco Macedonia e Nero del Belgio*, 1976; *Muraglia Giallo Mori e Verde Alpi*, 1977).

Roma, 11 dicembre-30 gennaio 1982, Galleria Il Millennio, "Pietro Consagra". (*Marmo rosso del veronese*, 1977; *Bianco Macedonia*, 1977; *Onice dell'Iran*, 1977; *Gres*, 1978; *Gres*, 1978; *Verde Ranocchia*, 1978; *Blu del Messico*, 1978; *Occhio del Tigu*, 1978; *Rodocrosite*, 1978; *Diaspro del Madagascar*, 1978; *Diaspro erratico*,

1978; *Diaspro del Sahara*, 1978; *Diaspro di Cina*, 1978; *Verde del Messico*, 1978; *Cristallino del Brasile*, 1978; *Alabastro n. 1*, 1979; *Alabastro n. 2*, 1979; *Alabastro n. 3*, 1979; *Alabastro n. 3*, 1979; *Alabastro n. 5*, 1979; *Alabastro n. 6*, 1979; *Alabastro n. 7*, 1979; *Alabastro n. 8*, 1979; *Quarzo Verde e Quarzo Rosa*, 1980; *Quarzo e Diaspro Russo*, 1980; *Bianco P e Nero del Belgio*, 1980; *Onice del Pakistan*, 1980; *Agata Bianca Russa e Legno Fossile Russo*, 1981; *Agata Bianca Russa e Legno Fossile Russo 1-2*, 1981; *Bisquit*, 1981; *Vetri*, 1981).

Per l'occasione esce, nelle Edizioni della Cometa, il volume di G. Appella, *Colloquio con Consagra*.

Prepara per le Éditions de Luxemburg, 3 acquetinte per 3 "Cartes postales" di Guillevic.

1982

Bari, 23-28 marzo, Fiera del Levante, Galleria Editalia Qui Arte Contemporanea, "Afro, Sadun, Accardi, Balla, Berrocal, Calò, Consagra, Conte, Depero, Dottori, Mastroianni, Padovan, Prampolini, Santomaso, Scialoja, Scordia, Turcato".

Matera, maggio, disegna il manifesto e il multiplo omaggio per il convegno su "Leonardo Sinisgalli"

213

Milano, giugno. Pubblica su "Retina" l'articolo *Progetto per un orologio frontale*

Venezia, giugno-ottobre, XL Biennale Internazionale arti visive (*Fondale di legno addossato*, 1982). In questa occasione esce nelle Edizioni della *Cometa Musica frontale*, una musicassetta con testo di Pietro Consagra e musica di Maria Monti, e Gianni Nebbiosi.

Milano, 8 agosto, muore Carla Lonzi.

Londra, 20 ottobre-9 gennaio 1983, Hayward Gallery, "Arte italiana 1960-82" (*Ferro girevole trasparente*, 1964; *Ferro bianco*, 1966; *Città frontale*, 1968, acciaio; *Solida n. 11*, bronzo; *Marmo bianco*, 1974).

1983

Bari, 22-27 marzo, Fiera del Levante, Galleria Editalia Qui Arte Contemporanea, "Berrocal, Perilli, Accardi, Afro, Calò, Consagra, Conte, Dottori, Hafif, Mastroianni, Padovar, Prampolini, Sadun, Scialoja, Scordia, Turcato".

Gibellina, giugno, di inaugura il "Meeting", primo edificio realizzato della *Città Frontale*.

"L'Arte afferma a Gibellina il dirittodi fantasticare. Io che sono di quelle parti, dovevo accorrere prima di ogni altro artista e così ho fatto progettando le quattro opere seguenti: il Teatro Frontale, il Meeting, due cancelli per il cimitero, la Stella del Belice, grande insegna di acciaio inox alta ventisei metri, come porta della città. Il Meeting è il primo edificio frontale che proviene dalla mia proposta di Città Frontale con edifici che privilegiano in prima istanza l'osservatore, edifici come opera d'arte. Hanno collaborato alla progettazione ed all'esecuzione di tale edificio per Gibellina l'Arch. Zanmatti per i raccordi plastici funzionali e materiali, l'Ing. Valenzi per i calcoli strutturali e le verifiche tecniche, l'Arch. Bianchi per l'impiantistica. Il tutto eseguito da un cantiere della Valle del Belice che si è prodigato con le adeguate soluzioni tecniche ed entusiasmo. Questo oggetto nuovo lo abbiamo visto crescere con l'ansia dell'imprevisto e le emozioni del sorprendente. È una notevole responsabilità culturale mentre l'architettura si trova in uno stallo drammatico. Con il Meeting di Gibellina mi confermo scultore interessato a partecipare direttamente ai problemi dell'architettura entrando dalla parte giusta, accertando che oggi solo dai processi vissuti nell'arte si può arrivare all'archi-

Con gli assistenti Nino Tortorici e Piero Loche nello studio di via Cassia, 1982

La copertina della musicassetta "Musica Frontale", Roma 1982

tettura e non dal design, né dalla visitazione di schemi e logiche del passato. L'edificio a nastro proietta sui due fronti paralleli il suo schema trasparente. L'immagine formulata scorre sospesa ai confini del sentimento espressivo e la visione è leggera e intensa. L'interno ha una sua spazialità fluida che fa sentire nell'insieme da qualsiasi punto ci si trovi".

Esce per le Edizioni della Cometa di Roma *Giornale di manovra*, un insieme di testi e disegni, riproposti dai fogli originali su: i Bronzi di Riace, la mostra d'Arte Italiana alla Hayward Gallery di Londra, la mostra di Boccioni a Milano, Autoritratto, Viaggio in Puglia e Basilicata, Picasso a Venezia, La più rapida lettura dei quadri di Caravaggio, L'alien di Mazara.

1984

Venezia, gennaio-aprile. Pubblica su "La Vernice", l'articolo *Giuseppe Marchiori a Venezia*.

Maratea, aprile. Fonde in bronzo la scultura per il "Premio Maratea 1984".

Sommacampagna (Verona), 29 giugno-20 luglio, Ca' Zenobia-Villa Fiocco, II Rassegna Internazionale di Scultura "Idiomi della scultura contemporanea" (*Colloqui*, 1955, bronzo).

Palermo, giugno. Gli viene conferita dall'Università, Facoltà di magistero, la laurea Honoris Causa in Pedagogia.
Roma, luglio, Grafica dei Greci, "Omaggio a Mirò".
Erice, 16 agosto-15 ottobre, Associazione Culturale La Salerniana, ex Convento S.Carlo, "Pietro Consagra. Opere 1955-1984", a cura di P. Bucarelli. (*Colloquio pubblico*, 1955, bronzo; *Muro del suono*, 1956, bronzo; *Colloquio*, 1957, bronzo; *Colloquio definitivo*, 1960, bronzo; *Diario*, 1961, bronzo; *Sogno di eremita*, 1961, bronzo; *Impronta solare*, 1961, bronzo; *Ritratto*, 1961, bronzo; *New York City*, 1963-64, bronzo e inox; *Solida n. 2*, 1966, bronzo; *Riflessa n. 7*, 1966, bronzo; *Piana n. 2*, 1971, bronzo; *Piana n. 5*, 1971, bronzo; *Piana n. 6*, 1971, bronzo; *Solida n. 8*, 1972, bronzo; *Bifrontale 1 e 2*, 1976, bronzo; *Bifrontale 1 e 2*, 1977, ferro; *Sbilenca n. 2*, 1978, bronzo; *Bifrontale 1 e 2*, 1978, ferro. *Multipli*, 1970-1982; dipinti 1984).
Roma, 31 agosto-16 settembre, Festa nazionale dell'Unità, Scultura disegnata (*Scultura per Matera*, 1978, acquarello; *Idee per la facciata di Mazara del Vallo*, 1980, pennarello e acquarello; *Due sculture*, 1981, inchiostro).
Perugia, settembre-novembre, Rocca Paolina, "Attraversamenti nell'arte italiana" (*Sbilenca n. 3*, 1982, legno; *Solida n. 1*, 1965, bronzo).
Cerrina Monferrato, 10 novembre-10 gennaio 1985, Galleria Adriano Villata, "Pietro Consagra opere recenti" (*Bifrontale*, 1-2-3-4-5-6-7-8-9-10, 1984, bronzo; 14 dipinti, 1984).
Milano, 28 novembre-30 dicembre Galleria Stendhal, "Pietro Consagra Progetto di facciata per il Palazzo Comunale di Mazara del Vallo": "La serie di finestre deriva da sculture frontali aperte nel paesaggio. Se c'è una scultura frontale poteva esserci una finestra. Se c'è una finestra deve esserci una facciata. Tante finestre insieme come una mostra verticale di sculture. Ogni finestra, necessaria a quella successiva. Così nasce una finestra, nasce una facciata".
Torino, inverno, Bottega dell'incisione, mostra personale (incisioni).
Roma, Galleria La Salita, "Dentro e fuori l'Informale".
Riceve il Premio "Antonio Feltrinelli" dell'Accademia Nazionale dei Lincei.

Con Melotti a L'Arco, Roma 1983

1985
Palermo, 24 gennaio-20 febbraio, Biblioteca Centrale della Regione Siciliana "Il non libro" (*Millimetro*, 1971; *Mezzo millimetro*, 1972).
Roma, 13 marzo-30 aprile, Galleria Il Millennio, "Pietro Consagra. Progetto di facciata per il Palazzo Comunale di Mazara del Vallo".
20 marzo-30 aprile, Galleria Editalia Qui Arte Contemporanea, "Consagra. Dipinti recenti", con un testo di Lorenza Trucchi.
Acireale, 21 aprile-2 giugno, Palazzo della Città, Palazzo Romeo, Aziende delle Terme, "Elogio dell'architettura. XVIII Rassegna Internazionale d'arte di Acireale (*La città frontale*, 1969; *Progetto di facciata per il Palazzo Comunale di Mazara del Vallo*, 1984).
Roma, 24 maggio-21 giugno, Galleria Arco d'Alibert, "Forma 1, lavori storici".
Milano, 25 maggio-2 giugno, Internazionale d'Arte Contemporanea, Galleria Editalia Qui Arte Contemporanea, "Accardi, Afro, Berrocal, Calò, Capogrossi, Colla, Consagra, Conte, Dorazio, Dottori, Lazzari, Leoncillo, Mastroianni, Melotti, Perilli, Prampolini, Roccamonte, Sadun, Sanfilippo, Schifano, Scialoja, Scordia, Turcato".
Palermo, 28 maggio. Esce su "L'Ora", l'articolo *La Sicilia che sogno*.
Roma, 21 giugno-luglio, Galleria Arco d'Alibert, "Forma 1 lavori recenti".
Giugno-settembre, Galleria Il Millennio, "La chiave della scultura italiana", con A. Cascella, N. Franchina, F. Melotti.
Fano, 20 luglio-11 agosto, Chiesa di San Domenico, "L'oro nella ricerca plastica" (*Telegramma*, 1960, bronzo; *Impronta solare*, 1961, bronzo; *Collana in oro*, 1979).
Cagliari, 26 ottobre-26 novembre, Arte Duchamp, "Pietro Consagra sculture, dipinti, grafica" (*Colloquio duro*, 1958; *Bifrontale n. 7*, 1976; *Fondo celeste*, 1984; *Fondo scuro*, 1984).
Roma, 14 novembre-14 dicembre, Salone Renault, "Pietro Consagra. La città frontale e interferenze 1968-1985", con testo di G.Carandente.
Milano, dicembre. Esce su "Abitare" l'articolo *Pieno e vuoto in Egitto*.
Pubblica per le Edizioni Scheiwiller di Milano il volumetto *Ci pensi amo*.

1986
Roma, febbraio, «Tridente 10»: Galleria Editalia, «Materia e superficie»; Galleria Il Segno, «Gesto Astrazione Informale»; Galleria L'Isola, «Forma e volume».
Catania, aprile. Esce su «I Siciliani» l'articolo *E all'ingresso una stella*.
Milano, 29 maggio-30 giugno, Lorenzelli

Arte, «Pietro Consagra. La città frontale e interferenze 1968-1985».

Roma, giugno, Galleria Il Millennio, «Il Paravento», con Accardi, Gastini, Moncada, Turcato, Zanibelli (*Schermo di promesse*, 1986, legno).

Giugno-ottobre, XI Quadriennale (*Sottilissime* n. 5 pezzi, 1985, acciaio inox).

Gibellina, luglio-settembre, Museo Civico, «Forma 1 1947-1986», a cura di G. Di Milia e G. Joppolo, con la collaborazione di A. Malochet. (*Forma 1*, 1947, bronzo; *Le geometrie*, 1947, legno; *Monumento al partigiano*, 1947, ferro; *Omaggio a Christian Zervos*, 1984, bronzo; *Omaggio a Paisiello*, 1955, bronzo; *Muro del suono*, 1956, bronzo; *Impronta solare*, 1961, bronzo; *Alluminio rosa*, 1966-67; *Alluminio giallo*, 1966-67; *Piana n. 2, n. 3*, 1971, bronzo; *Sbilenca n. 2I*, 1982, legno).

S. Stefano (Messina), sul terreno della Fiumara di Tusa viene inaugurata la grande scultura, alta 18 metri, «La materia poteva non esserci».

Milano, 8 ottobre-30 novembre, Studio Grossetti, "Pietro Consagra-Consagra colore" (dipinti).

Roma, 3 dicembre-7 gennaio 1987, Galleria Editalia Qui Arte Contemporanea, «Venti anni» (*Bifrontale*, 1974; *Multiplo*, marmo bianco).

Pietrasanta, Centro Culturale Luigi Russo, Museo dei bozzetti, Chiostro di Sant'Agostino (bozzetto in legno dipinto, 1977).

1987
Milano, 8 febbraio. Esce sul «Il Giornale» l'articolo *Un pugno dall'aldilà*.

Roma, 21 febbraio-1 marzo, Complesso Monumentale S. Michele a Ripa, «100 Comuni della grande Italia» (*Progetto per la facciata del Palazzo Comunale di Mazara del Vallo; Granito Ligiona*).

Lecce, febbraio. Pubblica su «Arte e Cronaca» l'articolo *La materia poteva non esserci*.

Ravenna, 21 marzo-31 maggio, Loggetta Lombardesca, «Disegnata: percorsi del disegno italiano dal 1945 ad oggi» (8 disegni *Senza titolo* dal 1952 al 1984; *Legni bruciati*, 1958; *Progetto di scultura*, 1961).

Genova, marzo, Galleria d'arte Ellequadro, «Consagra. Sculture, dipinti, grafica», a cura di T. Leopizzi. (*Colloquio pubblico*, 1955, bronzo; *Piana n. 9*, 1971, bronzo; *Colloquio*, 1957, bronzo; *Fondo verde*, 1984, vinilico su tela).

La scultura della Fiumara di Tusa, 1986

New York, marzo-maggio, The Solomon R. Guggenheim Collection, «Peggy Guggenheim's other legacy». Mostra itinerante: Venezia, Peggy Guggenheim Collection, «Peggy Guggenheim's other legacy», ottobre-gennaio 1988. (*Senza titolo*, 1948, ferro).

Bourg-en-Bresse, Musée de Brou; Saint Priest, Galerie Municipale d'Art Contemporain, 13 aprile-15 giugno, «Forma 1, 1947-1987», a cura di G. Joppolo. (*Forma 1*, 1947, bronzo; *Monumento al partigiano*, 1947, ferro; *Omaggio a Christian Zervos*, 1948, bronzo; *Muro del suono*, 1956, bronzo; *Impronta solare*, 1961, bronzo; *Ferro trasparente*, 1962; *Alluminio verde*, 1966-67; *Inventario n. 1*, 1967; *Piana n. 3*, 1971, bronzo; *Bifrontale*, 1977, ferro; *Sbilenca n. 2*, 1982, legno *Spessore*, 1987, legno).

Roma, 4 maggio. Esce su «Il Tempo» l'articolo *Io contro Guttuso*.

20 maggio-30 luglio, Galleria dei Banchi Nuovi, «Roma 1957-1987» (*Alluminio scuro*, 1966).

Enna, 30 maggio-30 giugno, Galleria Civica Cerere, «I Maestri siciliani del XX secolo».

Roma, 1-30 giugno, Galleria Il Cortile, «Project against Apartheid», con Mona-

chesi, Mochetti, Patella.

Matera, 5 giugno. Disegna la targa-scultura del «I Premio Nazionale Luigi De Luca per il libro d'arte», vinto da John Pope-Hennessy.

Lampedusa, 2-30 agosto, Aula Magna delle Scuole Elementari, «Omaggio a Pietro Consagra» (*Bifrontale n. 1-n. 3-n.10*, 1976-84, bronzo; e dipinti).

Orzinuovi, 21 agosto-22 novembre, Castello S. Giorgio, «Inediti da una collezione d'arte moderna» (n. 2 *Senza titolo*, 1984, tempera su carta).

Roma, 25 settembre-21 ottobre, Galleria Giulia, «Collezione Privata» (5 *Sottilissime*, 1971, lamine d'acciaio).

Modena, 26 settembre-20 dicembre, Galleria Civica, «Disegno italiano del dopoguerra» (*Senza titolo*, 1953).

Darmstadt, 5 dicembre-15 febbraio 1988, Mathildehöhe, «Forma 1» (*Monumento al partigiano*, 1947, ferro; *Ferro 1*, 1947, bronzo; *Omaggio a Christian Zervos*, 1948, bronzo; *Muro del suono*, 1956, bronzo; *Impronta solare*, 1961, bronzo; *Ferro trasparente*, 1962, ferro; *Alluminio verde*, 1966-67; *Inventario n. 1*, 1967, 6 elementi in alluminio; *Piana n. 3*, 1971, bronzo; *Bifrontale*, 1977, ferro; *Sbilenca n. 2*, 1982, legno; *Spessore*, 1987, legno).

Francoforte, 5 dicembre-15 febbraio 1988, Frankfurter Westend Galerie, «Forma 1, 1947-1987» (6 *Bifrontali*, 1976, bronzo).
Esce, nelle Edizioni della Cometa, il volumetto *Consagra in Lucania* con alcune «precisazioni», la «lettera ai materani», la «carta di Matera» e una nota su «L'impegno civile di Consagra» di G. Appella. Il volume ripercorre, attraverso immagini e documenti, i viaggi in Lucania di Consagra, l'antologica del '78 nei Sassi, l'impegno per il «Fronte dell'Arte» e il lavoro nella bottega di Peppino Mitarotonda a preparare ceramiche, maioliche e terrecotte.
L'Almanacco della Cometa pubblica un capitolo sul «Menghi illustrato», l'Almanacco preparato con Mafai, Sonego, Scarpitta, Pirro, Sacripanti, Balestra ecc. Doveva essere pubblicato nel 1953 da Luigi De Luca ma non vide mai la luce. «Componendo l'Almanacco ci si rendeva conto d'apparire dei frustrati della situazione generale deprimente. Non volevamo essere scoraggianti. Trasformare il divertimento in amarezza non era la nostra vocazione. Prendersela con i tromboni non era il nostro mestiere. Tromboni erano e tali rimasero. Essere menghiani ebbe il significato di spericolati artisti di ventura».

1988
Roma, 25 maggio-25 giugno, Piazza dei Cavalieri di Malta e Parco di Sant'Alessio, «Forme per il cemento. Gli artisti a Roma» (foto del progetto *La materia poteva non esserci*).
Gibellina, 1-2-3 luglio, Ruderi, Disegna le scene per «Oedipus Rex» di Jean Cocteau, musica di Igor Stravinskij. «Il tema della città frontale è un caposaldo del mio lavoro di scultore sia come motivazione plastica sia come responsabilità critica nei riguardi dell'opera svolta dagli architetti contemporanei che sono diventati dei collaboratori del disastro urbano.
Le nostre grandi città hanno la peste della " insensatezza", la peste della "improvvisazione", la peste della "corruzione".
Roma oggi come Tebe della tragedia di Sofocle. Tebe dagli incroci tragici dalle strade soffocanti, dai templi impraticabili, dai monumenti abbandonati, dai luoghi di incontro impossibili. Tebe degli scippi, degli sfratti, della violenza e dell'incesto.
Edipo diventa capro espiatorio, simbolo di un travolgimento infrenabile in cui ci introduciamo irretiti dall'esibizione della

Le sculture per la scenografia di "Oedipus Rex" di Jean Cocteau, musica di Igor Stravinskij, Gibellina 1988.

perspicacia, dall'abilità dei gesti, dal godere dei sentimenti.
Tutto ciò che ci succede è ineluttabile, mentre l'oggetto, non è mai adeguato.
Un altro scultore come me tra alcuni secoli rappresenterà Roma di oggi come io ho immaginato Tebe di ieri, farà un raffronto con la sua città da cui avrà cercato di salvarsi.
Anche allora la metropoli che nasce e che muore sarà stata preconizzata dagli oracoli inascoltati. Sappiamo dagli oracoli inascoltati che Edipo colpevole e innocente andrà avanti sempre alla cieca.
Sappiamo che una città degna della vista di Edipo fa parte delle impossibilità».
Macerata, 16 luglio-16 ottobre, Palazzo Ricci, «Le Muse irrequiete di Leonardo Sinisgalli, "1908-1981, (*Maquette*, 1962, bronzo; *Scultura*, 1954, ottone; *Colloquio*, 1949, ottone su marmo; *Maquette*, 1954, ferro; 2 *Idee per sculture*, disegni, 1953).
Roma, luglio-settembre, Centro Culturale Ausoni, «Galleristi a Palazzo» (*Pianeta n. 9*, 1987, legno policromo).
Bologna, 8 ottobre-12 novembre, mostra personale, Galleria Spazia (*Colloquio*, 1957, bronzo; *Riflessa n. 2*, 1966, bronzo; *Bifrontale*, 1981, bronzo; *Piana n. 1*, 1966, bronzo; *Plastico in marmo*, 1949; *Plastico in ottone*, 1949; *Interferenza*, 1985, bronzo; *Riflessa n. 7*, 1966, bronzo; *Solida n. 3*, 1966, bronzo; *Piccolo comizio*, 1955, bronzo; *Colloquio con il demonio*, 1962, bronzo; *Solida n. 5*, 1970, bronzo; 3 disegni, 1956-55; 1 faesite, 1963; 3 pressioni, 7 dipinti del 1988).
Firenze, ottobre, Fortezza da Basso,

«Progetto per l'arte contemporanea», in collaborazione con la Galleria Spazia di Bologna e la Galleria Banchi Nuovi di Roma.
Roma, novembre-dicembre, Marcello Silva Galleria dei Banchi Nuovi, «Pietro Consagra-Pianeti», a cura di F. Menna (20 pianeti in legno, 1987).
19 dicembre-30 gennaio 1989, Perspectiva Studio di Emanuele Marano per una ricerca d'arte, «C'era una volta» (*Pinocchio*, 1962, bronzo).
Palermo, 27 dicembre-28 gennaio 1989, Galleria La Robinia, «Pietro Consagra» (sculture, dipinti).

1989
Bologna, 10 febbraio-10 marzo, Nicola Verlato, «Milano Punto Uno» (*Bifrontale*, bronzo).
New York, febbraio-marzo, Panicali Fine Arts, «Italian Masters of the XX Century».
Roma, 1 marzo-aprile, Galleria Carlo Virgilio, «Gli anni originali» (5 *studi per scultura*, inchiostro, 1959; 7 *studi per scultura*, inchiostro, 1955).
Genova, 5 aprile, Studio Ghiglione, «Cosmica», con Agnetti, Boero, Boetti, Ceccobelli, Cucchi, Pizzi Cannella, Schifano, Volta, Pisani.
Forlì, Consorzio acque per le province di Forlì e Ravenna, «le Fontane», con Ghermanti, A. Cascella, Cavaliere, Fabbri, Minguzzi, Somaini (*Progetto di Fontana per Forlì*, bronzo, 1989).

APPARATI BIBLIOGRAFICI

a cura di Francesca Fiorani

Mostre Personali

1947
Roma, Galleria Mola, dicembre.

1948
Venezia, Galleria Sandri, giugno-luglio.

1949
Roma, Galleria del Secolo, 2-15 febbraio (con Antonio Corpora e Giulio Turcato).

1951
Roma, Galleria del Pincio (con Turcato).

1953
Milano, Galleria del Naviglio, 21-27 marzo.

1956
Venezia, *XXVIII Esposizione internazionale d'arte* (sala personale).

1958
Bruxelles, Palais des Beaux Arts, gennaio.
New York, World House Galleries, gennaio (senza catalogo).
Roma, Galleria La Tartaruga, giugno.

1959
Roma, Galleria La Tartaruga, gennaio-febbraio.
Parigi, Galerie de France, 17 marzo-15 aprile.

1960
Parigi, Galerie de France, giugno.
Venezia, *XXX Esposizione internazionale d'arte* (sala personale).

1961
Milano, Galleria Blu, gennaio.
Roma, Libreria Einaudi, 12 gennaio-febbraio.
Zurigo, Galerie Charles Lienhard, agosto.
Roma, Galleria Odyssia, dicembre (senza catalogo).

1962
New York, Staempfli's Gallery, 13 febbraio-10 marzo.
Buenos Aires, Galleria Bonino, 12-24 novembre.
New York, Galleria Odyssia (senza catalogo).

1963
Boston, The Pace Gallery, s.d, (ma marzo).

1964
Mazara del Vallo, Circolo di Cultura di Mazara del Vallo, agosto.

1965
Milano, Galleria dell'Ariete, giugno.

1966
Roma, Galleria Marlborough, dicembre.

1967
Rotterdam, Boymans-Van Beuningen Museum, 4 marzo-9 aprile.
Milano, Galleria dell'Ariete, giugno.
New York, Galleria Marlborough-Gerson, ottobre.

1969
Milano, Galleria dell'Ariete, marzo.
Roma, Galleria Marlborough, maggio-giugno.
Roma, Grafica Romero, giugno.
Napoli, Galleria Rampa, 1-15 dicembre.

1971
Milano, Galleria dell'Ariete, aprile.

1972
Roma, Galleria Marlborough, febbraio.
Venezia, *XXXIV Esposizione internazionale d'arte* (sala personale).
Livorno, Galleria Peccolo, settembre.

1973
Palermo, Palazzo dei Normanni, 24 febbraio-24 aprile.
Palermo, Galleria Civica d'Arte Moderna, 24 febbraio-24 aprile.
Gibellina (Villaggio Rampinzeri), 24 febbraio-24 aprile.
Palermo, Galleria Quattro Venti, marzo.

Roma, Galleria Editalia "Qui Arte Contemporanea", 23 maggio-16 giugno.
Milano, Galleria Salone Annunciata, 5-27 giugno.

1974
Palermo, Galleria La Robinia, 16 marzo-2 aprile.
Firenze, Galleria Michaud, 30 marzo-aprile.
Roma, Galleria Marlborough, aprile.
Milano, Galleria dei Bibliofili, maggio-giugno; in occasione della mostra viene presentato il libro di P. Consagra *Welcome to Italy*.
Genova, Galleria Sileno, 9-19 novembre.
Treviglio, Galleria Ferrari, 16-30 novembre.
Parma, Galleria Niccoli, s.d., (senza catalogo).
Milano, Galleria Multicenter Grafica, s.d.
Roma, Grafica Romero, s.d., (senza catalogo).

1976
Milano, Galleria Salone Annunciata, 20 febbraio-marzo.
Roma, Galleria Marlborough, aprile-maggio.
Milano, Galleria Stendhal, dicembre; in occasione della mostra viene presentato il libro di P. Consagra *La ruota quadrata*.

1977
Verona, Museo di Castelvecchio, luglio.
Roma, Galleria L'Arco, s.d.; in occasione della mostra viene presentato il libro di G. Appella *L'Opera grafica di Consagra*.
Roma, Galleria Il Disegno, dicembre; in occasione della mostra viene presentato il libro di G. Appella *Disegni di Consagra*.
Milano, Galleria L'Agrifoglio, 20 dicembre-20 gennaio.

1978
Charleston, Festival Spoleto USA, 25 maggio-11 giugno.
Milano, Galleria dei Bibliofili, giugno.
Matera, Mostra tra i Sassi, 18 giugno-settembre.
Matera, Galleria La Scaletta, 18 giugno-settembre.

1979
Milano, Galleria Stendhal, marzo.
Milano, Galleria Salone Annunciata, 15 marzo-aprile.
Atlanta, Ann Jacob Gallery, 25 maggio-luglio.
Spoleto, XXII Festival dei due mondi, 30 giugno-15 luglio.
Firenze, Galleria Il Ponte, ottobre-novembre.

1980
Milano, Studio Grossetti, 16 aprile-maggio.
Roma, Galleria L'Arco, luglio.
Milano, Galleria Stendhal, luglio.
Bergamo, La Bottega del Quadro, 30 ottobre-30 novembre.

1981
Palermo, Galleria Arte al Borgo, aprile (senza catalogo).
Roma, Galleria Editalia "Qui Arte Contemporanea", 13 maggio-13 giugno.
Gibellina, Museo d'Arte Grafica, 24 maggio-2 giugno.
Rimini, Palazzo dell'Arengo, giugno-luglio.
Celano, Castello di Celano, agosto.
Cerrina Monferrato, Galleria Adriano Villata, 1-28 ottobre.
Roma, Galleria Il Millennio, 12 dicembre-gennaio 1982; in occasione della mostra viene pubblicato il libro di G. Appella *Colloquio con Consagra*.

1984
Erice, Associazione artistico-culturale "La Salerniana", ex-convento S. Carlo, agosto-ottobre.
Milano, Galleria Stendhal, novembre-dicembre.
Torino, Bottega dell'incisione, s.d., (senza catalogo).

1985
Roma, Galleria Il Millennio, 13 marzo-aprile.
Roma, Galleria Editalia "Qui Arte Contemporanea", 20 marzo-30 aprile.
Cagliari, Galleria Duchamp, 26 ottobre-26 novembre.
Roma, Salone Renault, 14 novembre-14 dicembre.

1986
Milano, Galleria Lorenzelli, maggio.
Roma, Palazzo della Trinità, ottobre-novembre.
Milano, Studio Grossetti, 8 ottobre-30 novembre.

1987
Genova, Ellequadro, marzo; in occasione della mostra viene presentato il libro di P. Consagra *L'Italia non finita*.
Lampedusa (Agrigento), Comune, estate.
Roma, Galleria dei Banchi Nuovi, dicembre-gennaio 1988.

1988
Bologna, Galleria Spazia, ottobre (senza catalogo).
Palermo, Galleria La Robinia, 27 dicembre-28 gennaio 1989.

Principali mostre collettive

1946
Roma, Studio "Arte Palma", *Mostra di artisti artigiani*, aprile.
Roma, Galleria del Cortile, *Mostra del disegno: Consagra, Turcato, Vedova*, 20-30 aprile.

1947
Roma, Galleria del Cortile, *I Mostra dei collaboratori di Alfabeto*, aprile.
Praga, *Esposizione d'arte giovane italiana*, luglio; organizzata dal Fronte della Gioventù.
Roma, Galleria-Ritrovo dell'Art Club, *Consagra, Dorazio, Maugeri, Perilli, Turcato*, 20 ottobre-5 dicembre.
Roma, Galleria-Ritrovo dell'Art Club, *II Esposizione annuale dell'Art Club*, 14-31 dicembre.

1948
Roma, Galleria Nazionale d'Arte Moderna, *V Rassegna nazionale d'arti figurative*, marzo-maggio.
Roma, Galleria di Roma, *Arte astratta in Italia*, marzo.
Firenze, Palazzo Strozzi, *Arte d'oggi*, marzo.
Roma, Saletta Tazza d'Oro, *Arte astratta*, marzo.
Milano, Libreria Salto, *Gruppo Forma*, dicembre.
Parigi, Palais des Beaux-Arts, *Salon des Realistes nouvelles*, luglio-agosto.

1949
Roma, Galleria Nazionale d'Arte Moderna, *III Mostra annuale dell'Art Club*, 5 marzo-5 aprile.
Torino, Palazzo Carignano, *I Mostra in-ternazionale dell'Art Club*, maggio-giugno.
Firenze, Galleria La Strozzina, *III Mostra internazionale d'arte d'oggi*, giugno.
Catania, Circolo Artistico, *Mostra di pittura astratta*, luglio.
Venezia, Giardino di Palazzo Venier, *Mostra di scultura contemporanea*, settembre.
Vienna, Akademie der Kunst, *Italienische Malerei der Gegenwart*, 10 dicembre-10 gennaio 1950.

1950
Roma, Galleria Nazionale d'Arte Moderna, *IV Mostra annuale dell'Art Club*, 22 aprile-15 maggio.
Venezia, *XXV Esposizione internazionale d'arte di Venezia*.
Torre Pelice (Torino), Collegio Valdese, *II Mostra d'arte contemporanea*, agosto-settembre.

1951
Roma, Galleria di Roma, *L'arte contro la barbarie*, 8 gennaio-2 febbraio.
Roma, Galleria Nazionale d'Arte Moderna, *Mostra dell'Arte astratta e concreta*, 3-28 febbraio.
Göteborg, Konsthallen, *Italian Artists of Today*, febbraio; (itinerante: Helsinki, Konsthallen, marzo; Oslo, Kunsternes Hus, aprile; Copenhagen, Frie Udstilling, maggio).
Parigi, Galerie Henriette Niepce, *Artistes italiens*, s.d.
Cortina d'Ampezzo, Circolo Culturale, *Premio Parigi*, 28 luglio-10 settembre.
Milano, Palazzo Reale, *II Mostra nazionale d'arte contemporanea*, autunno-inverno.

1952
Roma, Galleria Nazionale d'Arte Moderna, *VI Mostra annuale dell'Art Club*, 22 marzo-22 aprile.
Venezia, *XXVI Esposizione internazionale d'arte*.
Chicago, The Art Institute, *Contemporary drawings from 12 countries, 1945-1952;* itinerante: Toledo, Museum of Art; Hartford, Wadsworth Atheneum; San Francisco, Museum of Art; Colorado, Springs Fine Arts Center; Los Angeles, County Museum of Art; Louisville, The J. B. Speed Art Museum.
Firenze, Palazzo Strozzi, *Esposizione nazionale del prigioniero politico ignoto*, novembre-dicembre; itinerante: Londra, The Tate Gallery, *The Unknown Political Prisoner*, 14 marzo-13 aprile 1953.

1953

Roma, Galleria Nazionale d'Arte Moderna, *Arte astratta in Italia e in Francia*, 22 aprile-22 maggio.
Anversa, Parc Middelheim, *2e Biennale de la Sculpture*, 20 giugno-30 settembre.
Stoccolma, Museo d'Arte Moderna, *Nutida Italiensk Konst*, s.d.
Zurigo, Kunsthaus, *Junge italienische Kunst*, 21 novembre-10 gennaio 1954.
Pescia, Sala del Conservatorio di S. Michele, *Mostra di Bozzetti per il monumento nel Giardino di Collodi*, dicembre.

1954

Venezia, *XXVII Esposizione internazionale d'arte*.

1955

Londra, New Burlington Gallery, gennaio.
Padova, *XI Biennale d'arte veneta*, s.d.
Roma, Galleria Nazionale d'Arte Moderna, *Le arti plastiche e la civiltà meccanica*, 20 maggio-20 giugno.
San Paolo, Museu de Arte Moderna, *III Bienal*, giugno.
Saint Louis, University of Minnesota, *Contemporary Italian art*, 1-23 dicembre.
Boston, Arts Festival.

1956

Roma, *VII Quadriennale d'arte*.
Zagabria, Umjetnicki Pavillon, *Izlozba*, 3-21 ottobre.

1957

New York, World House Galleries, *Italy: The new vision*, 1-23 marzo.
New York, The Brooklyn Museum, *Trends in watercolors today in Italy and United States*, 9 aprile-26 maggio.
Zagabria, Galerija Suvremene Umjetnosti, *Italijnska Umetnust*.
Como, *I Mostra nazionale di artisti siciliani* itinerante: Viareggio, Trento, Sanremo, Milano, Catania, Palermo.
Messina, Villa Mazzini, *Mostra all'aperto della scultura italiana del XX secolo*, 1 agosto-15 settembre.
Darmstadt, *Neue Darmstädter Sezession*, 5 ottobre-10 novembre.
Roma, Galleria Odissya, *Mostra del Bronzetto*, dicembre.
Chicago, The Art Club, *Marini, Manzu, Minguzzi, Mirko, Consagra, Fazzini*, 10 dicembre-23 gennaio 1958.
New York, World House Galleries, *1957-1958 World House Annual*, 10 dicembre-25 gennaio 1958.

Roma, Galleria La Bussola, *Scultura italiana, 1911-1957*, 20 dicembre-10 gennaio 1958.

1958

Berlino, Haus am Wandsee, *Junge Italienische Plastik*, 11 gennaio-16 febbraio.
Parigi, Galerie Claude Bernard, *Sculpture*, 6 febbraio-marzo.
Oberlin (Ohio), Oberlin College, *Sculpture 1950-1958*, 14 febbraio-17 marzo.
Duisburg, Städtisches Kunstmuseum, *Bildhauer, Zeichnungen des 20. Jarhunderts*, 1-30 marzo.
Bruxelles, Palais des Beaux-Arts, *Expo '58, 50 Ans d'art modern*, 17 aprile-21 luglio.
Houston, Museum of Fine Arts, *Ten contemporary Italian sculptors*, 25 aprile-1 giugno.
Pasadena (California), Pasadena Art Museum, *The New Renaissance in Italy*, s.d.
Roma, Galleria La Tartaruga, *Afro, Capogrossi, Consagra, De Kooning, Kline, Marca-Relli, Matta*, luglio.
Roma, Rome-New York Art Foundation, *Nuove tendenze dell'arte italiana*.
Pittsburg, Carnegie Institute, *The 1958 Pittsburg International Exhibition*, dicembre.

1959

New York, World House Galleries, *1959 Sculpture Annual*, 1 aprile-2 maggio.
Kassel, *II Documenta*.
Parigi, Galerie Claude Bernard, *Sculpure*, 25 giugno-luglio.
Anversa, Parc Middheleim, *5 Biennale de la Sculpture*.
Rimini, Palazzo dell'Arengo, *Premio Morgan's Paint*, 15 luglio-30 agosto.
Blois, Chateau, *Peintres et sculpteurs italiens du futurism à nos jours*; itinerante: Charleroi, Digione, Lione, Saint-Etienne.
San Paolo, Museu de arte Moderna, *V Bienal*, settembre-dicembre.
Minneapolis, The Minneapolis Institute of Art, *European Art Today: 35 painters and sculptors*, settembre 1959-ottobre 1960; itinerante: Los Angeles, County Museum of Art; San Francisco, Museum of Art; Ottawa, The National Gallery of Canada; New York, French and Company Inc.; Baltimora, Museum of Art.

1960

Johannesburg, *Exhibition of Italian Contemporary Art*, 4-23 aprile.
Chicago, Illinois Institute of Technology, Institute of Design, *Contemporary Italian Art*, 23-27 maggio.

Parigi, Musée Rodin, *Sculpure italienne contemporaine*, giugno.
Roma, Galleria La Tartaruga, *Burri, Consagra, De Kooning, Matta, Rothko*, ottobre-novembre.
Dallas, Museum for Contemporary Arts, *Italian Sculptors of today*, ottobre; itinerante.
Parigi, Galerie XXe Siécle, *Le Relief*, 2-31 dicembre.

1961

Tokio, Takashimaya Department Store, *Italian Contemporary Sculpture*.
Roma, Galleria Odyssia, *Consagra, Dorazio, Novelli, Perilli, Turcato*, febbraio.
New York, World House Galleries, *Venice Biennal Prize Winners 1960*, febbraio (poi Milwaukee, Milwaukee Art Center; Minneapolis, Walker Art Center; Chicago, Mc Cornick Place Art Galler; Syracuse, Everson Museum of Art).
Düsseldorf, Kunsthalle, *Aktuelle Kunst: Bilden und Plastiken aus der Sammlung Dotremont*, 3 marzo-9 aprile.
Chicago, Illinois Institute of Technology, Institute of Design, *The Maremont Collection at the Institute of Design*, 5-30 aprile.
Hartford (Connecticut), Wandsworth Atheneum, *Salute to Italy*, 21 aprile-28 maggio.
Oslo, Kunstnernes Hus, *Italiensk Kunst I Dag*, 9 maggio-11 giugno.
Rimini, *Premio Morgan's Paint*, luglio-agosto (itinerante: Lubiana, Moderna Galerija, *Premio Morgan's Paint*, novembre).
Anversa, Parc Middelheim, *6 Biennale de la Sculpture*, 15 luglio-15 ottobre.
Stoccolma, Svea-Galleriet, *Italiensk Kultur I Dag*, 5 agosto-10 settembre.

1962

Buenos Aires, Torquato de Tella Foundation, 10 giugno-12 agosto.
New York, Staempfli's Gallery, *Twenty Sculptors*, gennaio-2 luglio.
Roma, Galleria Passeggiata di Ripetta, *Disegni di scultori*, 26 marzo-aprile.
Le Havre, Musée Maison de la Culture, *Sculpture Contemporaine*, 6 maggio-17 giugno.
Spoleto, Galleria Toninelli, *Mostra internazionale di scultura*, giugno-luglio.
Venezia, Ca' Pesaro, *I grandi premi della Biennale*, giugno.
New York, The Solomon R. Guggenheim Museum, *Modern Sculpture from the Joseph H. Hirshhorn Collection*, 3 ottobre-6 gennaio 1963.

1963

Vermont, Bundy Art Gallery, *Sculpture Exhibition*, ottobre.

Vieux-Lyon, Atelier Soph Decorateur, *Sculptures de Consagra et de Jacobsen*, novembre.

Lubiana, *V Esposizione internazionale dell'incisione*.

Houston (Texas), Museum of Fine Arts, s.d.

Ivrea, Centro Culturale Olivetti, *Disegno italiano moderno*, s.d.

Firenze, Palazzo Strozzi, *Mostra mercato nazionale d'arte moderna*,

1964

Roma, Aca Gallery, *Vendita di opere d'arte pro casa italiana di Anna Frank*, 1-6 febbraio.

New York, Staempfli's Gallery, *Stone Wood Metal*, 25 febbraio-5 luglio.

Londra, The Tate Gallery, *Painting and Sculpture of a Decade, 54-64*, 22 aprile-28 giugno.

Kassel, *III Documenta*, giugno.

Venezia, *XXXII Esposizione internazionale d'arte*.

Torino, Galleria civica d'Arte Moderna, *Sculture in Metallo*, 19 settembre-18 ottobre.

Roma, *IX Quadriennale d'arte*.

New York, Galleria Odissya, *Consagra, Viani, Ghermandi, Somaini, Leoncillo*, maggio-giugno.

1965

Essen, Museum Folkwang, *12 Italienische Bildhauer*, 19 settembre-7 novembre (itinerante: Rotterdam, Museum Boymans-van Beuningen, *Twaalf Italiaanse Beeldhouwers*, 26 novembre-16 gennaio 1966).

Roma, Galleria Arco d'Alibert, *Forma 1*, 19 novembre-7 dicembre.

1966

Città del Messico, Museo de Arte Moderno, *Arte italiano contemporaneo desde 1910*, febbraio-marzo.

Roma, Galleria Nazionale d'Arte Moderna, *Aspetti dell'arte italiana contemporanea*, marzo-aprile.

Dortmund, Fritz-Heussler Haus, *Moderne Kunst aus Italien*, 7-25 maggio.

1967

Montréal, Expo '67, *Exposition Internationale de Sculpture contemporaine*, s.d.

New York, The Solomon R. Guggenheim Museum, *Sculpture from Twenty Countries*, 20 ottobre-4 febbraio 1968 (i-

tinerante: Toronto, Art Gallery of Ontario, febbraio-marzo 1968; Ottawa, The National Gallery of Canada, aprile-maggio 1968; Montréal, Museum of Fine Arts, giugno-agosto 1968).

Guatemala, *Arte italiano contemporàneo*, giugno-dicembe (poi in Honduras, El Salvador, Nicaragua, Costarica).

Pittsburg, Carnegie Institute, *Pittsburg International Exhibition*, s.d.

1968

New York, The Jewish Museum, *Recent Italian Painting and Sculpture*, 24 maggio-2 settembre.

Parigi, Musée d'Art Modern, *Sculpteurs Italiens*, novembre-dicembre.

1969

Tokyo, National Museum of Modern Art, *Dialogue between the East and the West*, 12 giugno-17 agosto.

Hakone, The Hakone Oper-Air Museum, *The First International Exhibition of Modern Sculpture*, 1 agosto-31 ottobre.

Amburgo, Kunstverein, *Zwölf Italienische Bildhauer*, 9 agosto-21 settembre.

Il Cairo, *Scultura italiana di oggi*, novembre; organizzata dalla Quadriennale di Roma; (itinerante; Firenze, Galleria La Gradiva, *Scultori italiani contemporanei*, 21 novembre-10 dicembre; Milano, Palazzo Reale, *Scultori italiani contemporanei*, marzo-aprile; Buenos Aires, Museo nacional de Bellas Artes, *Esculturas Italiana contemporanea*, giugno-luglio).

Torino, Sala Bolaffi, *I Rassegna del gioiello d'arte firmato*, 5-20 novembre.

Roma, Galleria Editalia "Qui Arte Contemporanea", *Grafica e piccole sculture*, 1 dicembre-7 gennaio 1970.

1970

Madrid, Museo Español de Arte Contemporaneo, *III Exposicion internacional de Pequeño Bronce: escultores europeos*, s.d.

Roma, Gioielleria Fumanti, *Gioielli di artisti contemporanei*, 12-22 dicembre.

Roma, Grafica Romero, *Esposizione di incisioni italiane contemporanee*, maggio; itinerante: Haifa, Museo d'Arte Moderna, novembre 1970; Ein-Harod, Museo d'Arte, dicembre 1970; Petah-Tiqua, Memoriale e Museo "Yad le Banim", gennaio 1971; Beer-Sheva, Museo del Negev, febbraio-marzo 1971; Gerusalemme, Centro culturale internazionale, aprile 1971; Ashdot-Yaakov, Museo "Beit uri e rami nechustan", maggio 1971.

1971

Liverpool, Walker Art Center, *New Italian Art, 1953-1971*, 22 luglio-11 settembre.

Fano, Rocca Malatestiana, *Multipli*, 1-29 agosto.

Parigi, Musée Rodin, *IVe Exposition Internationale de sculpture contemporaine*, s.d.

Takashimaya, *Art section*, s.d.

1972

San Quirico d'Orcia, Villa Chigi, *Forme nel verde. II Mostra nazionale di scultura*, 18-25 gennaio.

Genova, Palazzo dell'Accademia e Palazzo Reale, *Immagini per la città*, 8 aprile-11 giugno.

Hakone, The Hakone Open-Air Museum, *Italian contemporary sculptors*, 27 maggio-30 novembre.

Roma, Galleria Lo Spazio, *E. Colla, P. Consagra, A. Martini, U. Mastroianni, A. Pomodoro, G. Pomodoro, J. Raphael Soto*, luglio-settembre.

Roma, Galleria Lo Spazio, *I grandi scultori*, 22 settembre-ottobre.

Roma, Galleria Editalia "Qui Arte Contemporanea", *Artisti della Galleria*, 13 dicembre-18 gennaio 1973.

1973

Rimini, *Città Spazio Cultura*, 28 luglio-7 ottobre.

Bruxelles, Musées Royaux d'Art et d'Histoire, *Sculptores italiennes contemporaines*, 26 ottobre-2 dicembre.

1974

Bologna, *Sculture nella città*, sd.

1975

Roma, Galleria Mana, *Enrico Baj, Andrea Cascella, Ettore Colla, Gianni Colombo, Pietro Consagra, Lucio Del Pozzo, Lucio Fontana, Gino Marotta, Arnaldo Pomodoro*, 28 febbraio-marzo.

Capo d'Orlando, *Gli artisti siciliani, 1925-1975: cinquant'anni di ricerche*, dicembre-gennaio 1976.

1976

Todi, Palazzo del Popolo, *Forma 1*, luglio-agosto.

Roma, Galleria Editalia "Qui Arte Contemporanea", *Dieci anni*, 10 dicembre-22 gennaio 1977.

1977

Roma, Galleria Seconda Scala, *Area '60/61 Scrittura Pittura*, 15 aprile-15

maggio.
Roma, *Rassegna della scultura italiana in ferro*, ottobre; in occasione dell'XI Congresso dell' IISI.
Roma, Galleria Editalia "Qui Arte Contemporanea", *Grafica e piccolo formato: dipinti disegni sculture*, 30 novembre-14 gennaio 1978.

1978
Bari, Fiera del Levante, Galleria Editalia "Qui Arte Contemporanea", *Afro, Consagra*, 4-11 aprile.
Bologna, Arte Fiera, Galleria Editalia "Qui Arte Contemporanea", *Accardi, Afro, Consagra, Mastroianni, Sadun, Scordia*, 1-6 giugno.
Pietrasanta, Chiostro di S. Agostino, *Il passato e la presenza: bozzetti e fotografia*, 10 luglio-20 agosto.
Roma, Galleria Editalia "Qui Arte Contemporanea", *Forma 1 trent'anni dopo*, 6 dicembre-20 gennaio 1979.

1979
Bologna, Arte Fiera, Galleria Editalia "Qui Arte Contemporanea", *Afro, Bonalumi, Calò, Consagra, Padovan, Sadun*, 5-10 giugno.

1980
Veksølund, *Pietro Consagra, Walter Dusenbery, Erling Frederiksen, Søren Georg Jensen, Sonja Ferlov Mancoba, Gert Nielsen, Bent Sørensen, Jorgen Hangen Sørensen*, 17 maggio-13 luglio.
Lecco, Villa Manzoni, *Trent'anni d'arte italiana, 1950-1980: I, Il segno sensibile*, giugno-luglio.

1981
Roma, Palazzo delle Esposizioni, *Linea della ricerca artistica in Italia, 1960-1980*, 14 febbraio-15 aprile.
Bari, Fiera del Levante, Galleria Editalia "Qui Arte Contempornea", *Sanfilippo, Accardi, Afro, Bussi, Calò, Capogrossi, Consagra, Conte, Fontana, Mastroianni, Prampolini, Sadun, Turcato*, 24-29 marzo.
Milano, Castello Sforzesco, *Il materiale delle arti: processi tecnici e formativi dell'immagine*, 2 dicembre-17 gennaio 1982.

1982
Bari, Fiera del Levante, Galleria "Qui Arte Contempornea", *Afro, Sadun, Accardi, Balla, Berrocal, Calò, Consagra, Conte, Depero, Dottori, Mastroianni, Padovan, Prampolini, Santomaso, Scialoja, Scordia, Turcato*, 23-28 marzo.

Venezia, *XL Esposizione internazionale d'arte*.
Londra, Hayward Gallery, *Arte italiana, 1960-82*, 20 ottobre-9 gennaio 1983.

1983
Bari, Fiera del Levante, Galleria "Qui Arte Contempornea", *Berrocal, Perilli, Accardi, Afro, Calò, Consagra, Conte, Dottori, Hafif, Mastroianni, Padovan, Prampolini, Sadun, Scialoja, Scordia, Spagnoli, Turcato*, 22-27 marzo.

1984
Roma, Grafica dei Greci, *Omaggio a Miro*, luglio.
Roma, Festa nazionale dell'Unità, *Sculture disegnate*, 31 agosto-16 settembre.
Perugia, Rocca Paolina, *Attraversamenti nell'arte italiana*, settembre-novembre.
Roma, Galleria La Salita, *Dentro e fuori l'Informale*, s.d.

1985
Palermo, Biblioteca centrale della Regione Siciliana, *Il non libro*, 24 gennaio-20 febbraio.
Acireale, Palazzo della città, Palazzo Romeo, Aziende delle Terme, *Elogio dell'architettura. XVIII Rassegna internazionale d'arte di Acireale*, 21 aprile-2 giugno.
Roma, Galleria Arco d'Alibert, *Forma 1, Lavori storici*, 24 maggio-giugno.
Milano, Internazionale d'Arte Contemporanea, Galleria Editalia "Qui Arte Contemporanea", *Accardi, Afro, Berrocal, Calò, Capogrossi, Colla, Consagra, Conte, Dorazio, Dottori, Lazzari, Leoncillo, Mastroianni, Melotti, Perilli, Prampolini, Roccamonte, Sadun, Sanfilippo, Schifano, Scialoja, Scordia, Turcato*, 25 maggio-2 giugno.
Roma, Galleria Il Millennio, *La chiave della scultura italiana*, giugno-settembre.
Roma, Galleria Arco d'Alibert, *Forma 1, Lavori recenti*, 21 giugno-luglio.
Fano, Chiesa di S. Domenico, *L'oro nella ricerca plastica*, 20 luglio-11 agosto.

1986
Roma, Galleria Editalia "Qui Arte Contemporanea", *Materia e superfice*, febbraio.
Roma, Galleria Il Segno, *Gesto Astrazione Informale*, febbraio.
Roma, Galleria L'Isola, *Forma e volume*, febbraio.
Roma, Galleria Il Millennio, *Il Paravento*, giugno.
Roma, *XI Quadriennale*.

Nisceni, *Siciliana Monumenti di arte contemporanea*, s.d.
Pietrasanta, Centro culturale Luigi Russo, *Museo del bronzetto*, s.d.
Ravenna, Loggetta lombardesca, *Disegnata: percorsi del disegno italiano dal 1945 ad oggi*, 31 maggio-giugno.
Gibellina, Museo Civico, *Forma 1, 1947-1986*, luglio-settembre.
Roma, Galleria Editalia "Qui Arte contemporanea", *Venti anni*, 3 dicembre-7 gennaio 1987.

1987
New York, The Solomon R. Guggenheim Collection, *Peggy Guggenheim other legacy*, marzo-maggio (poi Venezia, Peggy Guggenheim Collection, *Peggy Guggenheim's other legacy*, ottobre-gennaio 1988).
Bourg-en-Bresse, Musée de Brou; Saint Priest, Galerie Municipale d'Art Contemporain, *Forma 1, 1947-1987*, 15 aprile-15 giugno.
Roma, Galleria dei Banchi Nuovi, *Roma, 1957-1987*, 20 maggio-giugno.
Enna, Galleria Civica Cerere, *I Maestri siciliani del XX Secolo*, 30 maggio-30 giugno.
Roma, Galleria Il Cortile, *Project against Apartheid*, giugno.
Darmstadt, Mathildehöhe, *Forma 1*, 5 dicembre-15 febbraio 1988.
Francoforte, Frankfurter Westend Galerie, *Forma 1, 1947-1987*, 5 dicembre-15 febbraio 1988.

1988
Roma, Piazza dei Cavalieri di Malta, e Parco di S. Alessio, *Forme per il cemento*, 25 maggio-25 giugno.
Roma, Centro culturale Ausoni, *Galleristi a Palazzo*, luglio-settembre.
Macerata, Palazzo Ricci, *Le "Muse" irrequiete di Leonardo Sinisgalli, 1908-1981*, 16 luglio-16 ottobre.
Firenze, Fortezza da Basso, *Progetto per l'arte contemporanea*; in collaborazione con la Galleria Spazia di Bologna e la Galleria Banchi Nuovi di Roma, ottobre.
Roma, A: Perspectiva Studio di Emanuele Marano per una ricerca d'arte, *C'era una volta*, 19 dicembre-30 gennaio 1989.

1989
New York, Panicali Fine Arts, *Italian Masters of the XX Century*, febbraio-marzo.
Roma, Galleria Carlo Virgilio, *Gli anni originali*, 1 marzo-aprile.

Scritti di Pietro Consagra

Teorema della scultura, "Forma 1", Roma, aprile, 1947.

I quindici giorni dell'arte, "Vie Nuove", Roma, 1 maggio 1949.

È trascurabile esprimere se stessi, Roma, 1949 (pres. alla cartella di dieci linoleum, ed. Nicola).

Sulla collaborazione fra artisti e architetti, catalogo della mostra, *Arte astratta e concreta in Italia*, Galleria nazionale d'arte moderna, Roma, febbraio, 1951.

Giulio Turcato, pres. della mostra, Turcato, Galleria del Pincio, Roma, marzo, 1951.

Saluto a Maugeri, "Noi Donne", Roma, 11 luglio 1951.

In difesa dell'astrattismo, "Calendario del popolo", Milano, settembre, 1952.

Necessità della scultura, Roma, ed. Lentini, 1952.

Via Margutta 48, in L. Sinisgalli, *Pittori che scrivono*, Milano, ed. della Meridiana, 1954.

Inchiesta sull'arte contemporanea: la risposta di Pietro Consagra, "Il Nuovo Corriere", Firenze, 10 febbraio 1954.

Le sculture di Consagra, (firmato Vito Buffa), "I Quattro Soli", Torino, marzo, 1954.

Lo squallore della Biennale, "Il Contemporaneo", Roma, 24 luglio 1954.

Appunti, in U. Apollonio, *Pietro Consagra*, Roma, 1956.

Uno scultore giudica l'architettura, "L'Architettura", Roma, 7 maggio 1956.

Obiettivi veri e falsi nella lotta culturale, "L'Unità", Roma, 1 settembre 1956.

Teste, "L'Avviso", Milano, 14 giugno 1958.

Io mi diverto più di tutti, catalogo della mostra, *II Premio Morgan's Paint*, Palazzo dell'Arengo, Rimini, luglio 1959.

L'agguato c'è, Roma, ed. della Tartaruga, 1960.

No habia visto niunguna escultura de Angel Ferrant, Madrid-Palma de Mallorca, 1961.

Vedova, "Papeles de son armandos", LXXX-I, Madrid-Palma de Mallorca, novembre-dicembre 1962.

Interviene Consagra, "Avanti", Roma, 2 novembre 1963.

Una fontana per Mazara del Vallo, "Sicilia", Palermo, n. 48, 1965.

In catalogo *Recent Italian Painting and Sculpture*, The Jewish Museum, New York, maggio 1968.

La Città frontale, Bari, ed. De Donato, 1969.

Interviste con gli scultori, in *Momenti del marmo*, Roma, 1969.

L'oggetto tridimensionale non è il nostro oggetto, "Civiltà delle macchine", Roma, marzo-aprile, 1969.

Cara Beatrice, catalogo della mostra, Consagra, Galleria dell'Ariete, Milano, marzo, 1969.

Una lezione di scultura, "Civiltà delle macchine", Roma, maggio-giugno, 1970.

Avere di me, catalogo della mostra, Consagra, Galleria Marlborough, Roma, febbraio, 1972.

Fotografare l'arte, (con U. Mulas), Milano, 1973.

Euforia, Roma, 1973.

Poema frontale, Milano, ed. All'Insegna del Pesce d'Oro, 1973.

Mi sento in colpa, "Iniziativa europea", Roma, ottobre, 1973.

Questa sequenza di paracarri le dedico agli amici architetti, in *Welcome to Italy*, Milano, ed. All'Insegna del Pesce d'Oro 1974.

Malumore, Milano, ed. All'Insegna del Pesce d'Oro, 1974.

Gli architetti alla Biennale, "Il Giorno", Milano, 2 novembre 1975.

Realizzare una città contro i cattivi amministratori, "Corriere della Sera", Milano, 8 febbraio 1976.

Progetti marmi pietre, catalogo della mostra, *Pietro Consagra*, Galleria Salone Annunciata, Milano, febbraio, 1976.

Consagra contro Guttuso, "L'Europeo", Milano, 26 marzo 1976.

Lo spazio della vita, "Casa Vogue", Milano, luglio-agosto, 1976.

La ruota quadrata, Milano, ed. All'Insegna del Pesce d'Oro, 1976.

Disegnare è come pensare, in *Pietro Consagra Disegni 1945-1977*, Milano, ed. All'Insegna del Pesce d'Oro, 1977.

Approssimativamente, Milano, ed. All'Insegna del Pesce d'Oro, 1977.

Io faccio parte della moda, "Qui arte contemporanea", Roma, giugno, 1977.

Consagra a Trombadori: era tutto da cambiare, "La Repubblica", Roma, 30 novembre 1977.

Amici di Matera, catalogo della mostra, *Consagra a Matera*, Milano, ed. All'Insegna del Pesce d'Oro, 1978.

Grigia la mattina, catalogo della mostra, Consagra, Galleria Salone Annunciata, Milano, 15 marzo-aprile, 1979.

Per lui l'arte non è che un inciampo, "Corriere della Sera Illustrato", supplemento a "Corriere della Sera", Milano, 25 giugno 1979.

Vita mia, Milano, ed. Feltrinelli, 1980.

Io Consagra, "Bolaffi arte", Torino, ottobre, 1980.

Terremoto, in G. la Monica, *Gibellina, ideologia e utopia*, Palermo, ed. La Palma, 1981.

Omaggio a Serpotta, Roma, ed. L'Arco, 1981.

Caro Villata, catalogo della mostra, Consagra, Galleria Adriano Villata, Cerrina Monferrato, 1981.

Io e Serpotta, catalogo della mostra, Consagra, Museo Arte Grafica, Gibellina, maggio, 1981.

Meeting a Gibellina, Roma, ed. Della Cometa, 1982.

Progetto per un orologio frontale, "Retina", Milano, giugno, 1982.

Giornale di manovra, Roma, ed. Della Cometa, 1983.

Musica frontale per la Biennale, "Interarte", giugno, 1983.

Giuseppe Marchiori a Venezia, "La Vernice", Venezia, gennaio-aprile, 1984.

Progetto di facciata per il Palazzo comunale di Mazara del Vallo, dépliant della mostra, *Pietro Consagra*, Galleria Stendhal, Milano, novembre, 1984.

Ci pensi amo, Milano, ed. Scheiwiller, 1985.

La Sicilia che sogno, "L'Ora", Palermo, 28 maggio 1985.

Il meeting, catalogo della mostra, *La città frontale e interferenze*, Salone Renault, Roma, novembre-dicembre, 1985.

È come un politico, "Epoca moda", Milano, 11 ottobre 1985.

Pieno e vuoto in Egitto, "Abitare", Milano, dicembre, 1985.

Interferenze, catalogo della mostra, *La città frontale e interferenze*, Galleria Lorenzelli, Milano, maggio, 1986.

E all'ingresso una stella, "I Siciliani", Catania, aprile, 1986.

Schermo di promesse, catalogo della mostra, Galleria Il Millennio, Roma, giugno, 1986.

La materia poteva non esserci, "Arte e cronaca", Lecce, febbraio, 1987.

Forma 1 aujourd'hui declaration, catalogo della mostra, *Forma 1*, Musée de Brou, Bourg-en-Bresse, 13 aprile-15 giugno, 1987 (già pubbl. in "Arte e cronaca", febbraio 1987).

Un pugno dall'aldilà, "Il Giornale", Milano, 8 febbraio 1987.

Un luogo senza cultura dell'oggetto è un deserto, in *Consagra in Lucania*, Roma, ed. Della Cometa, 1987.

Contro Guttuso, "Il Tempo", Roma, 4 maggio 1987.

L'Italia non finita, Milano, ed. All'Inse-

gna del Pesce d'Oro, 1987.
Ecco perchè ho criticato la conversione, "Il Tempo", Roma, 15 maggio 1985.
Uber die Arbeit des Künstlers, catalogo della mostra, *Forma 1*, Matilenhöhe, Darmstadt, 5 dicembre 1987-15 febbraio 1988 (già pubbl. in "Arte e cronaca", febbraio, 1987).
Arte (o no) nel Belice, "La Stampa", Torino, 13 febbraio 1988.
Che l'architetto lavori con noi, "Corriere della Sera", Milano, 14 febbraio 1988.
Una reazione di gelosia, "L'Ora", Palermo, 15 febbraio 1988.
Gibellina Gibellina, "Labirinti", Gibellina, febbraio 1988.
La Tebe di Oedipus. La città della peste, in *Oedipus Rex Orestiadi di Gibellina*, Gibellina, 1-2-3- luglio 1988.
Scritte per il catalogo delle mostre del Tridente, catalogo della mostra, *Tridente Quattro*, Roma, marzo 1989.
Non parteciperò più alle mostre di Forma 1, (lettera parzialmente pubblicata in C. Costantini "Il Messagero", Roma, 31 marzo 1989).
Essere artista, "Flash art", Milano, aprile 1989.

Monografie e cataloghi di mostre personali

1947
Mostra di disegni e di plastici dello scultore Pietro Consagra, Galleria Mola, Roma, 15-28 dicembre. Dépliant.

1948
G. Marchiori, *Consagra scultore di profili*. Catalogo, Galleria Sandri, Venezia, giugno-luglio.

1949
G. Marchiori, *Consagra*. Catalogo, Galleria del Secolo, Roma, 2-15 febbraio, (mostra con Antonio Corpora e Giulio Turcato).

1951
G. Turcato, *Pietro Consagra*. Catalogo, Galleria del Pincio, Roma, marzo (mostra con G. Turcato).

1953
S. Matta, *Pietro Consagra*. Catalogo, Galleria del Naviglio, Milano, 21-27 marzo.

1956
U. Apollonio, *Pietro Consagra*, Roma.
U. Apollonio, *Pietro Consagra*, pres. catalogo, *XXVIII Esposizione internazionale d'arte*, Venezia, p. 65-67, (sala personale).

1958
G. C. Argan, *Consagra*. Catalogo, Palais des Beaux-Arts, Bruxelles, gennaio.
Consagra. Catalogo, Galleria La Tartaruga, Roma, maggio-giugno.

1959
Consagra: sculture recenti. Dépliant, Galleria La Tartaruga, Roma, gennaio-febbraio.
Consagra. Catalogo, Galerie de France, Parigi, 17 marzo-15 aprile.

1960
N. Ponente, *Pietro Consagra*. Catalogo, Galerie de France, Parigi, giugno.
G. C. Argan, *Pietro Consagra*, pres. catalogo, *XXX Esposizione internazionale d'arte*, Venezia, p. 108-110, (sala personale).

1961
G. Ballo, *Consagra*. Catalogo, Galleria Blu, Milano, gennaio.
M. Volpi, *Mostra di disegni di Pietro Consagra*. Dépliant, Libreria Einaudi, Roma, 12 gennaio-febbraio.
A. Kuenzi, *Pietro Consagra*. Catalogo, Galerie Charles Lienhard, Zurigo, agosto.

1962
G. C. Argan, *Pietro Consagra*, Neuchâtel.
C. Weidler, *Consagra: recent sculptures*. Catalogo, Staempfli's Gallery, New York, 13 febbraio-10 marzo.
J. R. Brest, *Pietro Consagra: esculturas*. Catalogo, Galleria Bonino, Buenos Aires, 12-24 novembre.

1963
S. Hunter, *Pietro Consagra*. Catalogo, The Pace Gallery, Boston, s.d. (ma marzo).

1964
G. C. Argan, *Consagra '64*. Catalogo, Circolo di Cultura di Mazara del Vallo, Mazara del Vallo, agosto, (già pubbl. in Argan 1962).

1965
G. Dorfles, *Consagra*. Catalogo, Galleria dell'Ariete, Milano, giugno.

1966
M. Calvesi, *Consagra: Ferri trasparenti*. Catalogo, Galleria Marlborough, Roma, dicembre.

1967
M. Calvesi, *Pietro Consagra*. Catalogo, Boymans-Van Beuningen Museum, Rotterdam, 4 marzo-9 aprile.
C. Lonzi, *Intervista a Consagra*, in *Consagra: Ferri Trasparenti*, catalogo, Galleria dell'Ariete, Milano, giugno, (ripubb. in *Consagra: Ferri trasparenti*, Marlborough-Gerson Gallery, New York, ottobre, 1967).

1969
Pietro Consagra: la città frontale, Galleria dell'Ariete, Milano, marzo. Catalogo, con testo di P. Consagra.
Pietro Consagra: la città frontale. Catalogo, Galleria Marlborough, Roma, maggio-giugno.
C. Vivaldi, *Consagra: dipinti su faesite, 1959-1966*. Dépliant, Grafica Romero, Roma, giugno.
Consagra: città frontale. Dépliant, Galleria Rampa, Napoli, dicembre.

1971
Consagra, Galleria dell'Ariete, Milano, aprile. Catalogo, con testo di P. Consagra (già pubbl. in P. Consagra 1970).

1972
Consagra, Galleria Marlborough, Roma, febbraio. Catalogo, con testo di P. Consagra.
G. Carandente-G. Marchiori, *Pietro Consagra*. Catalogo, *XXXIV Esposizione internazionale d'arte*, Venezia, (sala personale).
L. Lambertini, *Pietro Consagra*. Catalogo, Galleria Peccolo, Livorno, settembre.

1973
G. Carandente, *Consagra*. Catalogo, Palazzo dei Normanni e Galleria Civica, Palermo; Villaggio Rampinzieri, Gibellina, 24 febbraio-24 aprile.

Consagra. Catalogo, Galleria Quattro Venti, Palermo, marzo.
M. Volpi Orlandini, *Consagra: pitture dal 1968 al 1973*. Catalogo, Galleria Editalia "Qui Arte Contemporanea", Roma, 23 maggio-16 giugno.
Consagra colore. Dépliant, Galleria Salone Annunciata, Milano, 5-27 giugno.

1974
G. Carandente, *"Omaggio alla Sicilia" di Pietro Consagra*. Catalogo, Galleria La Robinia, Palermo, 16 marzo-2 aprile, (già pubbl. in Carandente, 1973).
G. Carandente, *Un moderno umanista*. Catalogo, Galleria Michaud, Firenze, 30 marzo-aprile.
Consagra. Catalogo, Galleria Marlborough, Roma, aprile, con testo di Consagra.
Pietro Consagra, Galleria dei Bibliofili, Milano, 28 maggio-giugno, (acqueforti, 10 paracarri, piccole sculture in pietre dure). Catalogo con testo di P. Consagra (già pubbl. in P. Consagra, *Welcome to Italy*, 1974).
C. Romano-A. Passadore, *Consacrazione del fallo*. Catalogo *I paracarri di Consagra*, Galleria Il Sileno, Genova, 9-19 novembre.
Consagra, Galleria Ferrari, Treviglio, 16-30 novembre. Catalogo con testo di P. Consagra, (già pubbl. in P. Consagra, 1972).
Pietro Consagra: Bifrontali. Dépliant, Galleria Multicenter Grafica, Milano, s.d.

1975
G. Carandente, *Consagra: Girevole*, Milano.

1976
Consagra: progetti, marmi, pietre, Galleria Salone Annunciata, Milano, 20 febbraio-marzo. Catalogo con testo di P. Consagra.
Pietro Consagra: maquettes. Catalogo, Galleria Marlborough, Roma, aprile-maggio.
Consagra, Galleria Stendhal, Milano, dicembre. Catalogo, (in occasione della mostra viene pubblicato il libro di P. Consagra *La ruota quadrata*).

1977
M. Volpi Orlandini, *Maestri contemporanei: Consagra*, Milano.
G. Appella, *Consagra: opera grafica*. Catalogo, Galleria L'Arco, Roma.
G. Carandente-L. Magagnato, *Consagra*. Catalogo, Museo di Castelvecchio, Vero-

na, luglio.
G. Appella, *Disegni di Consagra, 1945-1977*. Catalogo, Galleria Il Disegno, Roma, dicembre.
Pietro Consagra: disegni e pressioni. Dèpliant, Galleria L'Agrifoglio, Milano, 20 dicembre-20 gennaio 1978.

1978
Pietro Consagra: Iron sculptures. Dépliant, Charleston, USA, Festival Spoleto USA, 25 maggio-11 giugno.
Pietro Consagra: 5 guaches e 30 disegni. Dépliant, Galleria dei Bibliofili, Milano, giugno.
Consagra a Matera. Catalogo, *Mostra tra i Sassi*; Galleria La Scaletta, Matera, 18 giugno-settembre.

1979
Consagra: bronzi e ferri. Dépliant, Galleria Stendhal, Milano, marzo.
Pietre-Consagra, Galleria Salone Annunciata, Milano, 15 marzo-aprile. Dépliant, con testo di P. Consagra.
Consagra. Dépliant, Ann Jacob Gallery, Atlanta, 25 maggio-giugno.
Opere di Pietro Consagra (1948-1978), XXII Festival dei due Mondi, Chiostro di S. Nicolò, Spoleto, 30 giugno-15 luglio. Catalogo con testo di P. Consagra, (già pubbl. in P. Consagra, *Approssimativamente*, 1978).
Grafica di Pietro Consagra. Dépliant, Galleria Il Ponte, Firenze, ottobre-novembre.

1980
Pietro Consagra: "Spazio ideale". Dépliant, Studio Carlo Grosseti, Milano, 16 aprile-maggio.
Pietro Consagra: acquarelli, sculture, multipli, Galleria La Bottega del Quadro, Bergamo, 30 ottobre-30 novembre. Catalogo, con testo di P. Consagra (già pubbl. in P. Consagra, 1976).

1981
Consagra: dipinti e sculture. Catalogo, Galleria Editalia "Qui Arte Contemporanea", Roma, 13 maggio-13 giugno.
Pietro Consagra, Museo Arte Grafica, Gibellina, 24 maggio-2 giugno. Catalogo, con testo di P. Consagra.
G. Ballo, *Consagra*. Catalogo, Palazzo dell'Arengo, Rimini, giugno-luglio.
C. Belli, *Paradosso di Consagra*. Catalogo, *Consagra a Celano*, Castello di Celano, Celano, agosto.
Consagra: opere recenti, Galleria Adriano Villata, Cerrina Monferrato, 1-28 otto-

bre. Catalogo, con testo di P. Consagra.
G. Appella, *Colloquio con Consagra*. Catalogo, Galleria Il Millennio, Roma, 12 dicembre-gennaio 1982.

1984
P. Bucarelli, *Pietro Consagra: opere 1955-1984*. Catalogo, Associazione artistico-culturale "La Salerniana", ex Convento S. Carlo, Erice, agosto-ottobre.
Pietro Consagra: progetto di facciata per il Palazzo comunale di Mazara del Vallo, Galleria Stendhal, Milano, novembre-dicembre. Dépliant, con testo di P. Consagra.

1985
Pietro Consagra: progetto di facciata per il Palazzo comunale di Mazara del Vallo, Galleria Il Millennio, Roma, 13 marzo-30 aprile. Dépliant, con testo di P. Consagra, (già pubblicato in Milano, Galleria Stendhal, 1984).
L. Trucchi, *Consagra: opere recenti*. Catalogo, Galleria Editalia "Qui Arte Contemporanea", Roma, 20 marzo-30 aprile.
L. Trucchi, *Pietro Consagra: sculture dipinti grafica*. Catalogo, Galleria Duchamp, Cagliari, 26 ottobre-26 novembre, (già pubbl. in Roma, Galleria Editalia, 1985).
G. Carandente, *Pietro Consagra*. Catalogo, Salone Renault, Roma, 14 novembre-14 dicembre.

1986
G. Carandente, *Pietro Consagra*. Catalogo, Galleria Lorenzelli, Milano, maggio, (già pubbl. in Roma, Salone Renault, 1985).
Pietro Consagra: opere pittoriche. Catalogo, Palazzo della Trinità, Roma, ottobre.
Consagra colore. Dépliant, Studio Carlo Grossetti, Milano, 8 ottobre-30 novembre.

1987
T. Leopizzi Cerruti, *Pietro Consagra*. Catalogo, Ellequadro, Genova, marzo, (in occasione della mostra viene presentato il libro di P. Consagra *L'Italia non finita*).
G. Fragapane, *Omaggio a Pietro Consagra*. Catalogo, Comune di Lampedusa, estate.
F. Menna, *Pietro Consagra*. Catalogo, Galleria dei Banchi Nuovi, Roma, dicembre-gennaio 1988.
G. Appella, *Consagra in Lucania*, Roma.

1988
S. Giannattasio, *Pietro Consagra*. Catalogo, Galleria La Robinia, Palermo, 27 dicembre-28 gennaio 1989, (già pubbl. in "Avanti", 23 ottobre 1988).

Articoli e cataloghi di mostre collettive

1945
N. Ciarletta, *Un nuovo scultore: Pietro Consagra*, "Il Risveglio", Roma, 12 dicembre.

1946
Mostra del disegno: Consagra, Turcato, Vedova, Galleria del Cortile, Roma, 20-30 aprile. Dépliant.
s.a., *Turcato, Consagra e Vedova al "Cortile"*, "Gazzetta delle Arti", Roma, 29 aprile.

1947
E. Villa, *Pietro Consagra*, "Fiera Letteraria", Roma, 6 marzo.
C. Maltese, *Marxismo e formalismo*, "Alfabeto", Roma, 13 ottobre.
Consagra, Dorazio, Maugeri, Perilli, Turcato, Galleria Ritrovo dell'Art Club, Roma, 20 ottobre-5 dicembre. Catalogo, pres. di E. Villa.
II Esposizione annuale dell'Art Club, Galleria-Ritrovo dell'Art Club, Roma, 14-31 dicembre. Catalogo.
E. Prampolini, "Bollettino dell'Art Club", dicembre 1947-gennaio 1948.

1948
V Rassegna nazionale d'arti figurative, Galleria Nazionale d'Arte Moderna, Roma, marzo-maggio. Catalogo, p. 40.
Arte astratta in Italia, Galleria di Roma, Roma, marzo. Catalogo, pres. di E. J. Sottsass.
Pallavicini, *Soggetti non oggetti*, "Bellezza", Milano, 2 marzo.
s.a., *Secessione*, "L'Unità", Roma, 2 giugno.
G. Marchiori, *Pietro Consagra, scultore di profili*, "Il Mattino del Popolo", Venezia, 3 luglio.

1949
Romana, *Pietro Consagra*, "Stella d'Italia", Buenos Aires, gennaio.
S. Monachesi, *Corpora, Turcato e Consagra*, "La Voce Repubblicana", Roma, 13 febbraio.
C. Maltese, *Consagra, Turcato e Corpora alla "Galleria del Secolo"*, "L'Unità", Roma, 16 febbraio.
I. Pellicano, *Tre credenti dell'astrattismo*, "La Tribuna Illustrata", Roma, 27 febbraio.
III Mostra annuale dell'Art Club, Galleria nazionale d'arte moderna, Roma, 5 marzo-5 aprile. Catalogo.
C. Maltese, *Astrattismo e ideologia*, "Vie Nuove", Roma, 29 aprile.
I Mostra internazionale dell'Art Club, Palazzo Carignano, Torino, maggio-giugno. Catalogo.
J. Robson, *Artisti di Roma*, in "Life", USA, 1 agosto.
Mostra di scultura contemporanea, Giardino di Palazzo Venier, Venezia, settembre. Catalogo, pres. di G. Marchiori.
Italienische Malerei der Gegenwart, Akademie der Kunst, Vienna, 10 dicembre-10 gennaio 1950. Catalogo.

1950
C. Zervos, *Arte italiana moderna*, "Cahiers d'Art", Parigi.
IV Mostra annuale dell'Art Club, Galleria nazionale d'arte moderna, Roma, 22 aprile-15 maggio. Catalogo.
XXV Esposizione internazionale d'arte, Venezia. Catalogo, p. 198.
II Mostra d'arte contemporanea, Collegio Valdese, Torre Pelice, agosto-settembre. Catalogo.

1951
Mostra dell'arte astratta e concreta, Galleria Nazionale d'Arte Moderna, Roma, 3-28 febbraio. Catalogo, pres. di P. Bucarelli.
Italian artists of today, Konsthallen, Göteborg, febbraio (itinerante: Konsthallen, Helsinki, marzo; Kunsternes Hus, Oslo, aprile; Frie Udstilling, Copenaghen, maggio).
C. Maltese, *Notizie delle arti*, "L'Unità", Roma, 21 marzo.
M. Venturoli, *Davanti all'arte astratta il pubblico non sa che pesci prendere*, "Paese Sera", Roma, 4 aprile.
s.a., *Parliamo tanto di noi*, "Il Travaso", Roma, 8 luglio.
Premio Parigi, Circolo culturale, Cortina d'Ampezzo, 28 luglio-10 settembre (poi Torino). Catalogo, pres. di S. Chandler.

II Mostra nazionale d'arte contemporanea, Palazzo Reale, Milano, autunno 1951-inverno 1952. Catalogo, pres. di F. Flora.
L. von Döry, *Ein Künstler aus Rom*, "Der Mittag", 17-18 novembre.
L. Degan, *Artisti italiani*, "Art d'Aujourd'hui", Parigi, p. 11.

1952
L. Borghese, *Arte*, "L'Europeo", Milano, 2 marzo.
VI Mostra annuale dell'Art Club, Galleria nazionale d'arte moderna, Roma, 22 marzo-22 aprile. Catalogo.
G. Marchiori, *Risposte alle idee di un artista: Necessità della scultura*, "La Fiera Letteraria", Roma, 23 marzo.
C. Maltese, *Necessità della scultura*, "L'Unità", Roma, 26 marzo.
XXVI Esposizione internazionale d'arte, Venezia. Catalogo, p. 128.
s.a., *Autoritratto*, "Candido", giugno.
L. Borghese, *Sono piaciuti agli enti pubblici*, "Domenica del Corriere", Milano, giugno.
P. Ricci, *Avanguardismo*, "Calendario del Popolo", Milano, 9 giugno.
S. Musso, *Capolavori alla fiamma ossidrica*, "Milano Sera", Milano, 16 giugno.
A. Kubler, *Die Biennal 1952 in Venedig*, "Dn", Zurigo, settembre 1952.
M. De Micheli, *Lettere*, "Calendario del Popolo", Milano, settembre.
A. Kubler, *Du n. 9*, "Schweizerische Monatschrift", settembre.
s.a., *Autoritratto*, "Arte Libera", Napoli, ottobre.
P. Ricci, *Avanguardismo reazione dell'arte moderna: a proposito di un libro di Pietro Consagra*, "Realismo", Milano, ottobre, p. 5-6.
G. Dorfles, *Modern Sculpture in Italy*, "The Studio", ottobre.
M. De Micheli, *Conclusioni*, "Calendario del Popolo", Milano, 9 ottobre.
L. Degan, *Costruttivisti*, "Art d'Aujourd'hui", Parigi, serie III, n. 2.
Contemporary drawings from 12 countries, 1945-1952, The Art Institute, Chicago (poi: Toledo, Museum of Art; Hartford, Wadsworth Atheneum; San Francisco, Museum of Art; Colorado, Springs Fine Art Center; Los Angeles, County Museum of Art; Luoisville, The J. B. Speed Art Museum). Catalogo.
Esposizione nazionale del prigioniero politico ignoto, Palazzo Strozzi, Firenze, novembre-dicembre (poi The Tate Gallery, Londra, 14 marzo-13 aprile 1953). Catalogo.

1953

L. Sinisgalli, *Un'insegna di Consagra*, "Civiltà delle macchine", Roma, gennaio, n. 1, p. 73.

S. Musso, *Consagra al Naviglio*, "Milano Sera", Roma, 15 marzo.

G. K., *Consagra al "Naviglio": alla ricerca dell'anima*, "Il Secolo", Roma, 29 marzo.

A. Pica, *Pietro Consagra o l'anti-conformista*, "La Patria", Milano, 2 aprile.

Arte astratta in Italia e in Francia, Galleria nazionale d'arte moderna, Roma, 22aprile-22 maggio. Catalogo.

C. Castelli, *Pietro Consagra scultore di eccezione*, "Giornale di Sicilia", Palermo, 24 aprile.

2e Biennale de la Sculpture, Parc Middheleim, Anversa, 20 giugno-30 settembre. Catalogo, pres. di F. Baudouin.

Junge italienische Kunst, Kunsthaus, Zurigo, 21 novembre-10 gennaio 1954. Catalogo, p. 22.

Vogt, "Neue Zucher Zeitung", 24 novembre.

A. Ragionieri, *Le avventure di Pinocchio nel giardino di Collodi*, "Il Nuovo Corriere", 6 dicembre.

A. Trombadori, *Pinocchio antipinocchiesco*, "L'Unità", Roma, 24 dicembre.

1954

L. Sinisgalli, *La bottega di Consagra*, "Civiltà delle macchine", Roma, aprile.

XVVII Esposizione internazionale d'arte, Venezia. Catalogo, p. 100.

P. Ricci, *Per la Biennale*, "Il Contemporaneo", Roma, giugno.

U. Attardi, *L'istanza realista*, "Il Contemporaneo", Roma, 31 luglio.

R. Guttuso, *L'arte in Pericolo?*, "Rinascita", Roma, ottobre.

1955

U. Apollonio, *Profilo storico della scultura italiana moderna*, "Das Kunstwerk", I-IX, 1955-56.

Le arti plastiche e la civiltà meccanica, Galleria nazionale d'arte moderna, Roma, 20 maggio-20 giugno. Catalogo, pres. di E. Prampolini e L. Sinisgalli.

L. Sinisgalli, *Le arti plastiche e la civiltà meccanica*, "Bollettino dell'Art Club", Roma, 20 maggio.

A. Rada, *Escultura estrangeira*, "O Tempo", San Paolo, 31 agosto.

s.a., *Consagra*, "Gazzetta del Veneto", Padova, 19 ottobre.

N. Ponente, *La Quadriennale*, "L'Espresso", Roma, n. 7, novembre.

Contemporary Italian art, University of Minnesota, Saint Louis, 1-23 dicembre. Catalogo.

VII Quadriennale Nazionale d'arte, Roma. Catalogo, p. 127.

III Bienal, Museo de Arte Moderna, San Paolo. Catalogo, pres. di U. Apollonio, p. 192.

1956

C. Efrati, *Pittori e scultori italiani*, "Arti Visive", Roma, n. 5.

N. Ponente, *La Quadriennale*, "Letteratura", Roma, n. 19-20.

G. San Lazaro, *La Quadriennale*, "XXe Siècle", Parigi, gennaio.

L. Sinisgalli, "Civiltà delle macchine", Roma, gennaio, p. 37.

P. Ricci, *Le correnti astratte e non figurative*, "L'Unità", Roma, 6 gennaio.

B. Zevi, *Monumento a Paisiello*, "L'Espresso", Roma, aprile.

XXVIII Esposizione internazionale d'arte, Venezia. Catalogo, pres. di U. Apollonio, p. 65-67.

P. Descargues, *La Biennale de Venise*, "Les Lettres Françaises", 21-27 giugno, p. 4.

L. Licitra Ponti, *Impressioni di un visitatore alla Biennale*, "Domus", ottobre.

H. Wescher, *The Venice Biennal*, "Cimaise", Parigi, settembre-ottobre, p. 7.

M. Pannunzio, *La logica dei sergenti*, "Il Mondo", Roma, 11 settembre.

Izozba, Umietnicki Pavillon, Zagabria, 3-21 ottobre. Catalogo.

s.a., *Consagra*, "Il Contemporaneo", Roma, 13 ottobre.

G. C. Argan, *Scultura di Consagra*, "Quadrum", novembre, 139-144.

1957

U. Apollonio, *Consagra*, "XXe Siécle", Parigi, gennaio.

G. Marchiori, *Scultura italiana tra due tempi 1915 1945 1956*, "Quadrum", n. 3, p. 122-124.

Italy: The New vision, World House Galleries, New York, 1-23 marzo. Catalogo, pres. di A. R. Krakusin.

Trends in watercolors today in Italy and United States, The Brooklyn Museum, New York, 9- aprile- 26 maggio. Catalogo, pres. di L. Venturi.

Mostra all'aperto della scultura italiana del XX secolo, Villa Mazzini, Messina, 1 agosto-15 settembre. Catalogo, pres. di G. Carandente, p. 29.

Neue Darmstädter Sezession, Darmstadt, 5 ottobre-10 novembre. Catalogo, n. 11.

F. Cilluffo, *Dal cordiale realismo di Bascarino all'astrattismo polemico di Consagra*, "Trapani", Trapani, 15 novembre, p. 15-22.

I Mostra nazionale di artisti siciliani, Como (poi Viareggio, Trento, Sanremo, Milano, Catania, Palermo). Catalogo, pres. di G. Traversi, p. 10.

Mostra del bronzetto, Roma, Galleria Odyssia, dicembre. Catalogo.

Marini, Manzu, Minguzzi, Mirko, Consagra, Fazzini, The Art Club, Chicago, 10 dicembre-23 gennaio 1958. Catalogo, n. 41.

1957-1958 World House Annual, World House Galleries, 10 dicembre-25 gennaio 1958. Catalogo.

Scultura italiana, 1911-1957, Galleria La Bussola, Roma, 20 dicembre-10 gennaio 1958. Catalogo, pres. di G. Carandente.

1958

E. Crispolti, *La scultura di Consagra*, "Notizie", Torino, p. 1-6.

S. Agostini, *L'art abstrait en Italie: la part de Consagra*, "Les Beaux Arts", Bruxelles, 3 gennaio.

Junge italienische Plastik, Haus am Wandsee, Berlino, 11 gennaio-16 febbraio. Catalogo, pres. di F. Russoli, n. 16.

Sculpture, Galerie Claude Bernard, Parigi, 6 febbraio-marzo. Dépliant.

Sculpture 1950-1958, Oberlin College, Oberlin (Ohio), 14 febbraio-17 marzo. Catalogo.

E. Genauer, *Consagra at World*, "Herald Tribune Book Review", 16 febbraio.

Bildhauer, Zeichnungen del 20. Jarhunderts, Städtisches Kunstmuseum, Duisburg, 1-30 marzo. Catalogo, pres. di G. Händler.

Expo '58, 50 Ans d'art modern, Palais des Beaux-Arts, Bruxelles, 17 aprile-21 luglio. Catalogo.

Ten Contemporary Italian sculptors, Museum of Fine Arts, Houston (Texas), 25 aprile-1 giugno. Catalogo.

Vice, *Alla Tartaruga*, "Il Tempo", Roma, 11 giugno.

Afro, Capogrossi, Consagra, De Kooning, Kline, Marca-Relli, Matta, Galleria La Tartaruga, Roma, luglio. Catalogo.

Nuove tendenze dell'arte italiana, Rome-New York Art Foundation, Roma, s.d. Catalogo, pres. di L. Venturi.

L. Venturi, *The New Painting and Sculpture. The Emergence of abstraction*, "The Atlantic", Boston, dicembre, p. 145-156.

S. Preston, *Art: Pittsburg Bicentennial Show*, "New York Times", 4 dicembre.

1959

W. Rubin, *Pittsburg's Carnegie International*, "Art International", Zurigo, n.1-2, p. 23.

Vice, *Alla Tartaruga*, "Il Tempo", Roma, 1 febbraio.

P. Gueguen, *Le sculpteur Consagra à Paris*, "XXe Siécle", Parigi, 15 marzo, p. 10.

E. Crispolti, *Fontana e Consagra a Parigi*, "Il Taccuino delle Arti", Roma, marzo.

D. Chevalier, *Consagra*, "France Observateur", Parigi, 26 marzo.

s.a., *Consagra à la Galerie de France*, "Combat", Parigi, 30 marzo.

L. Hoctin, *Consagra, revelation du Prix Carnegie*, "Arts", Parigi, 31 marzo.

G. Limbour, *Sculptures de Consagra*, "Les Lettres nouvelles", Parigi, 1 aprile, p. 30-32.

1959 Sculpture Annual, World House Galleries, New York, 1 aprile-2 maggio. Catalogo, pres. di U. Apollonio.

A. Michelson, *In defense of Italy*, "New York Herald Tribune", Parigi, 2 aprile.

Sculpture, Galerie Claude Bernard, Parigi, 25 giugno-luglio. Dépliant.

II Documenta: Skulptur nach 1945, Kassel, 11 luglio-11 ottobre. Catalogo, a cura di E. Trier, p. 62-65.

Premio Morgan's Paint, Palazzo dell'Arengo, Rimini, 15 luglio-30 agosto. Catalogo, con testo di Consagra.

V Bienal, Museo de arte moderna, San Paolo, settembre-dicembre. Catalogo, pres. di U. Apollonio.

European Art Today: 35 painters and sculptors, The Minneapolis Institute of Art, Minneapolis, settembre (itinerante: County Museum of Art, Los Angeles; Museum of Art, San Francisco; The National Gallery of Canada, Ottawa; French and Company Inc., New York; Museum of Art, Baltimora, fino a ottobre 1960). Catalogo, pres. di U. Apollonio.

C. Vivaldi, *La Quadriennale d'arte si farà?*, "Italia domani", Roma, 4 ottobre.

L. Venturi, *Sculptures frontales de Consagra*, "XXe Siècle", Parigi, dicembre.

E. Hutchison, *Scrapheap? No, That's a sculptor's art work*, "Chicago Daily News", Chicago, 12 dicembre.

Peintres et sculpteurs italiens du futurism à nos jour, Chateau, Blois (poi Charleroi, Digione, Lione, Saint-Etienne). Catalogo, pres. di C. A. Dell'Acqua.

1960

D. Wallace, *Geography was thrown out the window*, "San Francisco Sunday Chronicle", San Francisco, 17 gennaio.

Exhibition of Italian Contemporary art, Johannesburg, 4-23 aprile. Catalogo, pres. di C. G. Argan e di A. Mezio.

Contemporary Italian Art, Illinois Institute of Techonology, Institute of Design, Chicago, 23-27 maggio. Catalogo.

XXX Esposizione internazionale d'arte, Venezia. Catalogo, pres. di G. C. Argan, p. 108-110.

M. Calvesi, *La scultura italiana alla Biennale*, "Segnacolo", maggio-giugno.

Sculpture italienne contemporaine, Musée Rodin, Parigi, giugno. Catalogo, pres. di R. Pallucchini.

M. Pedrosa, *Burri, ou a antipintura vitoriosa*, "Jornal de Brasil", San Paolo, 4 giugno, supplemento.

M. Valsecchi, *Scoperta della scultura italiana*, "Tempo", Roma, 2 luglio.

M. A., *I Mostri*, "Specchio", Roma, 3 luglio.

M. Poma Basile, *Geografia dell'angoscia nella scultura di oggi*, "L'Ora", 6 luglio.

Z. Krzisnik, *Biennale semiseria*, "Paese sera", Roma, 10 luglio.

E. Barbera Lombardo, *Lo scultore Pietro Consagra gran premio alla Biennale di Venezia*, "Panorama", Roma, 10 luglio.

G. Giardina, *Chi è Pietro Consagra pittore mazarese premiato alla Biennale di Venezia*, "L'Ora", 2 agosto.

D. Micacchi, *L'ipotetico futuro dell'architetto Mendelsohn e il difficile presente della scultura di oggi*, "L'Unità", Roma, 9 agosto.

G. C. Argan, *Per Consagra la scultura non è una "lingua morta"*, "La Provincia", Cremona, 12 agosto.

Burri, Consagra, De Kooning, Matta, Rothko, Galleria La Tartaruga, Roma, ottobre-novembre. Dépliant.

N. Ponente, *Pietro Consagra*, "Cimaise", Parigi, ottobre-dicembre, p. 96-105.

Italian Sculptors of today, Museum for Contemporary Arts, Dallas, ottobre. Catalogo, pres. di L. Venturi.

Le Relief, Galerie XXe Siécle, Parigi, 2-31 dicembre. Catalogo.

1961

B. Alfieri, *Consagra's space is bi-dimensional*, "Metro", Milano.

V. Guzzi, *Disegni di Consagra alla Libreria Einaudi*, "Il Tempo", Roma, 13 gennaio.

Da. Mi., *L'"agguato" c'è anche per Consagra*, "L'Unità", Roma, 18 gennaio.

s.a., *Pietro Consagra*, "Il Popolo", Roma, 24 gennaio.

Consagra, Dorazio, Novelli, Perilli, Turcato, Galleria Odyssia, Roma, febbraio.

Catalogo, pres. di G. C. Argan.

Venice Biennal Prize Winners 1960, World House Galleries, New York, 14 febbraio-4 marzo (itinerante: Milwaukee Art Center, Milwaukee; Walker Art Center, Minneapolis; Mc Cornick Place Art Gallery, Chicago; Everson Museum of Art, Syracuse). Catalogo.

Aktuelle Kunst: Bilden und Plastiken aus der Sammlung Dotremont, Kunsthalle, Düsseldorf, 3 marzo-9 aprile. Catalogo.

V. Anguilera Cerni, *Consideraciones multiples de Pietro Consagra*, "Correo de las Artes", Barcellona, aprile.

The Maremont Collection at the Institute of Design, Illinois Institute of Technology, Institute of Design, Chicago, 5-30 aprile. Catalogo.

G. McCue, *Verve and Elegance at Italian Show*, "Music and Arts", New York, 16 aprile.

Salute to Italy: 100 years of Italian Art, 1861-1961, Wandsworth Athenaeum, Hartford (Connecticut), 21 aprile-28 maggio. Catalogo, pres. di F. Donini.

Italiensk Kunst I Dag, Kunstnernes Hus, Oslo, 9 maggio-11 giugno. Catalogo, pres. di C. A. Dell'Acqua e di F. Russoli.

Vice, *Alla Tartaruga*, "Il Tempo", Roma, 11 giugno.

6 Biennale de la Sculpture, Parc Middheleim, Anversa, 15 luglio-15 ottobre. Catalogo, p. 41.

Italiensk Kultur I Dag, Svea-Galleriet, Stoccolma, 5 agosto-10 settembre. Catalogo.

s.a., *Funzione pedagogica e "brechtiana" delle sculture astratte di Consagra*, "Avanti", 21 dicembre.

1962

Twenty Sculptors, Staempfli's Gallery, New York, gennaio-2 luglio. Catalogo.

J. Canaday, *Sculpture coming up*, "The New York Times", 7 gennaio.

G. C. Argan, *Pietro Consagra*, "Art International", Zurigo, vol. VI, n. 2.

G. Giardina, *Pietro Consagra scultore d'avanguardia*, "Trapani", Trapani, febbraio.

s.a., *Pietro Consagra*, "New York Herald Tribune", New York, 17 febbraio.

s.a., *U.S. Watercolors to European Abstracts*, "The New York Times", 18 febbraio.

Disegni di scultori, Galleria Passeggiata di Ripetta, Roma, 26 marzo-aprile. Catalogo, pres. di F. Menna.

Sculpture Contemporaine, Musée Maison de la Culture, Le Havre, 6 maggio-17 giugno. Catalogo, pres. di R. De Solier.

Mostra internazionale di scultura, Galleria Toninelli, Spoleto, giugno-luglio. Catalogo.

Sculture nella città: l'Italsider a Spoleto, "Rivista Italsider", n. 4.

G. Pecorini, *Videro le muse negli altiforni*, "L'Europeo", Milano, 30 settembre.

Modern Sculpture from the Joseph H. Hirshhorn Collection, The Solomon R. Collection, New York, 3 ottobre-6 gennaio 1963. Catalogo, a cura di H. H. Arnason, p. 210.

M. Valsecchi, *Gli scalpelli brizzolati*, "L'Illustrazione Italiana", novembre, p. 38-51.

H. Rosselot, *Prieto Consagra o la Necessidad de la Scultura*, "La Razon", Buenos Aires, 17 novembre.

A. K., *Pietro Consagra*, "Donau Zeitung", Ulm, 31 dicembre (poi ripubbl. in "Gazette de Lausanne", 25 gennaio 1963).

G. De Marchis, *Come si fa una scultura*, "Metro", Milano, n. 7, p. 28-35.

1963

M. Callewaert, *Pietro Consagra: Relief in de Ruimte*, "Gazet van Antwerpen", Anversa, 29 gennaio.

R. Taylor, *Consagra sculpture at Pace Gallery*, "The Boston Sunday Herald", Boston, 3 marzo.

M. S., *Consagra: réconciliation fraternelle et sculpturelle entre les fins et l'infini*, "Tribune de Geneve", Ginevra, 30 marzo.

G. Pfeiffer, *Das Gespräch, das Experiment*, "Deutsche Zeitung", Berlino, 4 maggio.

G. Rodari, *Bambini e serpenti di fuoco nello studio di Consagra*, "Paese Sera", Roma, 14 giugno.

Sculptures de Consagra et de Jacobsen, Atelier Soph Decorateur, Vieux-Lyon, novembre. Catalogo.

N. Minuzzo, *I pittori accusano*, "L'Europeo", Milano, 23 dicembre, p. 41-47.

1964

G. Pecorini, *L'informale di Pinocchio*, "L'Europeo", Milano, 12 gennaio, p. 50-57.

Vendita di opere d'arte pro casa italiana di Anna Frank, Aca Gallery, Roma, 1-6 febbraio. Dépliant.

Stone Wood Metal, Staempfli's Gallery, New York, 25 febbraio-5 luglio. Catalogo.

Painting and Sculpture of a Decade, 54-64, The Tate Gallery, Londra, 22 aprile-28 giugno. Catalogo.

XXXII Esposizione internazionale d'arte, Venezia, 20 giugno-18 ottobre. Catalogo, p. 59.

Documenta III, Kassel, 27 giugno-5 ottobre. Catalogo, p. 222-223.

G. C. Argan, *Pietro Consagra*, "Trapani", Trapani, luglio-agosto.

G. Di Genova, *Perchè gli artisti lasciano la Sicilia*, "L'Autonomia", Palermo, 20 luglio, p. 16.

s.a., *Venticinque tavole di Pietro Consagra esposte a Mazara del Vallo*, "Trapani", Trapani, settembre-ottobre.

Sculture in Metallo, Galleria Civica d'Arte Moderna, Torino, 19 settembre-18 ottobre. Catalogo.

G. Venezia, *Pietro Consagra e la sua fontana*, "Trapani Nuova", Trapani, 29 settembre, p. 3.

G. Barbero, *Pietro Consagra*, "Verso l'Arte", Vercelli, novembre, p. 31-42.

IX Quadriennale Nazionale d'Arte, Roma. Catalogo, p. 99.

1965

s.a., *Rotta la linea Roma-Milano*, "Il Giorno", Milano, 25 giugno.

s.a., *Consagra*, "Avanti", Milano, 25 giugno.

G. Kaisserlian, *Consagra*, "Il Telegrafo", Livorno, 13 luglio.

12 italienische Bildhauer, Museum Folkwang, Essen, 19 settembre-7 novembre. Catalogo, pres. di E. Trier (ripubbl. in *Twaalf Italiaanse Beeldhouwers*, Museum Boymans-van Beuningen, Rotterdam, 26 novembre-16 gennaio 1966).

M. Valsecchi, *A Mazara quattro uomini di bronzo*, "Il Giorno", Milano, 1 ottobre.

Forma 1, Galleria Arco d'Alibert, Roma, 19 novembre- 7 dicembre. Catalogo, pres. di N. Ponente, a cura di M. Fagiolo dell'Arco.

Twaalf Italiaanse Beeldhouwers, Museum Boymans-van Beuningen, Rotterdam, 26 novembre-16 gennaio 1966. Catalogo, pres. di E. Trier (già pubbl. in *12 italienische Bildhauer*, Museum Folkwang, Essen, 19 settembre-7 novembre).

1966

Arte italiano contemporaneo desde 1910, Museo de Arte Moderno, Città del Messico, febbraio-marzo. Catalogo, pres. di F. Bellonzi, p. 187.

Aspetti dell'arte italiana contemporanea, Galleria Nazionale d'Arte Moderna, Roma, marzo-aprile. Catalogo.

Moderne Kunst aus Italien, Fritz-Heussler Haus, Dortmund, 7-25 maggio. Ca-

talogo, pres. di P. Bucarelli.

L. Licitra Ponti, *A Roma i ferri di Consagra*, "Domus", Milano, ottobre.

E. Mercuri, *Tempo di disimpegno per Pietro Consagra*, "L'Ora", Palermo, 13 dicembre.

S. Pinto, *Pietro Consagra alla "Marlborough"*, "Avanti", Roma, 20 dicembre.

s.a., *Consagra alla Marlborough*, "Paese Sera", Roma, 22 dicembre.

1967

L. Sinisgalli, *Ferri trasparenti*, "Tempo", Milano, 10 gennaio.

s.a., *Consagra alla Marlborough*, "Momento Sera", Roma, 16 gennaio.

G. Briganti, *Il mondo vestito di ferro*, "L'Espresso", Roma, 22 gennaio.

s.a., *Pietro Consagra*, "L'Avvenire d'Italia", Bologna, 15 aprile.

Arte italiano contemporàneo, Esposizione organizzata dalla Quadriennale d'Arte di Roma, Guatemala, giugno (poi Honduras, El Salvador, Nicaragua, Costarica). Catalogo.

Sculpture from Twenty Countries, The R. Solomon Guggenheim Collection, New York, 20 ottobre-4 febbraio 1968 (itinerante: Art Gallery of Ontario, Toronto, febbraio-marzo 1968; The National Gallery of Canada, Ottawa, aprile-maggio 1968; Museum of Fine Arts, Montréal, giugno-agosto 1968). Catalogo, pres. di E. F. Fry.

B. Flanagan, *Pietro Consagra*, "The Minneapolis Star", Minneapolis, 3 novembre.

1968

Recent Italian Painting and Sculpture, The Jewish Museum, New York, 24 maggio-2 settembre. Catalogo, pres. di G. Ballo.

s.a., *See-through Sculpture*, "The Minneapolis Tribune", Minneapolis, 25 giugno.

Sculpteurs italiens, Musée d'Art Modern, Parigi, novembre-dicembre. Catalogo, pres. di F. Bellonzi.

1969

s.a., *Uno scultore fa proposte (concrete) per una nuova architettura*, "Arte e poesia", Roma, marzo-giugno.

A. Lanzuolo, *Pietro Consagra*, "Vogue Italia", Milano, marzo.

G. Kaisserlian, *Le sculture diventano nuove città*, "Avvenire", Milano, 25 marzo.

M. Valsecchi, *Progetta case fatte come sculture*, "Il Giorno", Milano, 29 marzo.

C. Lonzi, *Mostre a Milano*, "L'Approdo

letterario", Firenze, aprile.
D. Buzzati, *Scultura di un'utopia*, "Corriere della Sera", Milano, 3 aprile.
V. Scheiwiller, *Pietro Consagra*, "Panorama", Milano, 10 aprile.
L. Caramel, *Galleria dell'Ariete: Pietro Consagra*, "NAC. Notiziario Arte Contemporanea", Milano, 15 aprile.
M. D. M., *Consagra*, "L'Unità", Milano, 20 aprile.
V. Fagone, *La città frontale di Pietro Consagra*, "L'Ora", Palermo, 25 aprile.
B. Zevi, *Le città trasparenti dell'anno tremila*, "L'Espresso", Roma, 27 aprile.
T. T., *Pietro Consagra all'Ariete*, "Domus", Milano, maggio, p. 46-47.
G. Ballo, *Scultura lingua viva e una mostra di Consagra*, "Dramma", Torino, maggio, p. 10-12.
L. Trucchi, *"Utopia" e "intervallo" nell'arte d'oggi*, "L'Europa", Roma, 3 maggio, p. 60-61.
s.a., *Contro le città*, "Il Secolo XIX", Genova, 3 maggio.
F. Berlanda, *Pietro Consagra: La città frontale*, "Rinascita", Roma, 9 maggio.
L. P. F., *Pietro Consagra alla Marlborough*, "Il Pensiero Nazionale", Roma, 16 maggio.
V. Apuleo, *Consagra rifiuta il totem (ma ne inventa un altro)*, "La Voce repubblicana", Roma, 28 maggio.
A. De Solis, *Pietro Consagra*, "Auditorium", Roma, giugno.
s.a., *Pietro Consagra alla Marlborough*, "Al 2", Roma, giugno-luglio.
S. Orienti, *Sempre più la città ci coinvolge tutti*, "Il Popolo", Roma, 11 giugno.
Dialogue between the East and the West, National Museum of Modern Art, Tokyo, 12 giugno-17 agosto. Catalogo, p. 30.
V. Apuleo, *Galleria Marlborough: Pietro Consagra*, "NAC. Notiziario Arte Contemporanea", 15 giugno.
N. Ponente, *La città frontale*, "L'Opinione", Roma, 20 giugno.
V. Fagone, *la città frontale*, "Corriere del Ticino", Lugano, 26 giugno.
L. Trucchi, *Consagra alla Marlborough e alla Romero*, "Momento Sera", Roma, 28 giugno.
C. Vivaldi, *Pietro Consagra*, "Avanti", Roma, 1 luglio.
s.a., *La città frontale di Pietro Consagra*, "L'Unità", Roma, 10 luglio.
L. Sinisgalli, *Progetta città facendo il filosofo*, "Tempo", Milano, 26 luglio.
The First International Exhibition of Modern Sculpture, The Hakone Open-Air Museum, Hakone, 1 agosto-31 ottobre.

Catalogo, n. 10.
Zwölf Italienische Bildhauer, Kunstverein, Amburgo, 9 agosto-21 settembre. Catalogo, pres. di H. Platte.
S. Bracco, *Città presenti e future*, "Paese Sera", Roma 12 settembre.
Mostra del bronzetto italiano, mostra organizzata dalla Quadriennale di Roma, Il Cairo, novembre. Catalogo, pres. di F. Bellonzi.
I Rassegna del gioiello d'arte firmato, Sala Bolaffi, Torino, 5-20 novembre. Catalogo.
Grafica e piccole sculture, Galleria Editalia "Qui Arte Contemporanea", Roma, 1 dicembre-7 gennaio 1970. Catalogo.

1970
III Esposicion internacional de Pequeño bronce: escultores europeos, Museo Espagnol de Arte Contemporaneo, Madrid, s.d. Catalogo.
Gioielli di artisti contemporanei, Gioielleria Fumanti, Roma, 12 novembre-22 dicembre. Catalogo, pres. di C. Vivaldi.
Scultori italiani contemporanei, mostra organizzata dalla Quadriennale di Roma, Galleria La Gradiva, Firenze, 21 novembre-10 dicembre. Catalogo, pres. di F. Bellonzi.
Esposizione di incisioni italiane contemporanee, Grafica Romero, Roma, maggio (itinerante: Museo d'Arte Moderna, Haifa, novembre 1970; Museo d'Arte, Ein-Harod, dicembre 1970; Memoriale e Museo "Yad le banim", Petah-Tiqua, gennaio 1971; Museo del Negev, Beer-Sheva, febbraio-marzo 1971; Centro Culturale internazionale, Gerusalemme, aprile 1971; Museo "Beit uri e rami nechustan", Ashdot-Yaakov, maggio 1971). Catalogo, pres. di M. Volpi Orlandini.
s.a., *Line and Form*, "Vogue", novembre, p. 174-175.

1971
Scultori italiani contemporanei, mostra organizzata dalla Quadriennale di Roma, Palazzo Reale, Milano, marzo-aprile. Catalogo, pres. di F. Bellonzi.
M. Pancera, *Ha creato e distrutto la città del futuro*, "Annabella", 27 aprile.
Esculturas Italiana contemporanea, mostra organizzata dalla Quadriennale di Roma, Museo Nacional de Bellas Artes, Buenos Aires, giugno-luglio. Catalogo, pres di F. Bellonzi.
New Italian Art, 1953-1971, Walker Art Center, Liverpool, 22 luglio-11 settembre. Catalogo, pres. di G. Carandente.
Multipli, Rocca Malatestiana, Fano, 1-29

agosto. Catalogo, pres. di A. Pandolfelli.
IVe Exposition Internationale de sculpture contemporaine, Musée Rodin, Parigi, s.d. Catalogo, pres. di G. Marchiori.

1972
Forme nel verde. II Mostra nazionale di scultura, Villa Chigi, San Quirico d'Orcia, 18-25 gennaio. Catalogo, pres. di M. Guidotti.
C. Terenzi, *Consagra: tensione della materia*, "Paese Sera", Roma, 19 febbraio.
L. Trucchi, *Consagra alla Marlborough*, "Momento Sera", Roma, 29 febbraio.
V. Guzzi, *Decorazioni di Consagra*, "Il Tempo", Roma, 7 marzo.
Immagini per la città, Palazzo dell'Accademia e Palazzo Reale, Genova, 8 aprile-11 giugno. Catalogo, p. 271.
s.a., *Nasce dall'officina il micro-libro d'acciaio*, "Avanti!", Roma, 12 maggio (pubbl. anche in: "Libertà", 12 maggio; "Il Mattino", Napoli, 12 maggio; "Il Mezzogiorno", 12 maggio; "La Nazione", Firenze, 12 maggio; "Il Messagero", Roma, 12 maggio; "La Nuova Sardegna", Cagliari, 12 maggio).
Italian Contemporary Sculptors, mostra organizzata dalla Quadriennale di Roma, Hakone Open-Air Museum, Hakone, 27 maggio-30 novembre. Catalogo, pres. di F. Bellonzi.
XXXIV Esposizione internazionale, Venezia. Catalogo, pres. di G. Carandente e di G. Marchiori.
E. Colla, P. Consagra, A. Martini, U. Mastroianni, A. Pomodoro, G. Pomodoro, J. Raphael Soto, Galleria Lo Spazio, Roma, luglio-settembre. Catalogo.
I grandi scultori, Gallerio Lo Spazio, Roma, 22 settembre-ottobre. Catalogo.
Artisti della Galleria, Galleria Editalia "Qui Arte Contemporanea", Roma, 13 dicembre-18 gennaio. Catalogo.
S. Paglierini, *Sempre più difficile*, "Il Secolo XIX", Genova, 30 dicembre.

1973
A. e U. Mulas, *Schmuck objecte*, "du", Zurigo, gennaio, p. 58-58.
F. Grasso, *La foresta di bronzo di Pietro Consagra*, "L'Ora", Palermo, 23 febbraio.
B. Cordaro, *Antologica di Consagra inaugurata a Palermo*, "La Sicilia", Catania, 25 febbraio.
G. Servello, *Consagra ha scolpito lo spazio*, "Giornale di Sicilia", Palermo, 25 febbraio.
s.a., *La "città frontale" di Consagra è stata presentata a Gibellina*, "Roma", Na-

230

poli, 26 febbraio.

B. Cordaro, *Il plastico della "città frontale" esposto da Consagra a Gibellina*, "Il Mattino", Napoli, 26 febbraio.

G. Servello, *La città come opera d'arte*, "Giornale di Sicilia", Palermo, 26 febbraio.

M. P., *Successo delle mostre del Consagra*, "Espresso Sera", Catania, 27 febbraio.

L. Lambertini, *Nasce a Gibellina il teatro frontale di Consagra*, "Il Dramma", marzo-aprile.

A. Di Bianca Greco, *L'uomo in Pietro Consagra è dominatore dello spazio*, "Il domani", Palermo, 1 marzo.

L. Lambertini, *Una città per Consagra*, "Il Gazzettino", Venezia, 1 marzo.

L. Trucchi, *Tutto Consagra a Palermo*, "Momento Sera", Roma, 2 marzo.

M. Calvesi, *Un messaggio di concretezza nella scultura di Consagra*, "Il Corriere della Sera", Milano, 4 marzo.

G. Servello, *Spazi frontali di Consagra*, "Giornale di Sicilia", Palermo, 14 marzo.

F. Grasso, *Consagra più da vicino*, "L'Ora", Palermo, 21 marzo.

L. Lambertini, *Le ricerche di Consagra*, "Giornale di Bergamo", Bergamo, 31 marzo.

A. Di Bianca Greco, *Verifica di Consagra*, "NAC Notiziario arte contemporanea", Milano, maggio.

G. Carandente, *Un moderno umanista*, "Qui Arte Contemporanea", Roma, giugno (poi ripubbl. in catalogo Galleria Michaud, Firenze, marzo-aprile 1974).

M. Volpi Orlandini, *L'oggetto fattura di Pietro Consagra*, "Qui Arte Contemporanea", Roma, giugno.

s.a., *Pietro Consagra*, "Panorama", Milano, 12 luglio.

s.a., *Pietro Consagra*, "La Nazione", Firenze, 15 luglio.

Città Spazio Cultura, Rimini, 28 luglio-7 ottobre. Catalogo, pres. di P. C. Santini.

G. Da Via, *Consagra alla Galleria Editalia*, "L'Osservatore romano", Città del Vaticano, 13 agosto.

Sculptores italiennes contemporaines, Musées Royaux d'Art et d'Histoire, Bruxelles. Catalogo, pres. di F. Bellonzi.

G. Carandente, *Consagra '71*, "Sicilia", Palermo, dicembre.

1974

M. Collura, *Consagra è tornato a Palermo*, "Giornale di Sicilia", Palermo, 17 marzo.

M. C., *Pietro Consagra*, "Corriere della Sera", Milano, 21 aprile.

M. Venturoli, *Lo scultore Consagra ha*

scoperto il marmo, "Il Globo", Roma, 21 aprile.

D. Micacchi, *Le pietre monumentali di Consagra*, "L'Unità", Roma, 4 maggio.

C. Terenzi, *Opere in pietra di Consagra*, "Paese Sera", 9 maggio.

s.a., *Consagra alla "Ferrari"*, "L'Eco di Bergamo", Bergamo, 25 novembre.

s.a., *La poetica di Consagra*, "Gazzetta di Parma", Parma, 30 novembre.

V. Scheiwiller, *Consagra ritrova i fantasmi*, "L'Europeo", Roma, 21 dicembre, p. 74.

1975

Enrico Baj, Andrea Cascella Ettore Colla, Gianni Colombo, Pietro Consagra, Lucio Del Pozzo, Lucio Fontana, Gino Marotta, Arnaldo Pomodoro, Galleria Mana, Roma, 28 febbraio-marzo. Catalogo.

D. Querel, *Paracarri*, "Vita", Roma, 5 agosto.

C. M., *Pietro Consagra*, "Corriere della Sera", Roma, 22 settembre.

Gli artisti siciliani, 1925-1975: cinquant'anni di ricerche, Capo d'Orlando, dicembre-gennaio 1976. Catalogo, pres. di V. Fagone.

1976

A. e G. Bacchi, *One way of perceiving space*, "The home Forum", 2 gennaio.

T. T., *Pietro Consagra*, "Corriere della Sera", Milano, 8 marzo.

s.a., *Pietro Consagra*, "Tempo", Milano, 14 marzo.

s.a., *Successo di Consagra al Salone Annunciata di Milano*, "Il Vespro", Mazara del Vallo, 25 marzo.

E. Schloss, *Pietro Consagra*, "International Herald Tribune", Parigi, 24 aprile.

M. Fagiolo dell'Arco, *Le vie dell'astrattismo sono finite?*, "Il Messaggero", Roma, 26 aprile.

L. Trucchi, *Consagra*, "Momento Sera", Roma, 28 aprile.

F. D'Amico, *Dopo le avanguardie arriva l'arte antica?*, "La Repubblica", Roma, 15 maggio.

V. Scheiwiller, *Pietro Consagra*, "Il Settimanale", Roma, 19 maggio.

A. C. Quintavalle, *Pietro Consagra*, "Tempo", Milano, 23 maggio.

S. Giannattasio, *Pietro Consagra*, "Avanti!", Roma, 25 giugno.

Forma 1, Palazzo del Popolo, Todi, luglio-agosto. Catalogo.

G. Carandente, *La scultura frontale di Consagra*, "Documento Arte", ottobre-novembre, p. 70-85.

Dieci anni, Galleria Editalia "Qui Arte

Contemporanea", Roma, 10 dicembre-22 gennaio 1977. Catalogo, pres. di G. Carandente.

G. Carandente, *Vitale Energie als Arbeitsvoraussetzung*, "Magazin Kunst", Mainz, n. 3, p. 50-58.

G. Carandente, *Consagra*, "D'Ars", Milano, n. 81-82, p. 116-119.

1977

V. Scheiwiller, *Pietro Consagra*, "L'Europeo", Roma, 14 gennaio.

Area '60/61 Scrittura Pittura, Galleria Seconda Scala, Roma, 15 aprile-15 maggio. Catalogo, pres. di S. Sinisi.

M. Perazzi, *La scultura orizzontale*, "Corriere d'informazione", Milano, 26 luglio.

G. L. Verzellesi, *Consagra a Verona*, "L'Arena", Verona, 26 luglio.

V. Apuleo, *L'esplosione di un vitalismo dichiarato per via di rischio e di azzardo*, "La Voce Repubblicana", Roma, 9 agosto.

M. Penelope, *Opere recenti di Pietro Consagra*, "Avanti!", Roma, 26 agosto.

V. Scheiwiller, *La sfida di Consagra*, "L'Europeo", Milano, 26 agosto.

P. G. Castagnoli, *Pietre da fiaba per lo scultore*, "La Repubblica", Roma, 11 settembre.

L. Carluccio, *Pietro Consagra*, "Panorama", Roma, 27 settembre.

Rassegna della scultura italiana in ferro, in occasione del XI Congresso del IISI, Roma, ottobre. Catalogo, pres. di C. Vivaldi.

M. Volpi Orlandini, *L'età dell'oro di Pietro Consagra*, "Paese Sera", Roma, 2 ottobre.

F. Miracco, *Fantasie della pietra*, "L'Unità", Roma, 8 ottobre.

M. Calvesi, *Consagra, uno scultore a quattro dimensioni*, "Corriere della Sera", Milano, 13 ottobre.

G. Marchiori, *Le pietre di Consagra*, "Il Gazzettino", Venezia, 25 ottobre.

R. Barilli, *La scultura sempreimpiedi*, "L'Espresso", Roma, 27 ottobre.

L. Cabutti, *Gioielli d'artista: sculture da donna*, "Bolaffi Arte", Milano, novembre-dicembre, p. 50.

G. Cavazzini, *La città frontale*, "La Gazzetta di Parma", Parma, 3 novembre.

Grafica e piccolo formato: dipinti disegni sculture, Galleria Editalia "Qui Arte Contemporanea", Roma, 30 novembre-14 gennaio. Catalogo.

1978

P. Boccacci, *Disegni di Consagra*, "Paese

Sera", Roma, 18 gennaio.
E. Pouchard, *Consagra: ideogrammatici sviluppi della parola*, "La Voce repubblicana", Roma, 24 gennaio.
V. Scheiwiller, *Il piede di Consagra*, "L'Europeo", Milano, 27 gennaio.
C. Paternostro, *Consagra: l'invenzione della forma*, "L'Osservatore romano", Città del Vaticano, 29 gennaio.
C. Basile, *Disegnare come pensare*, "Vita", Roma, 31 gennaio.
P. Mar., *Consagra*, "La Gazzetta del Mezzogiorno", Bari, 25 marzo.
Afro, Consagra, Fiera del Levante, Galleria Editalia "Qui Arte Contemporanea", Bari, 4-11 aprile. Catalogo.
Accardi, Afro, Consagra, Mastroianni, Sadun, Scordia, Arte Fiera "Qui Arte Contemporanea", Bologna, 1-6 giugno. Catalogo.
s.a., *Part of Spoleto's magic*, "The News and Courier", Charleston, 6 giugno.
E. E. Cobb e J. N. Michel, *Spoleto art includes paintings, sculptures*, "The Evening Post", Charleston, 7 giugno.
E. Spera, *Sulla scena dei "Sassi" di Matera*, "L'Unità", Milano, 23 giugno.
Il passato e la presenza: bozzetti e fotografia, Chiostro di S. Agostino, Pietrasanta, 10 luglio-20 agosto. Catalogo.
V. Scheiwiller, *Sassi pietrificati*, "L'Europeo", Milano, 14 luglio.
F. Caroli, *Consagra intorno ai "Sassi"*, "Corriere della Sera", Milano, 16 luglio.
F. Perfetti, *Sculture fra i sassi*, "Vita", Roma, 16 luglio.
L. Trucchi, *Consagra tra i Sassi*, "Il Giornale Nuovo", Milano, 21 luglio.
M. Calvesi, *Mio cugino l'architetto*, "L'Espresso", Roma, 3 settembre.
G. Appella, *Arte come impegno civile*, "L'Osservatore romano", Città del Vaticano, 25 settembre.
T. Rubino, *Pietro Consagra*, "Eur Art", Palermo, ottobre.
F. Grasso, *Per la scoperta di uno spazio plastico*, "Eur Art", Palermo, ottobre.
P. Gugliotta, *Pietro Consagra scultore frontale*, "Eur Art", Palermo, ottobre.
L. Sacco, *Quei "falsi problemi" che pesano sui Sassi*, "La Gazzetta del Mezzogiorno", Bari, 1 ottobre.
G. Ballo, *Consagra a Verona*, "Scultura", Milano, dicembre.
Forma 1 trent'anni dopo, Galleria Editalia "Qui Arte Contemporanea", Roma, 6 dicembre-20 gennaio 1979. Catalogo, pres. di M. Volpi Orlandini.

1979

s.a., *Consagra l'alabastro e l'anilina*, "La Repubblica", Roma, 25 marzo.
s.a., *Pietro Consagra alla Galleria Stendhal*, "La Sinistra", Milano, 29 marzo.
B. Alfieri, *L'utopia della città a due dimensioni*, "Paese Sera", Roma, 14 aprile.
F. Calzavacca, *Consagra illustra Spoleto*, "Paese sera", Roma, 22 maggio.
W. C. Burnett, *Consagra's Works Dramatic, Sensuous*, "The Atlanta Journal and Constitution", Atlanta, 27 maggio.
Afro, Bonalumi, Calò, Consagra, Padovan, Sadun, Arte Fiera, Galleria Editalia "Qui Arte Contemporanea, Bologna, 5-10 giugno. Catalogo.
G. La Monica, *Perchè non diventi città senza ricordi?*, "L'Ora", Palermo, 15 giugno.
F. Calzavacca, *A Spoleto Consagra espone le sue opere*, "Paese Sera", Roma, 5 luglio.
G. Appella, *Consagra: scultura come fantasia, ricerca, esperienza, e provocazione*, "L'Osservatore Romano", Città del Vaticano, 1 agosto.
P. Tedeschi, *La scultura frontale di Pietro Consagra*, in "Vogue Italia", Milano, ottobre, p. 338-341.

1980

V. Riva, *I dolori del giovane Guttuso*, "L'Europeo", Milano, 25 marzo.
U. Rosso, *L'arte del rinascere*, "L'Ora", Palermo, 14 aprile.
S. Grasso, *Consagra e la sua eresia*, "Corriere della Sera", Milano, 16 aprile.
G. Quatriglio, *Ha raccontato tutte le sue battaglie per non mostrare solo i suoi successi*, "Giornale di Sicilia", Palermo, 8 maggio.
N. Corleo, *Quando Mazara non era deturpata dai grattacieli*, "Giornale di Sicilia", Palermo, 10 maggio.
R. Guttuso, *Ma io non sono un marionetta*, "La Repubblica", Roma, 13 maggio.
V. Tusa, *Consagra: autoritratto d'artista "trasparente e frontale"*, "L'Ora", Palermo, 15 maggio.
Pietro Consagra, Walter Dusenbery, Erling Frederiksen, Søren Georg Jensen, Sonja Ferlov Mancoba, Gert Nielsen, Bent Sørensen, Jorgen Hangen Sørensen, Veksølund, 17 maggio-13 luglio. Catalogo.
P. Lübecker, *Fra skulpturens sikre bastion*, "Politiken", Veksølund, 17 maggio.
G. Jespersen, *Veksølund er blevet skulpturens modested*, "Berlingske Tidende", Veksølund, 17 maggio.
I. Ro Bostrup, *Sommerens skulptur-begivenhed*, "Kristeligt Daglab", Versølund, 21 maggio.

s.a., *Vita mia*, "L'Umanità", Roma, 23 maggio.
C. Costantini, *Le colpe di Guttuso*, "Il Messaggero", Roma, 25 maggio.
Trent'anni d'arte italiana: Il segno sensibile, Villa Manzoni, Lecco, giugno-luglio. Catalogo.
F. Gualdoni, *Consagra a tappe*, "Il Giorno", 1 giugno.
E. Horbov, *Formens tempel*, "Aftenvisen Roskilde Tidende", 6 giugno.
L. Livi, *Quegli studi che non esitono più*, "Paese Sera", Roma, 9 giugno.
I. Sinding, *Skulpturer inde og ude*, "Morgenavisen", Veksølund, 11 giugno.
P. Hygum, *Skulpturens mekka og to andre steder*, "Information", Veksølund, 16 giugno.
G. La Monica, *Cari paesani, se volete vi faccio la contro-facciata*, "L'Ora", Palermo, 5 luglio.
F. Simongini, *All'arte non giova più l'impegno politico*, "Il Tempo", Roma, 23 luglio.
T. Sicoli, *Perchè sono andato via*, "Paese Sera", Roma, 13 agosto.
N. Corleo, *Sul progetto di Consagra per il Municipio a Mazara i politici si defilano con eleganza*, "Cronaca di Trapani", Trapani, 29 ottobre.
s.a., *Pietro Consagra alla "Bottega del Quadro"*, "La Nostra Domenica", Bergamo, 16 novembre.
S. Manzo, *Lettera aperta allo scultore Pietro Consagra*, "Trapani Sera", Trapani, 22 novembre.

1981

Linee della ricerca artistica in Italia, 1960-1980, Palazzo delle Esposizioni, Roma, 14 febbraio-15 aprile. Catalogo.
Sanfilippo, Accardi, Afro, Bussi, Calò, Capogrossi, Consagra, Conte, Fontana, Mastroianni, Prampolini, Sadun, Turcato, Fiera del Levante, Galleria Editalia "Qui Arte Contemporanea", Bari, 24-29 marzo. Catalogo.
A. D., *Sono stato costretto a lasciare via Margutta*, "Corriere della Sera", Milano, 29 marzo.
G. Servello, *Serpotta e Consagra mondani*, "Giornale di Sicilia", Palermo, 24 aprile.
C. Terenzi, *Le "città frontali" di Consagra*, "Paese Sera", Roma, 27 maggio.
F. Abbate, *Gibellina d'arte*, "L'Ora", Palermo, 8 luglio.
L. Tallarico, *A Rimini la tensione morale di Consagra*, "Secolo d'Italia", Roma, 8 luglio.
V. Bramanti, *Consagra scultore delle città*

232

frontali, "L'Unità", Roma, 21 luglio.
S. Grasso, *Colloquio con la luna*, "Corriere della Sera", Milano, 26 luglio.
C. Spadoni, *Consagra è profondo*, "Il Resto del Carlino", Bologna, 10 agosto.
A. C. Quintavalle, *Consagra*, "Panorama", Milano, 24 agosto.
F. Gualdoni, *Nelle vite parallele il rifiuto delle mode*, "Il Giorno", Milano, 29 agosto.
s.a., *A Rimini rassegna di opere marmoree*, "L'informatore del marmorista", Verona, settembre.
P. G. Castagnoli, *O estrose, imprevedibili Sbilenche*, "La Repubblica", Roma, 17 settembre.
L. Lambertini, *"Frontale" è meglio*, "Il Giornale nuovo", Milano, 25 settembre.
F. A., *Si monta la porta di Gibellina*, "L'Ora", Palermo, 10 ottobre.
G. Martino, *Una stella d'acciaio alta 29 metri emblema d'amore e di rinascita*, "Giornale di Sicilia", Palermo, 15 ottobre.
Il materiale delle arti: processi tecnici e formativi dell'immagine, Castello Sforzesco, Milano, 2 dicembre-17 gennaio 1982. Catalogo, a cura di B. Freddi, L. Magagnato, P. C. Santini, A. Veca, p. 74-74.

1982
F. Abbate, *Gibellina anno 14*, "L'Ora", Palermo, 8 gennaio.
G. Quatriglio, *Ha creato una scultura come una stella di luminarie paesane*, "Giornale di Sicilia", Palermo, 9 gennaio.
M. S. Farci, *Il piacere nascosto nella materia*, "L'Unità", Roma, 14 gennaio.
V. Russo, *Vite di scultori: Consagra e Minguzzi*, "Questarte", Lanciano, marzo-aprile, p. 89-90.
F. Zeri, *L'inutile stellone del Belice*, "La Stampa", Torino, 7 marzo.
Afro, Sadun, Accardi, Balla, Berrocal, Calò, Consagra, Conte, Depero, Dottori, Mastroianni, Padovan, Prampolini, Santomaso, Scialoja, Scordia, Turcato, Fiera del Levante, Galleria Editalia "Qui Arte Contemporanea", Bari, 23-28 marzo. Catalogo.
XL Esposizione internazionale d'arte, Venezia. Catalogo, p. 110.
G. Barbero, *Consagra: l'arte nuova sulle esperienze antiche*, "L'Umanità", Roma, 25 giugno.
M. Milani, *La Biennale va avanti*, "Prospettive d'arte", Milano, luglio-agosto, p. 18.
M. Rosci, *Alla Biennale piace la linea italiana*, "La Stampa", Torino, 16 luglio.
s.a., *Bifrontale*, "Art in America", set-tembre.
Arte italiana, 1960-62, Hayward Gallery, Londra, 20 ottobre-9 gennaio 1983. Catalogo, p. 194-196.

1983
Berrocal, Perilli, Accardi, Afro, Calò, Consagra, Conte, Dottori, Hafif, Mastroianni, Padovan, Prampolini, Sadun, Scialoja, Scordia, Spagnoli, Turcato, Fiera del Levante, Galleria Editalia "Qui Arte Contemporanea", Bari, 22-27 marzo. Catalogo.
s.a., *Laurea ad honorem allo scultore Consagra*, "Giornale di Sicilia", Palermo, 9 maggio.
C. Verna, *Quindici domande a Pietro Consagra*, "Flash Art", Milano, dicembre-gennaio 1984.

1984
G. Carrari, *Piazza Duomo divisa in due*, "La Repubblica", Roma, 29 febbraio.
A. Debenedetti, *Consagra: vorremmo far più bella la città ma i politici preferiscono non ascoltarci*, "Corriere della Sera", Milano, 2 aprile.
R. A., *Metropoli immaginaria*, "Corriere della Sera", Milano, 4 aprile.
M. De Candia, *Scultori si ma tutti astratti*, "La Repubblica", Roma, 15 giugno.
Omaggio a Mirò, Grafica dei Greci, Roma, luglio.
E. Bilardello, *La chiave della scultura italiana*, "Corriere della Sera", Milano, 2 luglio.
s.a., *Consagra*, "Domenica del Corriere", Milano, 10 agosto.
s.a., *Mostra di Consagra a Erice*, "Il Popolo", Roma, 22 agosto.
E. Di Stefano, *Quegli arabeschi in tridimensione*, "Giornale di Sicilia", Palermo, 29 agosto.
Sculture disegnate, Festa nazionale dell'Unità, Roma 31 agosto-16 settembre. Catalogo, a cura di E. Crispolti.
Attraversamenti nell'arte, Rocca Paolina, Perugia, settembre-novembre. Catalogo, a cura di M. Calvesi e di M. Vescovo.
T. Carpentieri, *Pietro Consagra*, "Quotidiano di Lecce", Lecce, 30 ottobre.
P. Caruso, *Galleria Il Millennio*, "Occidentale", Roma, dicembre.
s.a., *Sculture e dipinti di Pietro Consagra*, "Il Secolo d'Italia", Roma, 8 dicembre.
M. Volpi Orlandini, *Consagra*, "Premio Antonio Feltrinelli", Roma, 15 dicembre.

1985
G. Ballo, *Con una facciata di sculture*, "Corriere della Sera", Milano, 2 gennaio.
s.a., *Pietro Consagra*, "Bergamo oggi", Bergamo, 9 gennaio.
Il non libro, Biblioteca centrale della Regione Siciliana, Palermo, 24 gennaio-20 febbraio. Catalogo, a cura di M. Bentivoglio.
E. Tartanella, *Laurea ad honorem per Consagra*, "Giornale di Sicilia", Palermo, 27 gennaio.
A. Mulas, *Pietro Consagra: le sculture, i miti, le donne*, "Harper's Bazaar", Milano, febbraio.
V. Valenti, *Quel palazzo di Mazara del Vallo*, "Corriere della Sera", Milano, 2 febbraio.
N. Corleo, *Pietro Consagra rifarà la facciata del Municipio*, "Giornale di Sicilia", Palermo, 14 febbraio.
C. Bertelli, *Scultura frontale*, "Casa Vogue", marzo.
A. Barbera e C. Pirrera, *Pietro Consagra*, "Dimensione Sicilia", Palermo, marzo, p. 9-11.
T. Keinänen, *Julkisivumuutos sisilialaisittain*, "Arkkitehti", Helsinki, marzo.
U. Rosso, *Laurea in Rinascita*, "L'Ora", Palermo, 7 marzo.
L. Lambertini, *Dipinti di Consagra a Roma*, "Il Giornale Nuovo", Milano, 24 marzo.
M. De Candia, *Le due dimensioni di Pietro Consagra*, "La Repubblica", Roma, 29 marzo.
A. Monferini, *Pietro Consagra*, "L'Espresso", Roma, 31 marzo.
s.a., *Pietro Consagra: pressione nello spazio*, "Il Messagero", Roma, 2 aprile.
P. Portoghesi, *La facciata contestata*, "Epoca", Milano, 5 aprile.
Elogio dell'Architettura. XVIII Rassegna internazionale d'arte di Acireale, Palazzo della città, Palazzo Romeo, Aziende delle Terme, Acireale, 21 aprile-2 giugno. Catalogo, pres. di R. Barletta.
A. C. Quintavalle, *Finestre come sculture*, "Panorama", Milano, 21 aprile.
V. Apuleo, *Pietro Consagra, pressione nello spazio*, "Il Messagero", Roma, 22 aprile.
Forma 1, Lavori storici, Galleria Arco d'Alibert, Roma, 24 maggio-giugno. Dépliant.
Accadri, Afro, Berrocal, Calà, Capogrossi, Colla, Consagra, Conte, Dorazio, Dottori, Lazzari, Leonillo, Mastroianni, Melotti, Perilli, Prampolini, Roccamonte, Sadun, Sanfilippo, Schifano, Scialoja, Scordia, Turcato, Internazionale d'arte Contemporanea, Galleria Editalia "Qui Arte Contemporanea", Milano, 25 maggio-2 giugno. Catalogo.

233

La chiave della scultura italiana, Galleria Il Millennio, Roma, giugno-settembre. Dépliant.

C. Arezzo, *Aria nuova a Palazzo*, "La Sicilia", Catania, 4 giugno.

C. Verna, *Esperienze ed esiti del gruppo "Forma 1"*, "Arte", Milano, 6 giugno.

Forma 1, Lavori recenti, Galleria Arco d'Alibert, Roma, 21 giugno-luglio. Dépliant.

I. Rizzi, *Le parole della pietra*, "L'Altra Casa", luglio.

F. D'Amico, *Non è il limone quello che conta*, "La Repubblica", Roma, 6 luglio.

L. Mango, *Conciliando formalismo e marxismo*, "Paese Sera", Roma, 15 luglio.

L'oro nella ricerca plastica, Chiesa di S. Domenico, Fano, 20 luglio-11 agosto. Catalogo, pres. di E. Crispolti.

G. Strano, *Terremoto culturale*, "Epoca", Milano, 13 settembre, p. 52-57.

s.a., *"Fotogrammi"*, "Leader", Roma, settembre, p. 60.

N. Corleo, *Parete scultura per cambiare volto al comune*, "Giornale di Sicilia", Palermo, 3 ottobre.

A. Janin, *Nella città frontale di Consagra oltre l'utopia* "L'Unione Sarda", Cagliari, 18 novembre.

1986

Disegnata: Percorsi del disegno italiano dal 1945 ad oggi, Loggetta lombardesca, Ravenna, 31 maggio-giugno. Catalogo, a cura di C. Pozzati, in collaborazione con S. Evangelisti.

G. Ballo, *Così Consagra sogna la sua utopica "Città frontale"*, "Corriere della Sera", Milano, 12 giugno.

L. Colonnelli, *Lo faccio solo per mettermi in mostra*, "Europeo", Milano, 14 giugno.

L. Caramel, *La città-utopia*, "Il Giornale Nuovo", Milano, 15 giugno.

XI Quadriennale nazionale d'arte, Roma. Catalogo, p. 55.

A. Crespi, *Consagra: il primato della fantasia*, "Il Cittadino", Monza, 16 luglio.

Forma 1, 1947-1986, Museo Civico, Gibellina, 26 luglio-16 settembre. Catalogo, a cura di G. Di Milia e di G. Joppolo.

E. Rebulla, *Gli artisti che dissero basta alla storia*, "L'Ora", Palermo, 26 luglio.

E. Rebulla, *Lungo le strade delle figure scomparse*, "L'Ora", Palermo, 2 agosto.

G. Frazzetto, *L'avventura della Forma*, "La Sicilia", Catania, 3 agosto.

E. Di Stefano, *Dentro la forma e fuori dalla norma*, "Giornale di Sicilia", Palermo, 22 agosto.

A. Amendola, *Questa valle sarà un monumento*, "Domenica del Corriere", Milano, 6 settembre, p. 56-59.

S. Maugeri, *Quel breve respiro che vivificò la pittura italiana*, "L'Arena", Verona, 8 settembre.

G. Ballo, *Quanti capolavori a Gibellina risorta*, "Corriere della Sera", Milano, 10 settembre.

G. Strano, *Astratte macerie*, "La Sicilia", Catania, 13 settembre.

G. Quatriglio, *Una sfida al tempo e al vento inaugura "Fiumara d'Arte"*, "Giornale di Sicilia", 12 ottobre.

M. Fondi, *Quando la pittura dà del tu all'evasione*, "L'Umanità", Roma, 29 ottobre.

A. Barbera e C. Pirrera, *Sogni e puledre nella fiumara di Tusa*, "Dimensione Sicilia", Palermo, novembre, p. 58.

A. Coliva, *Com'è volatile quel cemento*, "Rinascita", Roma, 15 novembre.

F. Menna, *Consagra, una scultura a cielo aperto*, "Corriere della Sera", Milano, 26 novembre.

G. Giordano, *Pietro Consagra*, "Questarte", dicembre, p. 62.

A. Presti, *Presti: un museo per la Sicilia*, "Il Piacere", Milano, dicembre, p. 27.

Venti anni, Galleria Editalia "Qui Arte Contemporanea", Roma, 3 dicembre-7 gennaio 1987. Catalogo, pres. di L. Trucchi.

G. Di Milia, *Un museo all'aperto lungo il greto riarso di un fiume siciliano*, "Italia Oggi", Milano, 27 dicembre.

1987

G. Quatriglio, *"L'utopia" siciliana di Pietro Consagra*, "Nuovi quaderni del meridione", Palermo, gennaio-giugno.

C. Fiocchi, *Mastodonti del verace Consagra dallo spessore alla bifrontalità*, "Il Giornale", Palermo, 7 febbraio.

Peggy Guggenheim's other legacy, The Solomon R. Guggenheim Museum, New York, marzo-maggio (poi Peggy Guggemheim Collection, Venezia, ottobre-gennaio 1988). Catalogo, a cura di P. Cader e di F. Licht.

Forma 1, 1947-1987, Musée de Brou, Bourg-en-Bresse, Saint Priest, Galerie Municipal d'Art Contemporaine, 15 aprile-15 giugno. Catalogo, a cura di G. Di Milia e di G. Joppolo.

G. Piccioni, *Quando il PCI preferì il Realismo*, "Il Tempo", Roma, 4 maggio.

G. Andreotti, *Un sommesso invito: non tirar pietre se non si è senza peccato*, "Il Tempo", Roma, 4 maggio.

R. Vespignani, *Ma ha molta più colpa questa nostra "società dello spettacolo"*, "Il Tempo", Roma, 4 maggio.

M. De Luca, *Recupero dei "sassi"*, "Avanti", Roma, 14 maggio.

G. Beringhelli, *Consagra: scultura e società*, "Il Lavoro", Genova, 17 maggio.

E. Marasco, *L'arte per difendere l'uomo*, "L'avvisatore marittimo", Genova, 17 maggio.

Roma 1957-1987, Galleria dei Banchi Nuovi, Roma, 20 maggio-giugno. Catalogo, pres. di F. Menna.

M. Bo., *Coerente Consagra*, "Il Secolo XIX", Genova, 23 maggio.

I maestri siciliani del XX secolo, Galleria Civica, Cerere, Enna, 30 maggio-30 giugno. Catalogo.

Project aganist apartheid, Galleria Il Cortile, Roma, 1 giugno-luglio. Catalogo.

A. De Donato, *Il bello in maschera*, "Video", Milano, settembre, n. 69, p. 59.

M. Venturoli, *Un obelisco nasce a Lampedusa*, "Playmen", ottobre.

G. Almansi, *La fiumara del Colosso di pietra*, "Grazia", Milano, 18 ottobre, p. 116-119.

Forma 1, 1947-1987, Mathildenhöhe, Darmstadt, Frankfurter Westend Galerie, Francoforte, 5 dicembre-15 febbraio 1988. Catalogo.

M. De Candia, *Consagra e i suoi Pianeti*, "La Repubblica", 12 dicembre.

s.a., *Pietro Consagra: frontalità dipinta*, "Il Messagero", Roma, 22 dicembre.

1988

E. Torelli Landini, *Pietro Consagra: Pianeti*, "Segno", gennaio.

L. Mango, *Pianeti nello spazio*, "Paese Sera", Roma, 5 gennaio.

D. Pasti, *Monumenti al terremoto*, "Il Venerdi", supplemento a "La Repubblica", 8 gennaio, p.40-48.

P. A. Sirena, *Perchè difendo Gibellina dell'arte moderna*. "L'Ora", Palermo, 14 gennaio.

L. Lambertini, *Quei pianeti colorati*, "Il Giornale Nuovo", Milano, 17 gennaio.

S. Grasso, *Gli architetti non sanno sognare*, "Corriere della Sera", Milano, 17 gennaio.

C. Costantini, *Renato Guttuso, a un anno dalla morte*, "Il Messagero", Roma, 18 gennaio.

V. Gregotti, *Scultura: trent'anni senza capolavori*, "Corriere della Sera", Milano, 24 gennaio.

D. Pasti, *L'architetto sotto accusa*, "Il Venerdi", supplemento a "La Repubblica", 29 gennaio, p. 101-103.

F. Pennisi, *Burri, Melotti, Consagra*, "Labirinti", Gibellina, febbraio, p. 44.

M. D'Alesio, *Pianeti di Pietro Consagra*,

234

"Opening", Roma, febbraio-marzo.
F. Zeri, *La Piovra culturale*, "La Stampa", Torino, 6 febbraio.
G. Dorfles, *Se il dialogo è tra sordi*, "Corriere della Sera", Milano, 7 febbraio.
P. Consagra e F. Zeri, *Arte (o no) nel Belice*, "La Stampa", Torino, 13 febbraio.
T. Scialoja, *Doni per la rinascita*, "L'Ora", Palermo, 15 febbraio.
G. Baragli, *Bizzarra "querelle"*, "L'Ora", Palermo, 15 febbraio.
A. Pomodoro, *Giudizi di chi non conosce il sud*, "L'Ora", 15 febbraio.
A. Romani Brizzi, *I pianeti di Pietro Consagra*, (ritaglio stampa archivio Consagra, senza luogo nè data).
V. Tassinari, *Pietro Consagra*, "Altrimmagine", Bari, marzo-aprile.
A. B. Del Guercio, *Volgetevi attorno: nelle piazze non c'è più il monumento*, "La Nazione", Firenze", 15 aprile.
Forme per il cemento, Piazza dei Cavalieri di Malta e Parco di S. Alessio, Roma, 25 maggio-25 giugno. Catalogo.
E. Fabiani, *I Pianeti nascono nel bosco*, "Arte", Milano, giugno, p. 74-77.
Galleristi a Palazzo, Centro culturale Ausoni, Roma, luglio-settembre. Catalogo, a cura di I. Mussa.
Le "Muse" irrequiete di Leonardo Sinisgalli, 1908-1981, Palazzo Ricci, Macerata, 16 luglio-16 ottobre. Catalogo.
S. E., *Bronzi e ottoni*, "Il Resto del Carlino", Bologna, 22 ottobre.
S. Giannattasio, *Pietro Consagra ovvero la scultura come piacere*, "Avanti!", Roma, 23 ottobre.
C'era una volta, A: perspectiva Studio di Emanuele Marano per una ricerca d'arte, Roma, 19 dicembre-30 gennaio 1989.

1989
L. Odolo, *Le ferite della materia*, "L'Ora", Palermo, 3 gennaio.
E. Di Stefano, *Il piacere del colore*, "Il Giornale di Sicilia", Palermo, 10 gennaio.
Italian Masters of the XX Century, Panicali Fine Arts, New York, febbraio-marzo. Dépliant.
Gli anni originali, Galleria Carlo Virgilio, Roma, 1 marzo-aprile. Catalogo, pres. di P. De Martiis.
s. a., *Gli anni originali*, "Il Messagero", Roma. 1 marzo.
D. Lancioni, *Consagra*, "Opening", Roma, aprile-maggio.

Opere di carattere generale

1948
C. Maltese, *Italia: scultura e pittura*, in *Enciclopedia italiana. Appendice II, 1938-1948*, Roma, p. 119-121.

1950
R. Carrieri, *Pittura e scultura d'avanguardia in Italia, 1890-1950*, Milano, tav. 334.
L. Sinisgalli, *Furor Matematicus*, Milano, p. 108.

1953
G. Marchiori, *Scultura italiana moderna*, Venezia.

1954
C. Giedion-Welcker, *Plastik des XX*, Stuttgart.

1958
M. De Micheli, *Scultura italiana del dopoguerra*, Milano.
W. Hofmann, *La scultura del XX secolo*, Bologna.

1959
G. C. Argan-N. Ponente, *L'arte dopo il 1945*, Milano.
M. Seuphor, *La sculpture de ce siècle*, Neuchâtel, p. 156, 252 (trad. ted., Köln, 1959).

1961
G. Dorfles, *Ultime tendenze nell'arte oggi*, Milano.
E. Trier, *Figura e spazio: la scultura del XX secolo*, Bologna, p. 15, tav. 27.

1963
J. Selz, *Découverte de la sculpture moderne*, Losanna-New York, p. 15, n. 25.

1965
Museum Ludwig Köln: Bildwerke seit 1800, Köln, p. 24, tav. 122.

1966
M. Calvesi, *Le due avanguardie*, Milano, p. 454-455.
M. De Micheli, *Scultura italiana del Novecento*, Milano.

1969
C. Lonzi, *Autoritratto*, Bari.

1973
U. Mulas, *La fotografia*, Torino.

1978
C. Lonzi, *Taci anzi parla*, Milano.

1979
Handbuch Museum Köln, Köln, p. 144.

1980
C. Lonzi, *Vai pure*, Milano.

1981
G. Di Genova, *Generazione Anni Venti*, Bologna.
Spencer Museum of Art, The University of Kansas, Lawrence: Catalogue of the Sculpture collection, Lawrence, p. 123-124.

1986
Museum Ludwig Köln: Bestandkatalog, München.